Delfzijl
Leeuwarden
Groningen
Assen
Ijsselmeer
Zwolle
Vechte
nsterdam
Ijssel
Hilversum
Apeldoorn
Enschede
Zeist
Arnheim
RLANDE
Rhein
Nimwegen
Maas
Herzogenbusch
DEUTSCHLAND
Tilburg
Eindhoven
Venlo
Maastricht

14 ABBILDUNGEN, 2 KARTEN

DIE DEUTSCHEN UND IHRE NACHBARN

GEERT MAK

NIEDERLANDE

AUS DEM NIEDERLÄNDISCHEN
VON GREGOR SEFERENS
UND ANDREAS ECKE

C.H.BECK

HERAUSGEGEBEN VON
Helmut Schmidt und
Richard von Weizsäcker

HELMUT SCHMIDT
RICHARD VON WEIZSÄCKER

GELEITWORT

Zum ersten Mal seit vielen Jahrhunderten herrscht heute Frieden in Europa. Aus freiem Willen und ohne Zwang von außen haben wir uns als Nationen auf einen unumkehrbaren Weg gemacht, der weltweit ohne Beispiel ist. Im Jahre 1950 begann die europäische Integration zwischen sechs Ländern. Inzwischen hat sie sich zu einer Union von 27 Ländern entwickelt. Die Hälfte der Mitgliedsstaaten hat heute eine gemeinsame Währung.

Für Europa gab es auf diesem Weg große Erfolge und in Verbindung mit ihnen neue Schwierigkeiten. Immer mehr Länder suchten die Mitgliedschaft und wurden aufgenommen. Umso deutlicher wurde der dringende Bedarf nach gemeinsamer europäischer Handlungsfähigkeit, bis hin zum Fernziel einer gemeinsamen Außenpolitik. Zuletzt haben dies die Auseinandersetzungen um eine europäische Verfassung deutlich genug gezeigt.

Für eine weitsichtige politische Führung spielt das Bewusstsein der Bürger in unseren Ländern eine prägende Rolle. In Europa leben zahlreiche Völker mit ihrer zum Teil über tausendjährigen Geschichte. Sie haben vielfältige gemeinsame kulturelle und religiöse Wurzeln und sind zugleich durch eigenständige Sprachen und Heimatgefühle gekennzeichnet. Die Bildung eigener Nationen ist dabei zu einem Charakteristikum des europäischen Kontinents geworden.

Unsere Reihe «Die Deutschen und ihre Nachbarn» soll einen Beitrag dazu leisten, das Verständnis für die jeweiligen Nachbarländer in Europa zu vertiefen. Dies gilt vor allem für uns Deutsche, die wir neun unmittelbare Nachbarnationen haben, mit denen wir heute zum ersten Mal in unserer Geschichte zusammenleben, ohne uns gegenseitig zu bedrohen. Ein besseres Verständnis unserer Nachbarn hilft uns auch, uns selbst besser einzuschätzen, indem wir uns durch die Augen unserer Nachbarn betrachten und uns vergegenwärtigen, welche historischen Erfahrungen sie mit uns gemacht haben.

Es geht uns in unserer Reihe darum, der Leserschaft auf knappe und anschauliche Weise Einblick in Politik, Gesellschaft und Kultur der jeweiligen Nachbarländer zu geben. In ihren nationalen Besonderheiten wird dadurch auch ihr Verhältnis zu Deutschland besser verständlich. Es gilt, zu erkennen, was das nachbarliche Gemeinwesen ausmacht und in seinem Inneren zusammenhält, aber auch, welchen besonderen Herausforderungen es ausgesetzt ist. Dabei spielt die Geschichte eine besonders wichtige Rolle. Sie bedarf dort, wo sie Land und Leute bis heute nachhaltig prägt, der Erinnerung auch über die Landesgrenzen hinweg.

Es ist nicht das Ziel unserer Reihe, lexikalisches Grundwissen zur politischen Bildung zu vermitteln. Uns geht es vielmehr um lebendige Anschauung der Lebensverhältnisse bei den Nachbarn, auch um unsere Kenntnisse über das hinaus zu vertiefen, was wir auf vielerlei Reisen in uns aufnehmen. Es gilt, uns auch von mancherlei Vorurteilen untereinander zu befreien.

Wir freuen uns, dass hervorragend ausgewiesene Kenner für «Die Deutschen und ihre Nachbarn» zur Feder greifen und ihr in Jahrzehnten erworbenes Wissen weitergeben. Wir sind dankbar dafür, dass hier Publizisten und Wissenschaftler zusammenwirken und uns ihre unterschiedlichen Einsichten nahebringen. Gerade ihr persönlicher Blickwinkel erscheint uns besonders reizvoll.

Die Bände dieser Reihe zeigen uns, dass Europa weit davon entfernt ist, sich in eine Monokultur zu verwandeln. Es gilt, seine reichen historisch-kulturellen Ressourcen in unserem Jahrhundert für ein geeintes Europa politisch fruchtbar zu machen. Herausgeber und

Autoren verbindet die Überzeugung, dass der Weg zu einem wirklich handlungsfähigen und starken Europa nur durch vertiefte Kenntnisse über unsere europäischen Nachbarn und über uns selbst erfolgreich zurückgelegt werden kann.

I

PROLOG

Eigentlich war es nicht viel mehr als ein kahles Loch in einer grasgrünen Ebene, nur mit ein wenig Schilf umsäumt, einer der vielen Weiher und Tümpel, von denen es im Norden so viele gibt. Der See war gerade breit genug, um darauf segeln zu lernen. Mit dem Fahrrad brauchte man eine halbe Stunde dorthin, von unserem Haus in der Stadt.

Ich war etwa zehn Jahre alt, wir waren ein kleiner Club von Freunden, ich erinnere mich an endlos lange, regnerische Nachmittage, an bräunliches Wasser, gelblich weiße Gischt auf den Wellen, die lehmige Erde am anderen Ufer, an die Düsenjäger des nahegelegenen Luftwaffenstützpunktes, die am Himmel entlangdonnerten – «Die hauen die Russen bestimmt in die Pfanne!» –, an die glitschigen Planken der alten, irgendwann in den dreißiger Jahren gebauten Schwimmstege, an das Restaurant, wo manchmal reiche Leute aßen, an die Pflege der Baumwollsegel – «Trocknen müssen sie, trocknen.» – und an das mühsame Pedaltreten auf dem Heimweg. Wir brüllten unser Lied gegen den Wind, eines dieser munteren holländischen Fünfziger-Jahre-Lieder:

> «Hagel, Schnee, Sturm, Regen und Wind
> kümmern uns nicht, weil wir abgehärtet sind!»

Die Straße hieß De Zwarteweg, und den Moortümpel nannte man Grote Wielen. In sehr eisigen Wintern war hier manchmal das Ziel der Elfstädtetour, des berühmten Schlittschuhmarathons, der fast zweihundert Kilometer weit über Seen und Flüsse führte. Das war ein knochenharter Lauf, der nur alle paar Jahre veranstaltet werden konnte und den eigentlich nur meisterhafte Schlittschuhläufer und bärenstarke Knechte bewältigen konnten.

Auch spukte es dort manchmal. Im vorigen Jahrhundert hatte ein gewisser Sake Wessels, ein umherziehender Kaufmann, eines nachts ein unmenschliches Jammern aus dem Tümpel aufsteigen hören, und als er ans Ufer trat, da hatte er nach eigener Aussage «eine riesige Menschenmenge» entdeckt, die «lauthals und klar verständlich» rief: «Herr, Herr, wir versinken.» Daraufhin war die Menge in der Tiefe verschwunden, und der Tümpel hatte wieder sein übliches Aussehen angenommen.

Ich hörte diese Geschichte von dem Mann, der mir das Segeln beibrachte, einem alten Schiffer, der mit seiner kleinen Tjalk endlos Modder und Mist transportiert hatte, von einem friesischen Dorf ins andere, durch all die Entwässerungsgräben und Kanäle, in denen heute eine Kunststoffyacht hinter der anderen liegt. Als ich das Wenden und Kreuzen einigermaßen beherrschte, erbte ich von meinem Bruder ein altes Kanu, auf dem mein Vater ein Segel anbrachte. Er hatte wenig Zeit, er arbeitete den ganzen Tag als Seelsorger in einigen Krankenhäusern, und außerdem litt er auch noch unter den Spätfolgen seiner Haft in einem japanischen Kriegsgefangenenlager. Ein solcher Nachmittag mit ihm allein war äußerst kostbar.

Es geschah in eben diesem Sommer des Jahres 1956 – wir hatten gerade eine halbverfaulte Schaluppe gefunden, die Lecks einigermaßen zugenagelt und das Wrack wie eine Trophäe hinter unserem Kanu her in den kleinen Hafen geschleppt –, dass mir plötzlich klarwurde, wer ich war.

Es war auf dem Kies vor dem teuren Restaurant, ich kam aus dem Schuppen, wo die Segel zum Trocknen aufgehängt wurden, als es mir auf einmal durch den Kopf schoss. Dass es niemanden gab, der wie ich war, mit einer Brille, einer schräg abgeschnittenen Tolle, einem Knubbel in der Nase und einem Hemd, das zwickte. Dass ich lebte, dass ich hier lebte, mit dem Wasser und dem Morast. Dass es, und das machte mir auch Angst, offenbar so sein musste.

Ich habe es nie vergessen, den Augenblick, den Ort.

Ich besuchte damals die Protestantisch-christliche Königin Wilhelmina-Grundschule. Um die Ecke gab es eine stolze, aus roten Steinen errichtete katholische Kirche, aus der hin und wieder schwarzgewandete Pater und Nonnen kamen: ein fremdes Land, in das wir keinen Fuß zu setzen wagten. Ein paar Straßen weiter lag die Schule 16; das war die öffentliche, die staatliche Schule, an der mein Onkel Petrus unterrichtet hatte. Aber mit den Kindern prügelten wir uns nur, das waren «Rote», wie mein Onkel Petrus auch.

Onkel Petrus hatte seine eigene, «rote» Zeitung, Brot und Kuchen kaufte er beim eigenen, «roten» Bäcker, er hörte seinen eigenen, «roten» Radiosender, seine Schüler gingen auf «rote» Universitäten. Er lebte in einer vollkommen anderen Welt, ebenso wie die Katholiken und der liberale Tierarzt ein paar Häuser weiter, die auch ihre je eigene Welt hatten. Trotzdem gingen wir jeden Sonntag zum Kaffeetrinken zu ihm, und er war unser lieber Onkel Petrus. Auch das musste offenbar so sein. In jedem unserer Klassenräume hing über der Tür ein erbaulicher Spruch, in dieser seltsamen friesischen Sprache: «Ruhe lässt rosten!», «Bete und arbeite!», «Kein Durchgang! Hjir net troch!» Ich verstand nichts davon, bei uns zu Hause wurde ausschließlich Niederländisch gesprochen. Doch unsere eigene Protestantensprache verstand ich ebensowenig. Jeden Montagmorgen mussten wir ein Gedicht auswendiglernen aus einer unerschöpflichen Sammlung von Psalmen und Liedern mit Sätzen wie: «Ich bin Staub, dies sterblich' Fleisch wird einst wieder zu Staub ...»; «O Herr, du bist wohltätig, straf mich doch nicht ungnädig, in deiner Zornesglut ...»; «O Gott, der schützte uns're Ahnen, in Nacht und Sturmgebraus ...»

Wir Schüler skandierten die Texte und wiegten uns dabei in langen Reihen, während Lehrer Schmal mit dem Lineal den Takt schlug.

Als der Mann unserer Königin, Prinz Bernhard, unsere Stadt besuchte, lernten wir auch die Nationalhymne:

Wilhelm von Nassau
Bin ich von deutschem Blut.
Dem Vaterlande treu,
Bleib ich bis in den Tod.
Ein Prinz von Oranien
Bin ich ganz unverzagt.
Den König von Spanien
Hab ich allzeit geehrt.

Welch ein irrwitziges Lied! «Von deutschem Blut …» – obwohl fast all unsere Lehrer sich vor den Deutschen auf dem Dachboden hatten verstecken müssen und jeder wusste, dass man die Deutschen immer in die falsche Richtung schicken musste, dann stand man im Krieg auf der richtigen Seite. Und der «König von Spanien …»: Was hatten wir mit dem zu schaffen? Spanien, von dort kam jedes Jahr der Heilige Sankt Nikolaus, der niederländische Cousin des Weihnachtsmanns, mehr nicht. Wir standen vor unserer Schule am Straßenrand und sangen, mit Fähnchen winkend, die Nationalhymne, während der Wagen des Prinzen, von Motorrädern eskortiert, mit Höchstgeschwindigkeit an uns vorbeiraste.

In der ersten Erdkundestunde zeigte der Lehrer uns, wo wir wohnten: zuerst unsere Stadt, dann die Provinz, anschließend das Land. Er zeigte uns Fotos: der Hafen von Rotterdam, die Amsterdamer Grachten, der Abschlussdeich, Bauern in den Poldern, Torfstecher in Drenthe, die Philips-Fabriken in Eindhoven, der Flughafen Schiphol mit mindestens zwanzig Flugzeugen. Das waren wir!

Und dann hing er eine Karte von ganz Europa auf. Er zeigte uns die Niederlande. Wie klein wir doch waren. Und dann eine Weltkarte. Er schob einen Stuhl ran, ein Junge musste hinaufsteigen und unser Land zeigen. Ein Stecknadelkopf, das waren wir, mehr nicht. Die ganze Klasse musste lachen, dann wurden wir still.

Wir schrieben es vorn in unsere Hefte, jeder auf seine Weise, so wie das alle Kinder tun: Geert Mak, Westersingel 38, Leeuwarden, Friesland, Niederlande, Europa, Erde, Milchstraße, Universum. Ich bin ich. Das war meine Adresse im Universum, meine höchstpersönliche, gelbe Ohrmarke, wie sie Kühe tragen. Und irgendwo mittendrin: «Niederlande».

Der Geschichtsunterricht begann. Der Lehrer berichtete über die Entstehung der Niederlande und darüber, wie unsere ältesten Vorfahren, die Bataver, ins Land gekommen waren: in Bärenfelle gehüllt, mit Frauen und Kindern, auf Flößen über den Rhein, aus den finsteren germanischen Urwäldern zum Licht der See. Sie kämpften gegen die Römer, sagte der Lehrer, sie prügelten sie aus dem Land, so wie wir es dann später mit den Spaniern tun würden, und noch viel später mit den Franzosen und Deutschen. Ihr Anführer, Julius Civilis, hatte es schließlich als Erster gewagt, sich gegen die römischen Besatzer unseres Landes zu erheben. Und wir waren die Nachkommen dieses Helden, in direkter Linie.

Er ließ uns, mit dem Lineal den Takt klopfend, ein neues Lied singen:

«Glücklich das Land, das Gott der Herr behütet.
Wenn mordend und sengend der Feind darinnen wütet ...»

Lehrer Schmal war nicht der Einzige. Bis weit ins 20. Jahrhundert hinein erzählten praktisch alle niederländischen Lehrer mehr oder weniger dieselbe Geschichte über die Entstehung der Niederlande, jeweils leicht protestantisch, katholisch, sozialistisch oder liberal getönt. Eine Generation nach der anderen wuchs mit dem so genannten batavischen Mythos auf.

Bereits im 17. Jahrhundert ließen populäre Autoren wie Pieter Cornelisz. Hooft und Hugo de Groot sie in ihren Werken auftreten: Schließlich kämpften die Bataver gegen die Römer ebenso um ihre Freiheit, wie ihre Nachfahren gegen die Spanier um ihre Freiheit kämpften. Rembrandt malte sie, und Nationaldichter wie Joost van den Vondel sangen ihr Lob. Die Hauptstadt der neuen Kolonie Niederländisch-Indien wurde nach ihnen benannt: Batavia. Innerhalb der protestantischen Bevölkerungsgruppen lebte außerdem noch ein Israel-Mythos: Angeblich stammten die Niederländer von einem verschollenen Stamm des Volkes Israel ab, so dass sie eine besondere Stellung bei Gott dem Allmächtigen hatten. Doch es war kein Zufall, dass Lehrer Schmal den Batavern den Vorzug gab: Mit dieser Geschichte konnten die niederländische Bürgerschaft und der niederländische Freiheitssinn aus dem Altertum hergeleitet werden.

Zudem waren die Bataver flexibel, ihre Geschichte konnte den Anforderungen der Zeit angepasst werden. In späteren Jahren ging es nicht mehr nur um ihre Wehrhaftigkeit, sondern ab dem 18. Jahrhundert wurden sie vor allem wegen ihrer angeblichen Reinlichkeit und Natürlichkeit ausgebeutet. Sie waren das Symbol der niederländischen Aufklärung. Es gab damals einen engagierten Intellektuellen, Vater Eelhart, der in seinem Garten eine batavische Hütte hatte errichten lassen, wo er allen detailliert die Lebensweise und das Gedankengut unserer edlen Vorfahren erläuterte. Er muss sich fast alles aus den Fingern gesogen haben, aber das kümmerte niemanden. Als die Französische Revolution im Jahre 1795 auch die Niederlande auf den Kopf stellte, wurde das Land sogar für kurze Zeit zur Batavischen Republik umgetauft.

Das ist nun alles Vergangenheit. Während des Bildersturms der rebellischen sechziger Jahre des vorigen Jahrhunderts zerfiel, fast beiläufig, auch diese Heldengeschichte in tausend Scherben. Die Bataver wurden endlich in die Kulissen verbannt, und das nicht zu Unrecht. Schließlich waren sie nicht die Vorfahren der heutigen Niederländer. In den Jahrhunderten nach den Batavern haben in den Niederlanden so viele Völkerwanderungen stattgefunden – auch Migration hat es zu allen Zeiten gegeben –, dass der durchschnittliche Niederländer keinen Tropfen batavischen Blutes mehr in seinen Adern hat.

Auch waren die Bataver nicht die Ureinwohner der Niederlande. Als sie in das Gebiet kamen, etwa 50 v. Chr., da lebten dort bereits etwa 75 000 Menschen, die verschiedenen germanischen Stämmen angehörten. Der Westen – wo heute Städte wie Rotterdam, Den Haag und Amsterdam liegen – war eine Wüstenei aus Dünen und Torfmooren, eine Einöde, durch die nur Jäger und Nomaden streiften. In der Landesmitte gab es riesige Wälder, und im Norden erstreckte sich eine schier endlose Gezeitenlandschaft, die von Prielen und Meeresarmen durchschnitten wurde. Im Süden aber wurde schon in der Vorzeit Eisen verhüttet, und in der späteren Provinz Limburg gab es eine Feuersteinmine, deren Produkte über Hunderte von Kilometern gehandelt wurden. Sogar im trostlosen Norden wurde, wie viele Bodenfunde zeigen, reichlich Vieh gehalten. Ein Gebiet wie Drenthe war in der Eisenzeit bereits relativ dicht bevölkert. Das kann man unter anderem auf Luftaufnahmen der Provinz erkennen, auf denen die Äcker jener Zeit immer noch erkennbar sind.

Tatsächlich waren die Bataver ein Kriegsvolk, das vermutlich nach einem Konflikt mit seinem Mutterstamm, den Chatten, Mitteldeutschland verlassen hatte. Möglicherweise war der Grund für den Konflikt die Kollaboration mit den Römern, wozu gerade die Bataver nur allzu bereit waren, Generation für Generation. Sie stellten sehr viel größere Hilfstruppen als üblich. Historiker haben berechnet, dass aus jeder Familie durchschnittlich ein bis zwei Kinder im römischen Heer dienten. In verschiedenen römischen Quellen wird ihre Kampfeslust, ihre Kraft und vor allem ihr Durchhaltevermögen sehr gerühmt. Sie waren jahrzehntelang gern gesehene Legionäre. Eine Reihe von Batavern wurde zu Beamten des Reichs ausgebildet, und aus einem wiedergefundenen Grabstein geht hervor, dass einer es sogar bis in die kaiserliche Leibwache schaffte.

Der Aufstand selbst war aber alles andere als ein Mythos. Sogar für die Römer war er ein so wichtiges Ereignis, dass Tacitus ihm in seinen *Historien* großen Raum widmete. Damit ist dieser batavische Aufstand eines der ersten Fakten in der niederländischen Geschichte,

und der Anführer der Rebellion, der einäugige Bataver Julius Civilis, die erste exakt beschriebene Person. Auch er diente übrigens als hoher Offizier im römischen Heer.

Eigentlich handelte es sich eher um eine Meuterei als um einen Aufstand. Die Bataver hatten immer freiwillig in den römischen Legionen gedient, doch mit der Zeit waren die Römer dazu übergegangen, die Bataver auch unter Zwang zu rekrutieren. Selbst Alte wurden in den Dienst gepresst – um sie erst nach Bezahlung eines Lösegeldes

Rembrandt Harmensz van Rijn,
Die Verschwörung des Claudius Civilis
(1661)

wieder freizulassen. Der Unmut war groß. Als nach dem Selbstmord von Kaiser Nero nicht weniger als vier Kandidaten um den römischen Kaiserthron stritten, war der richtige Moment für eine Rebellion gekommen.

Auf den römischen Flussschiffen meuterten die batavischen Ruderer. Die acht desertierten Kohorten aus Mainz – etwa 5000 hervorragend ausgebildete Soldaten – bildeten ein schlagkräftiges Heer. Die römischen Besatzer des westlich von Nimwegen gelegenen

Landstrichs Betuwe wurden schmachvoll geschlagen. Tempel und Befestigungsanlagen wurden niedergebrannt – bei Nimwegen, Alphen aan de Rijn und Xanten hat man Kampf- und Brandspuren entdeckt, die tatsächlich auf die Zeit um 70 n. Chr. datiert werden können. Sobald in Rom wieder Ruhe eingekehrt war, marschierten jedoch sogleich rund acht Legionen, etwa 40 000 Mann, in Richtung Norden. Aus Gallien kam außerdem eine starke Flotte. Die Betuwe, das Kernland der Bataver, wurde fast vollständig zerstört. Heftige Herbstregen brachen aus, das Land wurde unpassierbar, die Römer blieben im Schlamm stecken, und auch die Bataver hatten die Nase voll. Schließlich kam es auf einer Brücke zu Verhandlungen, und an dieser Stelle bricht Tacitus' Bericht ab.

Es wurde Frieden geschlossen, vermuten wir, und das war im Interesse beider Parteien. Die Bataver sollten noch lange Zeit treue Diener der Römer bleiben. Das ist, so weit wir wissen, die tatsächliche Geschichte unserer mythischen Bataver. Aber Lehrer Schmal konnte sie schöner erzählen.

2

WIND

«Zwar haben wir schon mehrere Völker, die in so dürftigen Lebensverhältnissen leben, an der Küste des östlichen Weltmeeres genannt; aber auch im Norden haben wir derartige gesehen, und zwar unter den Chauken, die man die größeren und die kleineren nennt. Dort überflutet der Ocean in gewaltigem Strom zweimal innerhalb eines Tages und einer Nacht einen unabsehbaren Landstrich, so dass er den ewigen Kampf der beiden Elemente verhüllt und es unentscheiden läßt, ob dieser Raum dem Festlande oder dem Meere angehöre. Dort wohnt dies arme Volk auf Hügeln oder künstlich nach Maßgabe der höchsten Fluthen aufgeworfenen Anhöhen, auf welchen es Hütten errichtet, Schiffenden ähnlich, wenn die Fluth ringsum Alles mit Wasser bedeckt, und Schiffbrüchigen, wenn dieses sich wieder verlaufen hat, und macht um seine Kabachen her auf die mit dem Meere fliehenden Fische Jagd.»

Die allererste Beschreibung der Küstengegend und der ersten Bevölkerung dieses nordwesteuropäischen Winkels, den wir später als die «Niederlande» bezeichnen sollten, verdanken wir dem römischen Offizier Plinius dem Älteren, der die Gegend während eines Feldzugs im Jahre 47 n. Chr. bereiste. Voller Erstaunen beschreibt er die Lebensweise dieser zähen Barbaren: die Fischernetze, die sie aus Schilf und Binsen flochten; das Regenwasser, das sie in großen Gruben vor ihren Häusern auffingen und das ihr einziges Getränk war; die Erdschollen – es muss Torf gewesen sein –, die sie ausgruben und trockneten, um damit Feuer zu machen, an dem sie ihre vom «Nordwind starren Körper» wärmen konnten. «Und dennoch sagen diese Völker, sie würden Sclaven, sofern sie heute vom römischen Volke überwunden werden sollten!» schreibt Plinius. «Und so ist es denn in der Tat vollkommen wahr, dass die Natur gar vielen das Leben nur erhält, um sie zu strafen!»

Ein Großteil der Niederlande war zu jener Zeit noch Niemandsland. Die Römer staunten über die riesigen Wälder, die, tiefer im Binnenland, um ein großes Seengebiet herum lagen, mit riesigen Eichen, die bis ganz nah ans Ufer wuchsen. Plinius der Ältere selbst hat sie am Flevum gesehen, dem bescheidenen Vorgänger des heutigen IJsselmeer. Er berichtet, dass diese Eichen mitunter, wenn sie von den Wellen unterspült und ins Wasser gestürzt waren, mit ihren weitverzweigten Wurzeln recht große Inseln mit sich fortnehmen. «Dadurch ins Gleichgewicht gebracht, schwimmen sie, stehend, mit ihren wie Takelwerk weit ausgebreiteten Ästen, und haben dadurch schon oft unsre Flotten in Schrecken gesetzt, wenn sie, von den Wellen fortgetrieben, gleichsam absichtlich gegen die Vorderteile unserer stillliegenden Schiffe anschwammen, und diese nun in Ermangelung anderer Hülfsmittel eine Art Seegefecht gegen Bäume liefern mußten.»

«Wer hätte [...] Asien, Afrika oder Italien verlassen und Germanien aufsuchen sollen, das landschaftlich ungestalt, klimatisch rauh, trostlos in Anbau und Aussehen ist, außer, es wäre seine Heimat?», schrieb Tacitus einige Jahrzehnte später, im Jahr 98 n. Chr. – doch er wusste das nur vom Hörensagen.

Seiner Auskunft nach kannten die Bewohner keine Städte, sie ertrugen nicht einmal Häuser, die aneinandergebaut waren. Furchterregend dreinblickende, blaue Augen hatten sie, rotblondes Haar, und sie waren von kräftiger Gestalt. Männer und Frauen trugen mehr oder weniger dieselbe Kleidung: Felle und Mäntel, die von einer Spange oder einer Fibel zusammengehalten wurden.

Die Landschaft, die Plinius beschreibt, ist, soweit wir wissen, realistisch gezeichnet: So muss es dort, jedenfalls in den Küstengegenden, tatsächlich ausgesehen haben. Der Boden war zu feucht und zu salzig für Bäume und Sträucher. Bevor in größerem Umfang Deiche angelegt wurden, was erst etwa tausend Jahre später geschah, lebten die Einwohner auf großen Hügeln aus Sand oder Lehm, die – natürlich – in der Mitte über eine Grube verfügten, in der das Regenwasser aufgefangen wurde.

Diese Hügel kann man in der flachen und grünen nordniederländischen Ebene der Provinzen Friesland und Groningen hier und da immer noch finden. Man bezeichnete sie als «terpen» oder «wierden» (Warften oder Wurten) – Ortsnamen wie Bolsward, Jorwerd oder Leeuwarden haben hier ihren Ursprung. Viele dieser Hügel sind ganz oder teilweise abgetragen worden, doch zahllose Dörfer stehen auch heute noch auf einer solchen Warft, und das gilt auch für viele alte Bauernhöfe. Die Vorgeschichte liegt für denjenigen, der einen Blick dafür hat, noch zum Greifen nahe.

Die ersten Warften entstanden mitten in der Eisenzeit, etwa 600 v. Chr. Oft fing es mit einer kleinen Düne an, auf der eine Familie sich niederließ. Später wurde dieser kleine Hügel dann mit Erde

Die höchste Warft der Niederlande in Hogebeintum, ca. 8,8 m über dem Meeresspiegel

und Abfall immer weiter erhöht. Dieses ständige Höherlegen der Wohngebiete sollte bis weit ins Mittelalter die Methode bleiben, mit der die meisten niederländischen Küstenbewohner dafür sorgten, dass sie trockene Füße behielten. Sogar Ausgrabungen im erst sehr viel später entstandenen Amsterdam zeigen, dass die ersten Bewohner der Stadt im 13. und 14. Jahrhundert permanent damit beschäftigt waren, abzureißen und höher zu bauen, mit Lehm, Holz und Hausmüll, um so dem Wasser und den Stürmen die notwendigen Zentimeter voraus zu bleiben.

Die ersten Warftbewohner lebten von Schollen, Seezungen, Aalen und Heringen, sie hielten etwas Vieh, schreckten aber auch nicht vor einer Mahlzeit mit Seehund zurück. Später entwickelten sich manche dieser Hügel zu echten Warftdörfern, Gemeinschaften mit etwa zehn Höfen, auf denen oft achtzig oder mehr Menschen lebten. Der Platz in der Mitte, der Süßwasserteich als Tränke für das Vieh, hatte immer mehr eine öffentliche Funktion. Viele heutige Dorfkirchen stehen an dieser Stelle.

«Die Natur erhält gar viele nur am Leben, um sie zu strafen.» War es um diese Warftbewohner tatsächlich so erbärmlich bestellt?

Wir müssen das alles mit einem Körnchen Salz nehmen. Jemand wie Plinius der Ältere war an reiche römische Villen mit Bädern und Zentralheizung gewöhnt, und an die exquisiten Gerichte, die dort serviert wurden. Er machte sich nicht bewusst, dass diese «Barbaren» auf ihre Art auch eine recht gute Existenz aufgebaut hatten und zu Beginn unserer Zeitrechnung sogar in relativem Wohlstand lebten.

Das Grodenland rund um die Warften zum Beispiel war außerordentlich fruchtbar, und das war es auch, was dieses rauhe Land so attraktiv machte: Auf den salzigen Weiden konnte man mehr Vieh halten als anderswo, und die Tiere wurden auch seltener krank. Die Höfe auf den Warften waren folglich auch vergleichsweise groß. Die Familien lebten dort oft mit zwanzig Kühen, und manchmal waren es sogar fünfzig. Alles mögliche wurde dort produziert: Häute, Käse, Salz und natürlich Fleisch. Außerdem trieb man dort schon damals Transithandel mit Skandinavien: Pelze, Bernstein. Diese Gegenden hatten, wie bereits früher angedeutet, eine ganz eigene Entwicklung durchlaufen, ehe die Römer einen Fuß in das Land setzten.

Die römischen Quellen geben den Bevölkerungsgruppen in diesen Gebieten zum ersten Mal Namen: Die Bataver erwähnten wir bereits. In der heutigen Provinz Limburg lebten die Eburonen; Julius Cäsar erwähnt sie, weil er in einen Guerillakrieg mit ihnen verwickelt war. Im heutigen Twente siedelten die Tubantes. Die exotischsten Völker waren in den Augen der Römer die Friesen und die Chauken, die Warftbewohner, die entlang der ganzen Nordseeküste lebten. Die Friesen siedelten von der heutigen Provinz Nordholland bis zur heutigen Provinz Friesland, die Chauken lebten weiter östlich, in Groningen und Ostfriesland.

Sehr schnell muss es zu einem intensiven Austausch zwischen den relativ reichen Friesen im Norden und den Römern im Süden gekommen sein. Die Museen in Friesland und Groningen können inzwischen sämtliche Vitrinen mit römischem Schmuck, Kämmen, Würfeln und Gebrauchsgegenständen füllen. Münzen, Keramik, Darstellungen der Minerva und anderer römischer Götter, auf allen Warften wurden sie gefunden. In dem Groninger Dorf Tolsum ist man sogar auf eine Schreibtafel gestoßen, auf der ein gewisser Beesier Stels und ein gewisser Gargilius Secundus den Kauf einer Kuh vertraglich regeln. Wenn man den Vertrag mit den Augen eines Juristen liest, fällt auf, dass dieser schlaue Beesier Stels festschreiben ließ, dass es für den Käufer keine Geld-zurück-Garantie gab, wenn die Ware sich als mangelhaft erwies. Der verkaufende Bauer muss also einigermaßen über die Gepflogenheiten in einem römischen Vertrag informiert gewesen sein. Er war also alles andere als ein Barbar.

Dies alles ändert nichts daran, dass die Ankunft der Römer ein Wendepunkt in der Geschichte der Niederlande war. Der erste Eindruck von den Legionen muss erschütternd gewesen sein: die marschierenden Massen, die Militärkapelle, die bunten Uniformen, die glänzenden Helme, die straff geordnete Kavallerie und Infanterie. Kanonen und andere Feuerwaffen hatten die Römer natürlich noch nicht, aber ansonsten muss es so gewesen sein, als marschierten Dutzende von preußischen Regimentern des 19. Jahrhunderts in die Eisenzeit ein. Das seit Jahrhunderten gemächlich dahintreibende Leben am Ufer der Flüsse und auf den Äckern in den höher gelegenen Teilen des Landes war plötzlich nicht mehr selbstverständlich.

Der römische Offizier Caius Velleius Paterculus hat einen merkwürdigen Zwischenfall beschrieben, der sich vermutlich während einem der ersten Feldzüge am Ufer von einem der großen Flüsse ereignet hat. Er gehörte zu den Truppen des Feldherrn und späteren Kaisers Tiberius und schrieb, dass auf dem jenseitigen Ufer des Flusses «die Waffen der feindlichen Krieger (blitzten), die bei jedem Manöver unserer Schiffe sogleich zurückwichen». Einer von ihnen, ein älterer, seiner Kleidung nach zu urteilen vornehmer Mann, stieg in einen ausgehöhlten Baumstamm, fuhr in die Mitte des Flusses und bat die Römer um die Erlaubnis, ans andere Ufer kommen zu dürfen. Er wollte Tiberius sehen. Das wurde ihm gestattet. Anschließend betrachtete er den Feldherrn lange Zeit schweigend und sagte dann, laut Paterculus: «Unsere jungen Leute sind nicht bei Sinnen, verehren sie doch in eurer Abwesenheit euer göttliches Wesen; wenn ihr aber da seid, zeigen sie eher Angst vor euren Waffen, anstatt sich eurem Schutz anzuvertrauen. Ich aber habe, dank Deiner gütigen Erlaubnis, Caesar, heute die Götter gesehen, von denen ich vorher nur gehört hatte. Einen glücklicheren Tag habe ich in meinem Leben weder erhofft noch erlebt.» Er durfte Tiberius' Hand berühren, und anschließend paddelte er in seinem Einbaum zu seinen Stammesgenossen zurück, wobei er sich, so Paterculus, fortwährend nach dem Feldherrn umsah.

Die Niederlande waren im Laufe der Geschichte selten das eigentliche Ziel militärischer Operationen. Fast immer waren sie nur eine Durchgangsstation, Etappe in einer sehr viel weiter reichenden Strategie. Das gilt auch für den Aufmarsch der Römer in dieser Region. Im Jahre 52 v. Chr. hatte Julius Cäsar die Nordgrenze des Römischen Reichs an den Rhein verlegt. Das bedeutete, dass nicht nur das heutige Frankreich und Belgien unter römische Herrschaft gerieten, sondern auch die heutigen niederländischen Provinzen Brabant und Limburg – und das sollte auch rund vier Jahrhunderte lang so bleiben.

Vierzig Jahre später, im Jahre 12 v. Chr., fasste man in Rom den Beschluss, auch Germanien größtenteils zu erobern. Endziel dieses kaiserlichen Feldzugs war die Elbe, welche die neue Grenze des Römischen Reichs bilden sollte. Die Römer hofften, die Germanen ebenso einwickeln zu können wie vorher die Gallier: mit Theatern, Tempeln, Villen, Aquädukten, Nussbäumen, Wein und anderen Produkten der römischen Zivilisation.

Die Niederlande dienten in dieser Strategie als Aufmarschgebiet. In diesem wasserreichen Gebiet konnte man Truppen und Vorräte schnell, sicher und bequem per Schiff transportieren. Die Ingenieure des Feldherrn Drusus dachten sich sogar ein paar schlaue wasserbauliche Maßnahmen aus, die ersten großen Eingriffe in dieser Region. Unter anderem ließen sie dort, wo sich die Waal vom Rhein abspaltet, eine große Buhen anlegen, die dafür sorgte, dass mehr Wasser in den Rhein floss, so dass dieser besser befahren werden konnte. Unter Drusus' Nachfolger Corbulo wurde eine Verbindung zwischen den Seitenarmen des Rheins und der Maas gegraben, die so genannte Corbulogracht. Auf dem Hunerberg bei Nimwegen wurde unterdessen ein riesiges Hauptquartier errichtet, das für nicht weniger als zwölftausend Mann ausgelegt war. Weitere Befestigungsanlagen wurden in Velsen, bei Haarlem, im südholländischen Valkenburg, bei Leiden und entlang der Reichsgrenze gebaut.

Der Aufmarsch der römischen Truppen sollte in einer genau geplanten Zangenbewegung verlaufen. Ein Teil sollte per Schiff durch das Wattenmeer die Elbe hinauffahren und dort an Land gehen. Die Friesen sollten die Soldaten durch das Wattenmeer lotsen, und das taten sie ohne Murren, denn die Zusammenarbeit mit den Römern bot ihnen alle Möglichkeiten, ihre wohlhabende Isolation zu durchbrechen. Die übrigen Truppen sollten sich einen Weg durch die germanischen Wälder Richtung Osten erkämpfen. Unter anderem darum schloss man mit den Batavern ein Bündnis.

Die militärische Operation der Römer verlief zunächst erfolgreich. Im Jahr 5 n. Chr. schien es, als hätten die Legionen ganz Germanien fest in der Hand. Der Gouverneur machte sich gerade daran, eine Zivilverwaltung wie in Gallien aufzubauen, und es wurde allgemein erwartet, dass der Kaiser im Jahre 6 n. Chr. die Grenze des Reichs endgültig an die Elbe würde verlegen können. Es sollte nicht gelingen. Aufstände brachen aus, mit denen die Legionen alle Hände voll zu tun hatten, erst auf dem Balkan, später auch in Germanien. Schließlich wurden an einem Septemberabend des Jahres 9 die drei besten Legionen, ein Heer von mindestens 20 000 Mann, an dessen Spitze Publius Quintilius Varus stand, im Teutoburgerwald in einen tödlichen Hinterhalt gelockt und abgeschlachtet.

Der Teutoburgerwald wurde für die Römer zu einer Art 11. September, ein psychologischer Wendepunkt, ein Trauma beinahe. Der Anführer der Germanen, Arminius, auch bekannt unter dem Namen Hermann der Cherusker, sandte einem befreundeten Stammesältesten den Kopf des Varus. Dieser wiederum schickte ihn nach Rom. In der Hauptstadt des Reichs brach Panik aus: «Jetzt kommen die Barbaren!» Der Überlieferung zufolge ging der schon betagte Kaiser Augustus wochenlang durch seinen Palast und rief: «Quintilius Varus, gib die Legionen zurück.»

Der Rhein wurde zu einer Grenze, welche die Römer nicht mehr furchtlos überquerten. Im Jahr 47 n. Chr. gab Kaiser Claudius den Elbe-Plan endgültig auf.

Wo Varus tatsächlich geschlagen wurde, glauben wir seit einiger Zeit zu wissen. Das «offizielle» Hermannsdenkmal steht bei Detmold, aber vermutlich fand die Schlacht bei Kalkriese statt, nicht weit von der niederländischen Grenze entfernt. Zwischen einem Hügel und einem Sumpf hat man dort in den achtziger Jahren des vorigen Jahrhunderts zahlreiche Knochen, Münzen, Schwerter, Dolche, Schleudersteine und Teile römischer Rüstungen gefunden, alle aus der Zeit des Kaisers Augustus. Man ist auch auf vier Gruben gestoßen, in denen große Mengen menschlicher und tierischer Skelettteile lagen. Alles deutet darauf hin, dass dort zu Beginn unserer Zeitrechnung zwei mächtige Heere aufeinandergestoßen sind.

Hier müsste eigentlich auch ein niederländischer Gedenkstein stehen.

Die Schlacht im Teutoburgerwald war schließlich nicht nur ein entscheidender Moment der deutschen Geschichte, sondern auch der niederländischen. Wenn Varus nicht auf solch dramatische Weise unterlegen gewesen wäre, hätten die Römer ihren Elbe-Plan vermutlich in die Tat umsetzen können. Germanien wäre auf ähnliche Weise unterworfen und befriedet worden, wie man es zuvor mit Gallien gemacht hatte. Die späteren Niederlande, ein typisches Übergangsgebiet zwischen der germanischen und der gallischen Welt, wären dann vielleicht niemals entstanden.

Jetzt bildete sich eine wichtige Bruchlinie, die mitten durch das Gebiet der heutigen Niederlande verlief. Der Rhein, der damals noch an Utrecht vorbeifloss und dort heute den Namen Oude Rijn hat, wurde zur Grenze des römischen Imperiums. Die Gebiete nördlich des Flusses überließen die Römer mehr oder weniger ihrem Schicksal. Die südlichen Gebiete wurden dem Reich einverleibt, und dadurch wurden sie unabtrennbarer Teil der römischen Kultur.

So wie die europäischen Mächte später ferne Erdteile kolonisierten, so operierten die Römer auch im von ihnen besetzten Germania inferior. Etliche gemauerte römische Gutshöfe, die man in den Provinzen Limburg und Gelderland gefunden hat, belegen, dass sie ihre Art des Häuserbaus einführten. Sie errichteten Heiligtümer, wie die beiden antiken Tempel belegen, die man unter den Trümmern der alten Kirche in Elst gefunden hat, nachdem diese im Zweiten Weltkrieg zerstört worden war. Die Römer führten Längenmaße, Meilensteine und steinerne Brücken ein, und sie legten befestigte Straßen an, unter anderem eine, die am Rhein entlang bis nach Katwijk führte, sowie eine große Straße von Köln nach Bologna, von der man bei Swalmen und unter dem Vrijthof in Maastricht noch Reste gefunden hat.

Ein wichtiger Knotenpunkt war Corriovallum, das spätere Heerlen, wo die römischen Kolonisten einen großen Komplex aus Bädern und Thermen errichteten, wie man sie von Rom her kannte.

Der Rhein muss zu jener Zeit eine wichtige Verkehrsader gewesen sein. Bei Zwammerdam, Alphen aan de Rijn, Woerden und Utrecht hat man Reste römischer Schiffe gefunden. Zugleich bildete der Fluss eine eiserne Grenze. Entlang des Ufers wurden Kastelle gebaut, die zum größten Teil mit überall im Reich rekrutierten Hilfstruppen bemannt waren. Als im Jahre 58 n. Chr. eine Gruppe Friesen es wagte, sich am Ufer niederzulassen, wurden sie gnadenlos vertrieben. Ihre Anführer durften in Rom bei Kaiser Nero vorsprechen; sie wurden freundlich empfangen und herumgeführt, aber eine Vorstellung im Pompeiustheater war an diese Friesen verschwendet: Sie hatten, laut Tacitus, kein Interesse am Zirkus, weil sie keine Ahnung davon hatten. Wohl aber interessierten sie sich für Rang und Stand des Publikums. Und als sie auf den Ehrenplätzen für die Senatoren einige Fremde bemerkten, die dort aufgrund ihres außergewöhnlichen Mutes und ihrer unverbrüchlichen Treue zu Rom sitzen durften, da standen sie auf, gingen hinunter und setzten sich einfach dazu. «Kein Sterblicher übertrifft die Germanen an Mut und Treue!» riefen sie.

Ihre Bitte wurde abgewiesen. Mit Gewalt verjagte man sie vom Ufer des Rheins.

Der britische Historiker Edward Gibbon schreibt in seiner klassischen Beschreibung des Römischen Reichs, dass die Regierungszeit der beiden Kaiser namens Antonius gekennzeichnet ist «durch den seltenen Vorzug, dass sie der Geschichte wenig Stoff liefert, die in der Tat nicht viel mehr ist als ein Register der Verbrechen, der Torheiten und des Jammers der Menschheit.»

Vergleichbares lässt sich auch für die zwei, drei Jahrhunderte, die auf den germanischen Feldzug und den Aufstand der Bataver folgten, über das Gebiet der heutigen Niederlande sagen. Der Süden entwickelte sich zu einer friedlichen Kolonie. Die Friesen und andere nördliche Stämme hielt man durch Handel und Diplomatie ruhig. Die Gegend wurde zu einer Art Puffer zwischen dem Römischen Reich und dem übrigen Germanien.

In der Nähe des limburgischen Ortes Simpelveld hat man den Sarkophag einer vornehmen römischen Dame gefunden, die ihren Sarg fast wie eine Wohnung hatte herrichten lassen, eine Art Puppenstube. Sie lebte bereits in einer Welt, die der unseren sehr viel näher stand als die ihrer einheimischen Nachbarn. Sie wohnte in einer aus Stein errichteten Villa, die vielleicht schon Glasfenster, eine Wasserleitung und eine Art Zentralheizung hatte. Sie kannte andere Städte, Ulpa Noviomagnus bei Nimwegen und Forum Hadriani, das heutige Voorburg, ein Vorort von Den Haag, das nach einem streng symmetrischen Plan gebaut war, eine Art Modellsiedlung avant la lettre. Auch Orte, an denen Flüsse überquert werden konnten – ihre lateinische Bezeichnung traiecta wurde später zu – «tricht» oder «trecht» – gelangten zu immer größerer Bedeutung: Maastricht und Utrecht. Die vornehme Dame ernährte sich nicht mehr von Getreidebrei, sondern speiste appetitliche Gerichte, die mit Aprikosen, Walnüssen, Mandeln, mit Dill, Koriander und Pfefferminze zubereitet waren.

Aber sie muss auch zahlreiche Nachbarn gehabt haben, einfache, einheimische Leute, die die ganze römische Zeit über in ihren primitiven Siedlungen wohnten und die sich aus gleich welcher «Romanisierung» nichts machten. Die Töpferscheibe, immerhin eine durchaus praktische Erfindung, hat sich damals in den Niederlanden nicht durchsetzen können. Das Bild, das Tacitus von den aufständischen Batavern schildert, ist bezeichnend: die Standarten der von den Römern gedrillten Veteranenkohorten neben den Tierbildnissen, die man aus Wäldern und Hainen herbeigeholt hatte. Das war ein Zwiespalt, den es auch in der übrigen Gesellschaft gegeben haben muss. Die späteren Niederlande waren, auch in dieser Hinsicht, eine echte Kolonie.

Ab dem 3. Jahrhundert wurde die römische Herrschaft über Nordeuropa immer schwächer. Immer häufiger überquerten germanische Stämme den Rhein. Im Jahre 258 n. Chr. waren Krieger des bedeutendsten Stammes, der Franken, sogar schon über Niedergermanien und Gallien bis nach Spanien durchgebrochen. Mit großer Mühe war die kaiserliche Autorität wieder einigermaßen hergestellt worden. Auch im Inneren verlor das Römische Reich an Stärke. Der Grund dafür waren nicht nur allerlei politische Intrigen in Rom, sondern vor allem der Verlust der römischen Kolonien in Nordafrika, der zur Folge hatte, dass die Versorgung mit Getreide stagnierte und das Imperium langsam aber sicher dahinsiechte. Im Jahr 406 überquerten die Germanen erneut die Rheingrenze. «Alles zwischen Alpen und Pyrenäen, zwischen dem Ozean und dem Rhein ist von Feinden verwüstet – oh, armes Vaterland», schrieb ein damaliger Chronist.

Allgemein wurde erwartet, dass Rom, so wie früher, zum Gegenangriff übergehen würde, um die alte Ordnung wiederherzustellen. Doch diesmal blieb der Angriff aus. Für die südlichen Teile Niedergermaniens war damit die römische Zeit vorbei. Die Kolonie entvölkerte sich, die Bewohner zogen zu Zehntausenden fort. Im friesischen Norden brach eine finstere Zeit an. Es sind fast keine archäologischen Funde aus der nun folgenden Epoche bekannt, und alles deutet darauf hin, dass auch die früher einmal so reichen Warftgebiete von ihren Bewohnern verlassen wurden. Was die Gründe dafür waren, darüber können wir nur Vermutungen anstellen. Vielleicht wurde der Boden schlammiger und feuchter, so dass nicht genug Land übrig blieb, um alle zu ernähren. Vielleicht sind aber auch viele aus dem Norden mit den Römern fortgezogen, weil sie direkt oder indirekt von ihnen abhängig waren. Möglicherweise spielte auch die so genannte «Justinianische Pest» eine Rolle, ein erster Ausbruch der – wie man annimmt – Beulenpest, die ab Mitte des 6. Jahrhunderts Europa heimsuchte, von Konstatinopel bis Gallien und England, eine Pandemie, die weite Teile der Welt wieder in ihre ursprüngliche Stille zurückfallen ließ, da «kein Laut auf dem Feld, kein Pfeifen der Hirten mehr» zu hören war, um es mit den Worten eines langobardischen Chronisten auszudrücken. Nach Schätzungen lebten am Ende in den Landstrichen, die man heute die Niederlande nennt, höchstens noch 50 000 Menschen.

Die letzten Berichte über die Bataver stammen aus dem 4. Jahrhundert; sie berichten von einigen Heldentaten, danach verschwinden sie aus der Geschichte. Was die Friesen angeht, so wurden ihre Warften zeitweise von großen Gruppen von Jüten, Angeln und Sachsen bevölkert, die aus Skandinavien fortgezogen waren und die am Ende in England siedeln sollten. Von den ursprünglichen Friesen haben sich möglicherweise einige in Drenthe niedergelassen, aber der größte Teil ist vermutlich nach England weitergezogen. Die Archäologen nehmen an, dass die Friesen keine kontinuierliche Geschichte haben und dass zu jener Zeit andere Stämme in die Küstengegend eingewandert sind, die irgendwann auch als Friesen bezeichnet wurden. Die heutigen Friesen haben also wahrscheinlich nichts mit den stolzen friesischen Fürsten zu tun, die seinerzeit im Pompeiustheater die römischen Ehrenplätze einforderten.

Die reichen Küstenlandstriche der späteren Niederlande, die Warften und das tiefliegende Land, wo heute die großen Städte stehen, sie müssen im 5. und 6. Jahrhundert verlassen dagelegen haben, eine lange Geschichte, die durch Sturmfluten und Völkerwanderungen ausgelöscht wurde, eine Geschichte, die praktisch neu beginnen musste.

3

WASSER UND STADT

«Die niederländische Ebene verschafft dem Betrachter beim ersten Anblick durchaus ein gewisses, angenehmes Gefühl der Melancholie, und in all ihrer Einförmigkeit läßt sie allerlei neue und wundersame Panoramen entstehen, welche die Vorstellungskraft aufs Angenehmste anregen.» So beschrieb der italienische Journalist Edmondo de Amicis die Niederlande 1876 in seinem Reisebericht mit dem Titel *Olanda*. «Aber», so fügte er hinzu, «am Ende ermüdet und langweilt sie selbst denjenigen, der von Natur eher dazu neigt, ihre eigenartige Schönheit zu verstehen und zu schätzen. Es kommt unweigerlich der Tag, an dem der Fremde auf seiner Reise durch die Niederlande plötzlich von einem unwiderstehlichen Verlangen nach etwas Hohem ergriffen wird, zu dem er aufblicken, nach Windungen, über die er seinen Blick hinwegsetzen und wandern lassen kann, nach Formen, die seine Phantasie beflügeln.»

Derartige Empfindungen sind vorstellbar, ganz bestimmt bei einem italienischen Reisenden. Doch de Amicis übersah zwei besondere Eigenschaften der niederländischen Landschaft: das Wasser und die Städte.

Das Wasser, das, jedenfalls in den Küstenprovinzen, immer und überall gegenwärtig ist, ist Feind und Verbündeter in einem. Das Wasser, welches das Licht färbt, das für Transport und Bewegung sorgt, für Betriebsamkeit und für eine fabelhafte Infrastruktur, das aber die Niederländer zugleich mit einer ewigen Angst vor der Flut erfüllt: «Herr, Herr, wir versinken!» Und dann sind da die Städte, besser gesagt: die kleinen Städte, die sich überall mit ihren Türmen melden, die Intimität im Raum schaffen, eine immer wieder auftauchende Variation in der Einförmigkeit.

Nach der römischen Zeit ist die Geschichte der Niederlande mindestens fünf Jahrhunderte lang überaus nebulös. Es gab einige Handelszentren wie Rijnsburg und Valkenburg in Süd-Holland, Medemblik und Staveren (heute: Stavoren) an den gegenüberliegenden Ufern des Meeresarms Zuidersee gelegen (der seit Vollendung des Abschlußssdeichs IJsselmeer genannt wird), Dorestad am Rhein, Witla an der Maas und Walacria an der Schelde; die drei letztgenannten Orte wurden schon vor Jahrhunderten vom Wasser verschlungen; sie existieren nur noch in nebulösen Volksgeschichten, als versunkene Städte, voller Seelen von ertrunkenen Seeleuten, wartend auf den Jüngsten Tag.

Doch dieses halbstädtische Dasein war etwas Besonderes. Wie sonst überall auch in Europa war der einfache Mann während der tausend Jahre, die wir als das «Mittelalter» bezeichnen, fast immer Bauer. Er lebte mit seinen Kühen unter einem Dach, er wurde regelmäßig von Kriegen, Hochwassern, Missernten und Mäuseplagen heimgesucht; ab dem 14. Jahrhundert wurde sein Dorf gelegentlich durch die Pest oder durch Überflutungen beinahe ausgelöscht, doch selten oder nie wird er in den Chroniken einer Erwähnung für würdig befunden. Gegen Ende des Mittelalters, so um 1400, gewannen die Städte immer mehr an Bedeutung und Einfluss. Doch es waren die Bauern, die hier Jahrhunderte lang überlebten, die das Land kultivierten und die den späteren Niederlanden Form gaben.

Sie führten, im Unterschied zu den Menschen in anderen Teilen Europas, im allgemeinen kein Sklavenleben. Die niederländischen Bauern waren, vor allem für mittelalterliche Verhältnisse, ihren Herren gegenüber nicht rechtlos. Solange sie ihre Abgaben und Steuern zahlten, konnten sie frei schalten und walten. Man hat Höfe und Bauerngräber gefunden, die von großem Reichtum zeugen. Auch damals gab es hier bereits so etwas wie bürgerlichen Eigensinn.

Das traf besonders für die friesische Bauerngesellschaft zu. Das so genannte Frisia umfasste in den ersten Jahrhunderten nach der Völkerwanderung eine große Zahl von Wohngebieten entlang der gesamten Nordseeküste, von der Weser in Norddeutschland bis zum Zwin in der Nähe der belgischen Stadt Brügge. Es handelte sich dabei nicht um eine geschlossene Region, sondern vielmehr um eine Reihe von relativ dicht besiedelten «Inseln», die durch Flüsse, Meeresarme oder Sümpfe voneinander getrennt waren. Die damaligen Friesen beherrschten nicht nur das größte und fruchtbarste Gebiet, sondern auch die wichtigsten Handelswege. Diese Handelsrouten führten alle über das Wasser, von der Ostsee und Norddeutschland aus übers Meer, und dann durch die friesischen Meeresarme und das Flevomeer (das durch den Anstieg des Meeres im frühen Mittelalter dann zur Zuidersee wurde, die wiederum seit dem Dammbau in den 1920er Jahren IJsselmeer heißt) die Flüsse hinauf, Richtung Süden.

Aufgrund dieser Wasserwege müssen wir die frühmittelalterlichen Karten dieser Gebiete auch auf etwas ungewöhnliche Weise betrachten. Wenn man sich die damaligen Transport- und Handelswege ansieht, stellt man nämlich fest, dass die heutigen Randgebiete Friesland und Groningen sehr zentral gelegen waren. Die Provinzen Nord- und Südholland sowie Utrecht, worin heute Amsterdam und drei weitere bedeutende Städte liegen, waren zu jener Zeit noch zum größten Teil wüste und unzugängliche Sumpfgebiete.

«Händler» und «Friese» waren im frühesten Mittelalter praktisch Synonyme, und man bezeichnete die Friesen auch als die «Argonauten des Nordens». Sie handelten mit flämischem Tuch, mit fränkischen Schwertern und natürlich mit ihren eigenen Produkten: Häute, Wolle, Salz und herrlichem Schmuck. Das 7. Jahrhundert muss eine überaus wohlhabende Periode gewesen sein. Im Gebiet der friesischen Warften hat man mehr Goldmünzen und Schmuck aus dieser Zeit gefunden, als in den übrigen Beneluxstaaten und Deutschland zusammen. Wie weitläufig das Handelsnetz war, zeigt ein Goldschatz, der in der Warft des friesischen Dörfchens Wieuwerd gefunden wurde. Darin befanden sich Münzen aus Ravenna, Viviers, Arles, Marseille, Sevilla und sogar aus Konstantinopel.

Es ist nicht sicher, ob es jemals ein friesisches Königreich gegeben hat, obwohl der legendäre Anführer Radbod oft als König bezeichnet wird. Wahrscheinlich lebten die Friesen wie die Engländer in mehreren Mini-Königreichen, an deren Spitze lokale Anführer standen, von denen manche zu Fürsten aufstiegen, die über alle anderen erhaben waren. Radbods Stellung zum Beispiel war so geartet, dass er eine seiner Töchter mit dem Sohn des fränkischen Königs Pippin dem Mittleren verheiraten konnte.

Aufgrund der zerstückelten Struktur war das Reich der friesischen Quasi-Inseln für fremde Eroberer praktisch ungreifbar. Militärisch hielten die friesischen Fürsten sich zurück, doch die Expansion ihrer Handelsaktivitäten war gewaltig. Dies war eine auf den ersten Blick wenig spektakuläre Strategie, doch wo andere zu Grunde gingen, überlebten sie alle Wechselfälle des Schicksals, wobei ihr Reichtum ständig zunahm. Das war eine Methode, die andere Herrscher der Niederlande, auch in vollkommen anderen Zeiten, immer wieder aufs Neue anwenden sollten. Und dabei hatten sie einen mächtigen Verbündeten: das Wasser.

Das friesische Handelssystem hatte einige Zentren, und Dorestad war eines der wichtigsten. Frühmittelalterliche Schriften berichten von einer großen und reichen Handelsstadt, einer der wichtigsten Zollstellen des fränkischen Reichs, einem Zentrum des Handwerks und des internationalen Handels. Zwischen 650 und 900 müssen dort durchschnittlich etwa 2500 Menschen gelebt haben, eine große Stadt für die Zeit, die in ihrer Blütezeit möglicherweise sogar 10 000 Einwohner beherbergt hat. Mit allem wurde dort gehandelt: Getreide, Holz, Wein und auch Sklaven. In der Nähe des heutigen Städtchens Wijk bij Duurstede, nicht weit von Utrecht entfernt, hat man einige Überbleibsel gefunden: Münzen mit der Aufschrift «Dorestad», Schlüssel, einen Türknauf, einen Brunnen. Ansonsten ist die Stadt vollständig vom Erdboden verschwunden.

Unter den Fundstücken befindet sich ein auffallendes Objekt. Auf dem Boden eines Brunnens stieß man auf eine Mantelspange, die irgendwann um 800 in Frankreich hergestellt worden ist. Es handelt sich um ein überaus schönes Schmuckstück, auf dem man in den darauf befindlichen roten Steinen deutlich das Motiv eines Kreuzes erkennen kann. Die Trägerin oder der Träger war also ein Christ. Und das war keine Ausnahme: Auf den Münzen, die in Dorestad geschlagen wurden, erschien ab 800 immer öfter die Aufschrift «christiania religio».

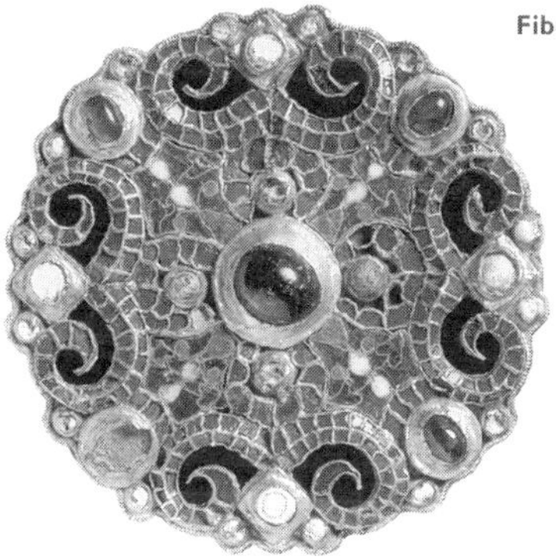

Fibel von Dorestad, um 800

Die ersten Einwohner von Dorestad haben, so wie alle Germanen nördlich der großen niederländischen Flüsse, vermutlich noch Götter wie Wotan und den Donnergott Donar verehrt und Opfer an Bäumen und Gewässern dargebracht. Doch nachdem die Franken gegen Ende des 7. Jahrhunderts von Utrecht aus damit angefangen hatten, das Christentum im Norden zu verbreiten, lernten sie eine Religion kennen, die versprach, dass man in den Himmel kam, wenn man tugendhaft lebte, Papst und König anerkannte und als von Gott eingesetzt betrachtete. Solche Gewissheiten waren nach der

Launenhaftigkeit der germanischen Götter sehr verlockend. Inmitten der Häuser von Dorestad hat im 9. Jahrhundert mit an Sicherheit grenzender Wahrscheinlichkeit auch eine kleine hölzerne Kirche gestanden.

Die Christianisierung der Niederlande verlief im Vergleich zu vielen anderen Teilen Europas auffällig langsam. Die südliche Hälfte, die heutigen Provinzen Limburg und Brabant, war – mit dem übrigen Gallien – bereits in spät-römischer Zeit zum Christentum übergetreten. Auf dem römischen Friedhof von Maastricht wurde um 384 der Heilige Servatius, der erste Bischof von Tongeren, begraben. Das Denkmal auf seinem Grab sollte sich im Laufe der Zeit zur späteren Sankt Servatiuskirche entwickeln. Als das Römische Reich im 5. Jahrhundert zusammenbrach, gab es dank des Christentums in der fränkischen Welt eine Art kultureller Kontinuität. Die Kirche behielt weiterhin das Unterrichtswesen in der Hand, und auch die kirchliche Organisation mit ihren Bistümern und Gemeinden stammte direkt von der römischen Verwaltungstradition ab. Die fränkischen Könige, die sich als Nachfolger der römischen Kaiser betrachteten, bekehrten sich sehr schnell zum Christentum. Jeder fränkische Adelige, der für zivilisiert und gebildet gehalten werden wollte, bezeichnete sich als Christ und versuchte, die Sprache und die Sitten der Römer wieder zu pflegen. Ab der Südgrenze des heutigen Belgien verlief dieser Prozess allerdings stets mühsamer. Die Germanen, die dort lebten, akzeptierten die fränkische Autorität, hielten jedoch an ihren eigenen Traditionen fest – und an ihrer Sprache. Die Sprachgrenze zwischen dem Französischen und dem Niederländischen verläuft noch immer – obwohl sie sich im Laufe der Zeit ein wenig nach Norden verschoben hat – von Dünkirchen aus durch dieses Grenzgebiet.

Nördlich der großen Flüsse lief sich diese fränkische Romanisierungskampagne fest. Wie die noch weiter nördlich lebenden skandinavischen Stämme hielten die Friesen noch jahrhundertelang an den Traditionen ihrer Vorfahren fest.

Bekannt ist die Geschichte von König Radbod, der von dem Missionar Wolfram dazu überredet worden war, zum Christentum überzutreten. Der König stand bereits mit einem Fuß im Taufwasser, als ihn plötzlich wieder der Zweifel überkam. «Wo sind meine verstorbenen Vorfahren und Verwandten? Sind sie im Himmel oder in der Hölle?» wollte er wissen. «In der Hölle natürlich», erwiderte Wolfram ohne zu zögern. «Dann brenne ich lieber mit ihnen, als dass ich den Himmel mit Fremden teile», sagte Radbod darauf und zog seinen Fuß rasch aus dem Wasser.

Das ist ein vielsagender Vorfall. Der Bekehrungseifer Wolframs und seiner Gefährten hatte sehr viel mit Machtpolitik zu tun. Es war klar, dass Radbod sich kaum in den christlichen Glauben vertieft hatte. Seine Bekehrung war eine politische Geste in Richtung der Franken, und am Ende schreckte er doch davor zurück, sich taufen zu lassen. Im Jahr 754 noch wurde der bedeutende britische Missionar Bonifatius bei Dokkum von einer Bande ermordet. Für die etwa dreihundert Kilometer von Maastricht nach Dokkum brauchte das vorrückende Christentum am Ende mehr als vierhundert Jahre.

Danach lebte die Bevölkerung vermutlich noch lange in einer Art religiöser Übergangszeit, die vielleicht sogar Jahrhunderte gedauert hat. Missionare, so geht aus Quellen hervor, mussten die Menschen regelmäßig daran erinnern, dass für Christen der Sonntag der wöchentliche Ruhetag ist, und nicht der Donnerstag, der dem germanischen Gott Donar geweiht war. Auch wurden alte heidnische Orte wie Bäume, Haine und Brunnen insgeheim immer noch eifrig besucht. Oft wurden an diesen Stellen Heiligenbilder aufgestellt, wodurch die heidnische Verehrung von allein einen kirchlichen Charakter erhielt. Noch heute stehen manche Kapellen an solchen uralten rituellen Orten.

Erst im 13. Jahrhundert, mit dem Aufkommen der Bettelorden, wurden die Gläubigen als bekennende Christen sichtbar. Und erst im 14. und 15. Jahrhundert entstand die devote und expressive

Glaubenserfahrung, die wir aus den vielen wunderbaren Büchern, Gemälden und Altarbildern kennen, die es in den Niederlanden immer noch in reichem Maße gibt. Während des langen Mittelalters wurden die Niederlande von Hunderttausenden von Männern und Frauen bevölkert, doch was sie beseelte, wissen wir eigentlich nicht.

Währenddessen war das fränkische Reich nach einer Reihe von grausamen Kriegen gegen die Friesen, die Sachsen und andere Völker zu einem kleinen Imperium angewachsen, dessen Gebiet von Dänemark bis Mittelitalien und von der polnischen Grenze bis in die Bretagne reichte. Am Weihnachtstag des Jahres 800 krönte der Papst Karl den Großen in Rom zum Kaiser, als würdigen Nachfolger der römischen Imperatoren und als weltlichen Schild für Kirche und Papst. Karl regierte sein Reich mit Hilfe eines Systems von Grafschaften und Herzogtümern, Ämtern und Ländereien, die er den örtlichen Eliten und seinen Getreuen «zum Lehen» gab, die dann diese Gebiete in seinem Namen verwalteten.

Nach Karls Tod zerfiel sein Imperium, und nach etlichen Teilungen und Wiedervereinigungen bildeten sich schließlich drei große Gebiete heraus: Frankreich im Westen, das Heilige Römische Reich deutscher Nation im Osten und das Herzogtum Lothringen in der Mitte. Während der Jahrhunderte nach Karl dem Großen unterstanden die Niederlande offiziell der Herrschaft des deutschen Kaisers. Im friesischen Norden hatte sich eine, wie Historiker es nennen, «Fehdegesellschaft» entwickelt, die von ewig streitenden Anführern und reichen Bauern beherrscht wurde. Drenthe und die Landesmitte waren im Besitz des Bischofs von Utrecht. Gelderland war ein Herzogtum (Gelre), ebenso wie das südlich davon gelegene Brabant. Der Herzog von Brabant wurde mit der Zeit ein sehr mächtiger Mann; er residierte in Brüssel, und sein Besitz erstreckte sich von der Betuwe über Belgisch-Brabant und Limburg bis fast zur heutigen französischen Grenze.

Für die großen europäischen Mächte blieben die nördlichen Küstengebiete mit ihren Meeresarmen, Inseln und Flussmündungen ein kaum greifbares Gebiet, sowohl in politischer als auch in militärischer Hinsicht. Die Mentalität der Menschen, die dort lebten, könnte möglicherweise der der heutigen Finnen ähnlich gewesen sein: eine Art Bürgerstolz, der darauf gründete, dass man sich in einem Land und in einem Klima behauptete, das für die wenigsten Menschen attraktiv war. «Es ist ein freies Volk, das keinem Herrn untertan ist», schrieb um 1240 der Mönch Bartholomaeus Anglicus in einem der frühesten Texte über die Friesen. «Darum verwerfen sie die ritterliche Würde und lassen diese auch bei sich nicht aufkommen.»

Dennoch verstand ein gefürchteter Feind es, auch diese Gegenden zu terrorisieren. Er kam nicht aus dem Süden, sondern aus dem Norden, er kam nicht zu Fuß oder per Pferd, sondern mit leichten, seltsam geformten und überaus seetüchtigen Schiffen, nicht mit einer ordentlichen Armee, sondern in Form von grausamen, schnellen und sehr effektiven Piratenbanden.

In den chaotischen Jahren nach Karl dem Großen wurden die Niederlande, wie auch das übrige Europa, beinahe jährlich von raubenden und mordenden Wikingern aus Skandinavien heimgesucht. Ihre bevorzugten Opfer waren Klöster und Handelsstädte, schlecht befestigte Orte, an denen viele Menschen lebten und wo es viel zu holen gab. Vor nicht langer Zeit wurden in einer Baugrube in Zutphen noch Überreste eines dieser Dramen des 9. Jahrhunderts gefunden: massenhaft abgeschlachtetes Rindvieh, verkohltes Getreide, Brandspuren einer vollständig verwüsteten Niederlassung, menschliche Skelette. Das sind höchstwahrscheinlich die Überbleibsel eines großen Wikingerüberfalls im Jahr 882, bei dem das Städtchen geplündert und verheert wurde. Auch Dorestad ging, wie eine Chronik berichtet, in «Mord, Rot und Brand» unter.

Gut zweihundert Jahre lang beherrschten die «Nordmänner» die Meere – 1061 eroberten sie noch Sizilien –, doch dann hörten die

Zwei Wikingerschiffe, Utrechter Psalter, um 830

Raubzüge ebenso plötzlich wieder auf, wie sie angefangen hatten. Auch Skandinavien wurde schließlich ein Teil der christlichen, mehr oder weniger fränkischen Welt.

Aber die Wikinger waren nicht nur Plünderer, sie waren auch Händler. Und es waren auch nicht nur die Wikinger, die Raubzüge unternahmen. In Schweden und Norwegen hat man Inschriften gefunden, die auf vollkommen andersgeartete Beziehungen zu den Nordseeanrainern hindeuten. Etwa der Text auf einem Armreif aus dem 10. Jahrhundert: «Wir besuchten die Krieger in Friesland, und gemeinsam teilten wir die Kriegsbeute.» Bereits Jahrhunderte vor den ersten Plünderungen trieb man intensiven Handel mit den Skandinaviern, und auch in der Zeit der Raubüberfälle blieben die Handelskontakte bestehen. Außerdem waren die Friesen sich für eine Plünderung auch nicht zu schade: Wiederholt schlossen sie sich den Expeditionen der Nordmänner an. Wir wissen zum Beispiel, dass sich der dänische König Horich 839 über den Schaden beklagt hat, den friesische Plünderer in seinem Gebiet angerichtet hatten.

Kurzum könnte man sagen, dass die Nordmänner, ungeachtet allen Streits, den sie untereinander hatten, vermutlich an derselben

Nordseekultur Teil hatten wie die Friesen. Die Wikinger-Phase ist, vor allem für den Norden der Niederlande, keine isolierte Zeitspanne gewesen. Die gegenseitige Beeinflussung und Vermischung könnte sogar langfristiger und intensiver gewesen sein, als gemeinhin angenommen wird. Und wer heute vom Westen her kommend über den Abschlussdeich und durch Harlingen hindurch nach Friesland fährt, spürt es noch immer: So ein bisschen fängt hier bereits Skandinavien an. Auch in dieser Hinsicht bilden die Niederlande eine europäische Schnittstelle.

Jede Geschichte ist voller Zufälle, und das gilt vor allem für die Entstehung der niederländischen Nation. Um 1400 gab es in Europa etwa tausend politische Einheiten – Königreiche, Herzogtümer, Grafschaften und Städte –, von denen im Nordwesten Flandern und Brabant die bedeutendsten waren. Aus diesem Flickenteppich von kleinen Herrschaftsgebieten sollten sich in den folgenden Jahrhunderten nur ein paar Dutzend Nationalstaaten entwickeln. Es hätte niemanden gewundert, wenn die Gegend, die man heute die Niederlande nennt, Teil eines, sagen wir, großen skandinavischen Reichs geworden wäre, oder eines burgundischen Imperiums, eines spanischen oder auch französischen Königreichs oder eines deutschen Kaiserreichs. Wenn in Madrid oder Brüssel eine Ehe oder Erbfolge ein klein wenig anders geregelt worden wäre, hätte es so etwas wie die Niederlande vermutlich nie gegeben.

Im Spätmittelalter wurden die Niederlande lange Zeit von Dijon aus regiert. Dort befand sich das Zentrum des so genannten burgundischen Reichs, einem neuen Pufferstaat zwischen Frankreich und dem Heiligen Römischen Reich Deutscher Nation, den die aufeinander folgenden Herzöge von Burgund durch Erbfolge, kluge Heiratspolitik, Streit und Intrigen immer weiter hatten ausbauen können. Seit Beginn des 15. Jahrhunderts erstreckte sich das Herzogtum vom Wattenmeer bis zur Schweiz. Der Staatenbund Benelux ist im Grunde das letzte Überbleibsel dieses burgundischen Reichs. Später wanderte das Machtzentrum nach Brüssel, doch das hatte zunächst keinerlei Konsequenzen. Die Niederlande waren und blieben Jahrhunderte lang kaum mehr als ein nördliches Anhängsel der europäischen Mächte, ein kalter, sumpfiger, entlegener Winkel, in dem es nichts zu holen gab. Die Bewohner fühlten sich frei – doch eigentlich überließ man sie einfach nur ihrem Schicksal.

Fast unbemerkt hatte sich ab dem 11. Jahrhundert doch etwas geändert. Der Nordwesten der Niederlande, eine unwirtliche, gottverlassene Gegend, wo in den Dünen und entlang der großen Flüsse kaum zwanzigtausend Menschen lebten, war in den Besitz einer Dynastie von mehr oder weniger selbsternannten Grafen gelangt. Indem sie eine Reihe von Festungen und Verteidigungsanlagen bauten, verhinderten sie Raubzüge der Wikinger, und danach machten sie sich daran, die ersten Sümpfe trocken zu legen. Dies war eine lukrative Unternehmung, weil alles unkultivierte Land im Prinzip dem Grafen gehörte. Im Jahr 1101 tauchte zum ersten Mal der Name dieses vielversprechenden Entwicklungsgebietes auf: Holland. Zweihundert Jahre später hatten diese Grafen beinahe königliche Allüren, und sie bauten mitten in ihren Den Haager Binnenhof hinein ihr Prunkstück: den Rittersaal.

Noch immer ist eine subtile kulturelle und politische Bruchlinie zwischen den westlichen Seeprovinzen und dem übrigen Land spürbar. Die Macht der Utrechter Bischöfe gründete sich weiterhin auf dem alten feudalen System mit Grundbesitzern, die über Hörige und Bauern herrschten, die kaum Freiheiten hatten. Den holländischen Grafen hingegen war schon früh bewusst, dass ihre Untertanen – Kaufleute, aber auch viele Bauern, die Land urbar machten – keine Hörigen waren, sondern Menschen, die Entscheidungen treffen und ihren eigenen Weg gehen konnten. In Holland öffnete man sich dem Meer und allem, was neu war und von weit her kam. Auf den östlichen Sandböden in Utrecht, Gelderland und Overijssel blieb man zurückhaltender und vorsichtiger, und auch respektvoller staatlichen Autoritäten gegenüber.

Die Geschichte der folgenden Jahrhunderte ist zum größten Teil Lokalgeschichte, in der die Funken nur so fliegen. In der Zeit zwischen 1100 und 1500 berichten die Chroniken über eine einzige lange Abfolge von Adelsfehden, Rachefeldzügen und Kämpfen. Zwischen dem Grafen von Holland und dem Bischof von Utrecht. Zwischen Brabant, Köln und dem Herrn von Valkenburg. Zwischen den Grafen und den aufständischen Bauern aus dem Kennemer Dünengebiet. Zwischen dem Bischof von Utrecht und den Drenthern. Zwischen den Adeligen, die eines bösen Tages im Jahr 1296 sogar ihren eigenen Grafen Floris V erschlugen. Flämische Bauern und Bürger metzelten 1302 ein französisches Ritterheer nieder – ein für diese Zeit revolutionäres Ereignis, das in den Niederlanden den Beginn eines neuen Verhältnisses zwischen dem Adel und den Städten einläutete. Den Friesen gelang es 1345 bei Staveren, eine holländische Invasion abzuwehren. Der Herzog von Gelre belagerte Amsterdam, und während des 14. und 15. Jahrhunderts wütete ein endloser Machtkampf zwischen den Grafen, dem Feudaladel und den Städten, der als Haken-und-Kabeljau-Krieg in die Geschichte einging.

In diesem Durcheinander bekamen zwei Gruppen einen immer größer werdenden Einfluss: die Bauern und später die Städter.

Um mit den Bauern zu beginnen: Zwischen dem 9. und dem 14. Jahrhundert veränderte sich die niederländische Landschaft drastisch. Große Sturmfluten spielten dabei eine gewisse Rolle, doch vieles geschah auch durch Menschenhand. Etliche Gebiete, vor allem in Holland, bestanden ursprünglich aus so genannten Torfkissen, in die Höhe gewachsene Schwämme aus Torfmoos, die oft vier bis fünf Meter über dem Meeresspiegel lagen. Sie wurden urbar gemacht, indem man ein System von Gräben und Kanälen grub, durch die das Wasser aus den Torfschwämmen abfließen konnte. Auf dem dadurch entstehenden festen Boden konnten anschließend Bauernhöfe errichtet werden.

Auf den ersten Blick scheint dies nichts Ungewöhnliches zu sein, doch weil die Bauern dies alles selbstständig machten, geschah etwas,

was innerhalb der mittelalterlichen Ordnung vollkommen neu war. Hier entstand nämlich Land, das nicht in die feudale Struktur aus Grafen und Lehnsmännern gehörte, Land, über das die hohen Herren viel weniger zu bestimmen hatten, wo zum Beispiel auch die Bezahlung von Steuern ganz anders organisiert werden musste. Kurzum: Hier entwickelte sich ein bislang unbekannter Machtfaktor.

Rangen die Holländer denn nun ihr Land dem Meer ab, wie Lehrer Schmal es uns immer gelehrt hat? Es verhielt sich eher andersherum. Die ersten Siedler im holländischen Hochmoor verursachten zunächst ein riesiges Umweltproblem, das sie anschließend nur unter größten Mühen zu beherrschen lernten. Das kann man sehr gut in Uithoorn, etwa fünfzehn Kilometer von Amsterdam entfernt, an der Amstel veranschaulichen. Der Lauf und der Pegel des Flusses haben sich über die Jahrhunderte kaum verändert. Allerdings wand sich eben dieser Fluss im frühen Mittelalter noch in einem Bett in einer mindestens zwei Meter dicken Torfschicht. Wer heute am Fluss entlanggeht, der sieht das Wasser nicht zu seinen Füßen strömen, sondern über sich: Der Fluss fließt zwischen zwei hohen schmalen Deichen und schlängelt sich mindestens vier Meter über der Erdoberfläche dahin. Der Boden des Polders wiederum hat sich im Laufe der Jahrhunderte um mindestens sechs Meter gesenkt.

Dieses Stück Amstel zeigt die Probleme des niederländischen Wasserbaus in einer Nussschale: Mit der Urbarmachung und der Entwässerung der Torfkissen im Mittelalter senkten sich große Teile des Landes ab, nicht selten bis unter den Meeresspiegel. Auf diese Weise verschwand der natürliche Puffer gegen das Meerwasser. Hinzu kam noch, dass große Flächen zwecks Torfgewinnung abgetragen wurden, wodurch mit der Zeit überall Teiche und Seen entstanden, die zusätzlich Land abknabberten. Der nördlich von Haarlem gelegene Teil Hollands war auf diese Weise bereits um 1100 urbar gemacht worden, aber zugleich hatte man das Land in einen großen, löcherigen Käse verwandelt. Sturmfluten richteten dann im 11., 12. und

13. Jahrhundert riesige Schäden an. Vom alten holländischen Gebiet ging fast die Hälfte verloren.

Ehemalige Moorflüsschen wie Beemster und Schermer wuchsen zu Seen an. Das kleine Gewässer Dije verwandelte sich in einen Meeresarm in Richtung Zuidersee: das IJ. Das Harlemmermeer wurde im Lauf der Jahrhunderte zu einer ständig drohenden Gefahr; in stürmischen Nächten gelangten seine Wellen bis vor die Tore Leidens.

Die Veränderungen im Innern des Landes hatten aber eine natürliche Ursache. Dort lag seit Alters her ein Komplex von Binnenseen und Sümpfen, das Flevum, worin bereits die Römer ihre «Seeschlacht gegen Bäume» geführt hatten, und das später auch Almere genannt wurde. Nach einer großen Überschwemmung im Jahr 1170 wütete hier eine Reihe von Sturmfluten so heftig, dass ein neuer großer Binnensee entstand, die Zuidersee. Das Land zwischen Staveren und Enkhuizen wurde dabei vollständig weggespült, und es entstanden zwei neue Inseln, Texel und Wieringen. Auch später – 1404, 1421 und 1424 – richtete die Sankt Elisabethsflut vor allem im Süden riesige Schäden an. Bei Dordrecht wurde 1421 das Groote Waard mit dreißig Dörfern überflutet; heute befindet sich dort ein sumpfiges Naturgebiet namens Biesbosch. Die Stadt Dordrecht wurde vom Festland abgeschnitten und ist seitdem von Wasser umgeben. Die seeländische Stadt Reimerswaal verschwand vollständig in den Wogen. Bei der Allerheiligenflut im Jahr 1570, die vor allem den Norden traf, ertranken schätzungsweise 25 000 Menschen.

All diese Überschwemmungen setzten, von der ersten Flut im Jahr 1170 an, bei den ersten holländischen Bauern etwas Außergewöhnliches in Gang. Zum ersten Mal fingen sie an, aus Erde und Grassoden defensive Deiche zu bauen, Deiche, die nicht dazu gedacht waren, neues Land zu gewinnen, sondern deren einzige Aufgabe es war, Überschwemmungen zu verhindern. In relativ kurzer Zeit wurde zum Beispiel ein für die Zeit riesiges infrastrukturelles Projekt realisiert, ein Dutzende von Kilometern langer Deich, der von der Mündung der Eem in Utrecht bis nach Velsen an der Nordsee reichte. Die Bauern müssen den Deich damals in relativ kurzer Zeit angelegt haben, mit allen Schleusen und Dämmen, die dazugehören und an dem Orte wie Spaarndam und Amstelredamme, das spätere Amsterdam, entstanden sind. Noch immer sind die Reste dieses Deichs deutlich in der Landschaft zu sehen, und hier und da sogar in der Innenstadt von Amsterdam.

Die St. Elisabethsflut 1421,
Anonymer Künstler, 1470

Mit der Zeit wuchsen diese Wasserbauwerke zu Systemen heran, die das ganze Land umfassten und die schon im Mittelalter ein hohes Maß an Perfektion erreicht hatten. Der spanische Reiterhauptmann Don Bernardino de Mendoza, der um 1570 durch diese Gegenden reiste, beschreibt in seinem Bericht zum Beispiel die Deiche rund um Amsterdam und die sie umgebenden «mit Wasser bedeckten Felder». «Man kann das Wasser nach Wunsch steigen oder sinken lassen. Das geschieht mit Hilfe von Windmühlen und Schleusen, große Tore, durch die das Wasser strömen kann. Damit läßt man das Wasser steigen und wieder abfließen, wenn es nötig ist, wie man es auf den Feldern in ganz Holland zu tun pflegt.» Übrigens ist er auch immer wieder darüber erstaunt, wie gekonnt die Holländer ihre Techniken bei der Kriegsführung einsetzen. Deiche werden an strategisch günstigen Punkten durchstochen, Schleusen werden genau im richtigen Moment geöffnet, geschickt werden Ebbe und Flut einkalkuliert, so dass dem Feind ständig große Wassermassen zu schaffen machen.

Das berühmte niederländische «Poldermodell» habe, so wird gelegentlich behauptet, hier seinen Ursprung. Stimmt das? Ein wenig schon. Die Größe der Infrastrukturprojekte sagt etwas aus über den Grad der Organisation, über den diese mittelalterlichen Bauern verfügten. Die Landesherren und Klöster hatten großes finanzielles Interesse an der Urbarmachung und dem Schutz ihres Landes, und namentlich die Mönche gaben dieser neuen Eindeichung einen großen Impuls. Doch es waren vor allem die Bauern, die dem neuen Land Form gaben.

Man kann die ehrliche Wut des nüchternen seeländischen Wasserbaukundigen Andries Vierlingh nachempfinden, der sich 1530 über die Brüsseler Adeligen empörte, die gleichsam als Ehrenamt den Titel «Deichgraf» – eigentlich der Koordinator aller Tätigkeiten, die mit den Wasserbauwerken zu tun hatten – erworben hatten, ohne auch nur jemals einen Tropfen Meerwasser gesehen zu haben: «Sie haben von Prielen, Meerwasser und Deichen ebensoviel Ahnung wie eine Sau vom Sonntag!»

Nein, die Bauern kümmerten sich unter Leitung ihrer eigenen Dorfvorsteher um bestimmte Abschnitte des Deichs, und sie wurden im Notfall gerufen, um Deiche höher zu machen oder sie zu verstärken. Sie kannten alle Kniffe des Deichbaus. Sie trafen auch die komplizierten Verabredungen mit den benachbarten Gemeinden, um die Entwässerung aller Moorpolder in einvernehmlicher Weise zu regeln; auch hier waren Dialog und Zusammenarbeit überlebenswichtig. Die Dorfverwaltung, die Regeln und die Absprachen stellten den Beginn der so genannten «Deichgenossenschaften» dar, die ersten demokratischen Organisationen in diesem Land. Sie waren auch der Beginn des so genannten Polderns, und auch einer neuen Art von Bürgerschaft.

Neue Bürger waren auch die Städter. Die Niederlande gehören, zusammen mit London und Paris, zu den ältesten verstädterten Gebieten Europas. Ab dem 13. Jahrhundert entstand in Holland eine Stadt nach der anderen: Dordrecht (1220), Haarlem (1245), Delft und Alkmaar (1246), Amsterdam (1275). Der Aufstieg fast all dieser Städte hing eng mit dem Aufblühen der großen flämischen Handelsstädte Brügge und Gent zusammen und damit, dass die Handelsrouten nach Norddeutschland und Skandinavien zum größten Teil durch das neue Holland verliefen. Die deutschen Handelsstädte spielten vor allem im Osten des Landes eine entscheidende Rolle: Die Handelsroute von Köln nach Norddeutschland und Skandinavien zum Beispiel führte seit alters her an der IJssel entlang, wo Handelsniederlassungen wie Deventer, Zutphen, Doesburg, Zwolle und Kampen entstanden. Bei Ausgrabungen in den ältesten Schichten von Amsterdam wurden in den Überbleibseln der ersten Häuser schon diverse Dinge aus fernen Ländern gefunden. Kerne von Rosinen, Korinthen und Feigen etwa, möglicherweise aus Südfrankreich oder Italien. Oder ein Stück Seide aus Genua, das immerhin bereits um 1225 in dem kleinen Fischerdorf gelandet war, das Amsterdam damals noch war. Diese frühe Verstädterung kann nicht losgelöst von der geographischen Lage des urbar gemachten Holland betrachtet werden: an der Zuidersee und der Nordsee, im Delta der drei großen Flüsse, des Rheins, der Maas und der Schelde. Die Niederlande waren, wie der niederländische Historiker Johan Huizinga schreibt, fast von Natur aus dazu «vorbestimmt, ein Land von Schiffern, Fischern, Kaufleuten und Bauern zu werden und zu bleiben». In einem solchen Land der Schiffahrt und des Handels gibt es per definitionem eine Betonung des städtischen Lebens. Natürlich, europäische Phänomene wie Adel und Rittertum gingen auch an den Niederlanden nicht vorüber, vor allem in den Ostprovinzen, doch deren Einfluss war sehr viel weniger prägend als in anderen Ländern. Später sollte es Statthalter geben, und noch viel später sogar Könige und Königinnen, doch eine ausgeprägte Hofkultur mit einer straffen, zentralen Führung haben wir in den Niederlande wenn überhaupt, dann nur sehr selten erlebt. Die nachrömischen Niederlande sollten sich ab dem Mittelalter zu einer typischen Bürgerrepublik entwickeln, ein Land der Städte, der kleinen Städte vor allem.

Leiden zum Beispiel war im Mittelalter ein wichtiges europäisches Zentrum der Tuchherstellung, eine Industriestadt avant la lettre. Amsterdam wurde, damals schon, durch den Ostseehandel mit Massengütern wie Holz oder Getreide reich. Die Zaan-Gegend entwickelte sich ab dem 16. Jahrhundert zu einem für die Zeit hypermodernen Industriegebiet, auch wenn alles von hölzernen Mühlen mit Flügeln aus Stoff und Latten und vom Wind angetrieben wurde. Mindestens ebenso wichtig waren die Dutzende von kleineren Städten, die eine ähnlich wichtige Rolle spielten: Kampen, Deventer, Enkhuizen, Nimwegen, Groningen. Oft gehörten sie der Hanse an, manchmal, so wie Amsterdam, auffälligerweise auch nicht.

Zu Beginn des 16. Jahrhunderts lebte im Süden von Holland mehr als die Hälfte der Bevölkerung in einer Stadt. In Flandern und Nordholland war es ein Drittel, und in Friesland ein Viertel.

Doch gleichmäßig war die Verteilung nicht. Das Bild der Niederlande wurde Jahrhunderte lang von einer einzigen großen Stadt bestimmt – Amsterdam, mit um 1800 etwa 200 000 Einwohnern – und von vielen Provinzstädtchen mit um die dreißig- oder vierzigtausend Einwohnern.

Die Niederlande wurden so zu einem Land der Provinzstädte, mit Amsterdam – inzwischen mit Den Haag, Rotterdam und Utrecht zur so genannten «Randstad» verbunden – als unabhängige Metropole. Mal überwiegt in der niederländischen Geschichte die Mentalität der Metropole, mal herrscht die Provinzstadt.

4
AUFSTAND

Betrachten wir die Niederlande noch einmal durch die Augen des spanischen Reiterhauptmanns Don Bernadino de Mendoza im 16. Jahrhundert. Sein militärischer Bericht ist schließlich, zwischen den Zeilen, eine der frühesten Reisebeschreibungen dieser Gegend, nach den Römern.

Mendozas Beobachtungen stimmen, was nicht überrascht, ziemlich genau mit den Bildern überein, die wir von Landschaftsmalereien und Winterdarstellungen aus jener Zeit kennen: das flache Land in der Provinz Groningen, «meist mit Wasser vollgesogen, so dass Wege und Felder bei jedem Schritt federnd nachgeben»; die Nordseestrände, die zugleich «ein sanfter und angenehmer Weg sind», auf dem «Kutschen mit großer Geschwindigkeit fahren können»; die Seemannschaft der Holländer und Seeländer – die sich aufgrund der Überschwemmungen angeblich auf ihren Schiffen sicherer fühlen als in ihren Häusern; im Winter die intensive Verwendung von Schlitten und Schlittschuhen – «eine Art Schuh aus Holz» mit dem sie «hin und her wedelnd» mit großer Geschwindigkeit über das Eis gleiten. Dabei tragen sie ohne große Mühen Körbe mit Eiern oder anderen Dingen auf dem Kopf», schreibt Mendoza. «Und weil kein Pferd schneller läuft, scheint es, als würden sie fliegen. Man kann beobachten, dass ein Mann eine oder zwei Meilen weit einen Schlitten zieht, auf dem sich eine Frau, ein Kind und einhundertfünfzig Pfund Öl befinden, und zudem noch etliche Pfund Käse.»

Die Frage ist: Bildeten diese kämpfenden, fahrenden und Schlittschuh laufenden Groninger, Holländer und Seeländer bereits so etwas wie eine Einheit? Empfanden sie Gemeinsamkeiten? Oder anders gefragt: Ab wann entwickelte sich aus all dem allmählich so etwas wie die «Niederlande» und der «Niederländer»?

Die Formalisten unter uns nennen schon mal die Jahreszahl 1464. Damals rief der burgundische Herzog Philipp der Gute – der immer wieder gezwungen war, den Leuten mit neuen Steurn das Geld abzuluchsen – zum ersten Mal Abgeordnete aller Provinziallandtage der nördlichen burgundischen Gebiete zusammen, um über gemeinschaftliche Probleme – inklusive möglicher Steuern – zu beratschlagen. Seitdem versammelten sich diese «Staten-Generaal» ein- bis zweimal im Jahr, und noch heute ist «Staten-Generaal» die offizielle Bezeichnung für das niederländische Parlament.

Ein anderer «formaler» Zeitpunkt ist das Jahr 1548. Karl V., dem im Laufe der ersten Hälfte des 16. Jahrhunderts als Erbe sowohl des burgundischen als auch des habsburgischen Reichs weite Teile Europas zufielen, begann, die späteren Niederlande und das spätere Belgien als separates Gebiet zu behandeln, losgelöst vom Deutschen Reich. Im Sommer 1548 vereinigte er die Niederlande auch formell zu einer einzigen, neuen territorialen Einheit, dem so genannten «Burgundischen Kreis». Ein Jahr später fertigte er die «Pragmatische Sanktion», ein Dokument, in dem festgelegt wird, dass die Besitzungen in den Niederlanden förderhin unteilbar sein sollen. In diesen Jahren findet auch zum ersten Mal der Begriff «Niederlande» weitere Verbreitung. Außerdem wurde die Ostgrenze dieses Gebiets festgelegt, eine Linie, die – abgesehen vom südlichsten Teil – immer noch über weite Strecken dieselbe ist.

Für den Zusammenschluss so unterschiedlicher Gebiete wie Groningen und Brabant bedarf es jedoch mehr als einer formalen Konstruktion. Es gibt Länder wie Frankreich etwa, wo man den Begriff «Nation» recht objektiv an bestimmten gemeinsamen Faktoren festmachen kann: Sprache, Religion, Rasse, Territorium. In den stark divergierenden Niederlanden ist der Begriff der Nation, wie in den USA, sehr viel subjektiver. 2007 sorgte Kronprinzessin Máxima für nicht geringe Aufregung, als sie in einer Ansprache meinte: «den Niederländer» gäbe es nicht. Sie hatte vollkommen recht. Von einem niederländischen «Volk» kann man in Anbetracht der unterschiedlichen römischen, gallischen, germanischen und sogar skandinavischen Wurzeln nur schwer sprechen; und dann schweige ich noch über die vielen und umfangreichen Migrationsbewegungen, die das Land erlebt hat. In einer solchen Situation ist Nationsbildung keine Selbstverständlichkeit, sondern es muss der deutliche Wille dazu vorhanden sein. Anders ausgedrückt: Es muss so etwas wie eine «Schicksalsgemeinschaft» entstehen, eine Gemeinschaft, die zusammen viel Gutes und viel Schlechtes erlebt hat, und deren Mitglieder immer wieder aufs Neue beschließen, zusammen weiterzumachen. Dieses gemeinsame Schicksal entsteht, wie der Amsterdamer Historiker Piet de Rooy es so schön ausdrückt, durch «ein unentwirrbares Durcheinander aus Zufall und eigenem Streben, Mutwillen und Unwissenheit».

Aus diesem Blickwinkel betrachtet, fing die Bildung der niederländischen Nation in erster Linie mit dem Aufstand an, mit der Rebellion gegen die habsburgisch-spanische Herrschaft, die den Beginn des so genannten Achtzigjährigen Kriegs darstellt, aus dem eine unabhängige «Republik der sieben vereinigten Niederlande» hervorgehen sollte. Es war auch die Epoche, in der einige – oft schlummernde – Dinge, die so typisch für die niederländische Gesellschaft sind, zum ersten Mal deutlich hervortraten:

- die starke und schnelle Verstädterung, und damit der frühe Hang zu bürgerlicher Freiheit und Selbstbestimmung: die Basis der Republik
- die zerstückelte und dezentralisierte Staatsmacht, die mitunter doch große, gemeinsame Entscheidungen – Krieg, Deichbau – treffen musste: Die Kunst der Politik bestand vor allem darin, die anderen zu überzeugen und Kompromisse zu schließen

- die Unterschiedlichkeit der Städte und Gebiete, auch in religiöser Hinsicht: Im Gegensatz zu vielen anderen europäischen Ländern war keine der Gruppen stark genug, den anderen ein (religiöses) Regime aufzuzwingen, eine Situation, die nur durch ein hohes Maß an Toleranz praktikabel war. Im Laufe der Zeit wurde diese Notwendigkeit zur Tugend erhoben.
- der Erfolg des republikanischen Aufstands, ohne König als Mittler zwischen Gott und Bürger, und die daraus entspringende Vorstellung, ein «auserkorenes» Volk zu sein, der verlorene Stamm Israels, ein «wegweisendes» Land, ein Vorbild für die Welt.

Der entscheidende Moment dieses Aufstands war der 26. Juli 1581, als die General-Staaten der nördlichen Niederlande sich formal vom spanischen König Philipp II. lossagten. Der Text dieses «Plakkaat van Verlatinghe» sollte später den «foundings fathers» als Vorlage dienen, als sie im Jahr 1776 die amerikanische Unabhängigkeitserklärung verfassten. Für die Niederlande war der 26. Juli der tatsächliche Beginn. Von diesem Tag an gehen die Niederlande ihren Weg durch die Geschichte allein, und wirklich, als «Schicksalsgemeinschaft».

Die niederländische Rebellion kann man sehr unterschiedlich einordnen: Man kann sie als Befreiungskrieg bezeichnen oder als einen Bürgerkrieg zwischen Protestantismus und Katholizismus – einer unserer Lehrer marschierte im Geschichtsunterricht regelmäßig durch die Klasse und sang dabei das alte Geusenlied: «Schlagt die Trommel, dieredomdijne!» –, man kann sie als einen Kampf der Kulturen zwischen den verfeinerten Umgangsformen einer feudalen Elite und der sprichwörtlichen niederländischen Bürgerplumpheit (die im Laufe der Zeit zur holländischen «Einfachheit» und «Aufrichtigkeit» aufgewertet wurde) betrachten und als einen aus dem Ruder gelaufenen Steuerstreit. All das ist ein bisschen wahr. Aber ein nationaler Widerstandskampf gegen ausländische Besatzer war sie nicht, und als ein solcher wurde sie auch nicht von den Beteiligten empfunden. Jedenfalls nicht in der Anfangsphase.

Die niederländische Nation, die unabhängige Republik der sieben vereinigten Niederlande, war alles andere als ein logisches oder vorab geplantes Ergebnis. Mehr noch, nach der Lossagung von Philipp II. machten sich die Generalstaaten sogleich auf die Suche nach einem anderen ausländischen Fürsten, der das Land regieren könnte. Dass man dies auch selbst übernehmen könnte, ohne König, auf den Gedanken kam zunächst kaum jemand. Erst als diese Suche ergebnislos blieb, entschieden die Niederländer sich notgedrungen für das republikanische Modell, mit einem Statthalter – wörtlich: Stellvertreter – aus dem Haus Oranien als eine Art Ersatz-Fürst.

Auch der Aufstand war ein typisches Beispiel für das «unentwirrbare Durcheinander aus Zufall und eigenem Streben, Mutwillen und Unwissenheit». Die Wurzeln des Aufstands lagen in einer Reihe von Protestbewegungen gegen die Korrumpierung des katholischen Glaubens, die seit Beginn des 16. Jahrhunderts auch in den Niederlanden eine immer breitere Anhängerschaft fanden. Einen Wendepunkt stellte die Erfindung des Buchdrucks dar: Lesen und Schreiben war seitdem kein Monopol des Klerus mehr. Vor allem in den Niederlanden wurde das Buch rasch populär: Als der Kronprinz Philipp II. den Niederlanden einen ausführlichen Besuch abstattete, um das Land kennen zu lernen, da waren die spanischen Höflinge erstaunt darüber, dass bis in die entlegendsten Winkel fast alle dort lesen konnten, auch die Frauen.

Bereits vor der Reformation entstand im Norden der Niederlande die so genannte «Devotio moderna», eine Bewegung von Geistlichen aus Overijssel («Brüder vom gemeinsamen Leben»), die sich dem Prunk der offiziellen Kirche widersetzten, zu einem einfachen Leben aufriefen und, bemerkenswert für diese Zeit, für einen größeren Einfluss der Laien in der Kirche plädierten. Außerdem gab es noch die Taufgesinnten, die sich gegen den institutionellen Charakter des Katholizismus wehrten und die persönliche Glaubenserfahrung, vor allem bei Taufe und Bibellektüre, betonten. Manche schlossen sich zu sektenartigen Gemeinschaften zusammen, wie die Wiedertäufer in Münster und Amsterdam; andere wiederum strebten umgekehrt nach Genügsamkeit und Gewaltlosigkeit.

Natürlich hatte Martin Luther auch in den Niederlanden Anhänger, doch die ersten Protestanten waren vom Genfer Reformer Johannes Calvin inspiriert. Seine Lehre passte vorzüglich zu dem selbstständigen bürgerlichen Denken, das sich hier im Laufe der Jahrhunderte entwickelt hatte, vor allem in den holländischen Handelsstädten. Bei diesen Kalvinisten lag die Betonung auf einer direkten Beziehung zwischen Mensch und Gott, ohne Vermittlung durch Papst oder König, auf der Sünde und der Gnade Gottes sowie auf der Abneigung gegen Pracht, Prunk, Überschwang und das «Wuchern» mit den von Gott verliehenen Talenten. Das Äußern solcher häretischen Ansichten wurde schon bald mit den grausamsten Strafen bedroht, auch wenn die Intensität, mit der Ketzer verfolgt wurden, von Stadt zu Stadt unterschiedlich war. In Amsterdam etwa wurden die ersten Lutheraner vergleichsweise milde behandelt. Die Stimmung verhärtete erst, als die so genannten Wiedertäufer mit Gewalt versuchten, die Macht in der Stadt an sich zu reißen.

Durch diese miteinander im Konflikt stehenden religiösen Strömungen hindurch erklangen außerdem die leicht ironischen Stimmen des Rotterdamer Gelehrten Desiderius Erasmus und des Amsterdamer Dichters und Denkers Dirck Volckertszoon Coornhert, die vor allem zu gegenseitigem Respekt aufriefen und für einen Gottesfrieden durch Mäßigung und Toleranz eintraten. Ihr Humanismus strebte ebenfalls nach einem klareren, menschlicheren Christentum, wurde aber zugleich auch stark durch die wiederentdeckten Schriften der Antike inspiriert. Erasmus wurde in ganz Europa durch seine Neuausgabe des griechischen Urtextes des Neuen Testaments berühmt. Sein «Lob der Torheit» (1511), eine Satire auf alle Stumpfsinnigkeit in Kirche und Welt, die er seinem englischen Freund Thomas Morus widmete, kann man als einen der ersten internationalen Bestseller nach der Erfindung des Buchdrucks bezeichnen.

Erasmus von Rotterdam, Hans Holbein d. J., 1523

All diese Bewegungen, so unterschiedlich sie auch gewesen sein mögen, waren Ausdruck einer fortschreitenden Emanzipation der Elite in diesen Gebieten. Dies galt für die Machthaber – die Machtzentren lagen in Dijon, Madrid und Brüssel –, aber auch für Musiker und Maler (die oft außerhalb der Niederlande arbeiteten und dort, wie der Komponist Jan van Ockeghem, große Bekanntheit genossen), für Intellektuelle (Erasmus, Coornhert und andere) und nicht zuletzt auch für die Kaufleute, die ihre internationalen Netzwerke immer weiter ausbauten und enger knüpften. Der Amsterdamer Ostseehandel war, wie gesagt, bereits zu Beginn des 16. Jahrhunderts sehr lebendig und intensiv, und schon damals wurden die Grundlagen für die wirtschaftliche und kulturelle «Explosion» gelegt, die wir später als das «Goldene Jahrhundert» der Niederlande bezeichnen würden.

Die Duldsamkeit und Toleranz, die Erasmus und Coornhert predigten, waren andererseits für ganz Europa von Bedeutung. Ihre humanistische Vision bot einen Ausweg in einer Phase, in der die meisten Gläubigen eine, für unsere Begriffe, ausgesprochen fundamentalistische Haltung hinsichtlich anderer Religionen hatten. Sowohl Protestanten als auch Katholiken konnten sich in dieser frühmodernen Zeit – und das gilt für ganz Europa – noch nicht so recht vorstellen, wie in einer Stadt oder einem Fürstentum mehrere Konfessionen zusammenleben sollten, ohne durch die gottlosen Bräuche, die die anderen praktizierten, Gottes Zorn auf sich herabzurufen. Gleichzeitig aber gab es diese religiöse Diversität schon fast überall: In Großbritannien, in der Schweiz, in Frankreich und im deutschen Kaiserreich gab es etliche Städte und Regionen, wo Katholiken, Protestanten und Juden friedlich zusammenlebten. In den Niederlanden, und dort vor allem in den Handelsstädten, war diese Mischung noch stärker.

Manchmal löste man das Problem der Glaubensunterschiede, indem man die Gruppen voneinander trennte und für jede Religion separate Gebiete und Regelungen schuf – der Augsburger Reichs- und Religionsfrieden zum Beispiel ging von dem Prinzip cuius regio, eius religio aus: wessen Land, dessen Religion. Meistens jedoch versuchte man – und das gilt vor allem für die Niederlande –, die religiösen Unterschiede zu negieren und unsichtbar zu machen. Dadurch wurde die Illusion einer gewissen religiösen Einheit aufrechterhalten, allzu provozierende Glaubensbekundungen wurden vermieden, während gleichzeitig, durch ein paar einfache Maßnahmen, andersdenkende Bürger unbehelligt in einer Gemeinschaft leben konnten, die von Katholiken oder Protestanten dominiert wurde.

In Amsterdam zum Beispiel war, nachdem man sich von den katholischen spanischen Herrschern befreit hatte, der Kalvinismus die offizielle Religion, aber die Handelsmentalität der Stadt vertrug sich nicht mit einer wie auch immer gearteten religiösen Unterdrückung. «Gewissensfreiheit» war nicht nur die Regel, sie war auch ein Teil der bürgerlichen Kultur. Offiziell galt die «papistische Messe» als eine «verfluchte Abgötterei», doch solange die Katholiken dem Schulzen und den Schöffen alljährlich eine Abfindung zahlten, legte ihnen niemand Steine in den Weg. Ihre Gottesdienste hielten sie in Kirchen ab, die sich unsichtbar hinter den Fassaden gewöhnlicher Häuser verbargen, doch der Gesang während der Messen und Vespern war von weitem zu hören. Von prominenten Amsterdamern – wie etwa dem Dichter Joost van den Vondel und dem Stadtarchitekten Hendrick de Keyser – war allgemein bekannt, dass sie Katholiken waren. Dieser Umstand stellte jedoch kein Hindernis dar, de Keyser zum Beispiel damit zu beauftragen, drei der wichtigsten protestantischen Kirchen zu bauen.

Die vielgepriesene Toleranz der späteren Republik war allerdings eine «Toleranz» ohne Debatte und mit sehr viel Wegschauen, eine Toleranz, für die man oft auch bezahlen musste. Und es war eine Toleranz mit Einschränkungen: Katholiken, Lutheraner, Taufgesinnte und andere Minderheiten waren von politischen Ämtern ausgeschlossen. Für Juden galt sogar eine regelrechte Segregation: Sie durften nicht Mitglied einer Gilde werden, und es war ihnen verboten, «mit Christenfrauen oder -töchtern innerhalb oder außerhalb der Ehe fleischliche Gemeinschaft zu haben». Ansonsten aber waren auch sie frei, sich zu jeder Religion mit gleich welchem Gedankengut zu bekennen. «Dieses gottgeweihte Haus, fürchtet weder Gewissenszwang, noch Peinigungen und Tote ...» meißelten die Juden voller Vertrauen über die Türen ihrer großen, neuen Synagoge in Amsterdam.

Dies waren vielleicht die ureigentlichen Triebfedern des Aufstands: die Freiheit, der Respekt vor dem anderen, der Umgang mit Diversität, die Entscheidung für Unterschiedlichkeit anstatt einer aufgezwungenen Einheit. Vielleicht war der Aufstand ja in erster Linie eine humanistische Rebellion.

Es gab in den entscheidenden Anfangsjahren zwei Männer, die eine Hauptrolle spielten.

Zunächst war da der schon früher erwähnte König Philipp II., der Erbe des burgundisch-habsburgischen Flickenteppichs; in Madrid erzogen und, im Gegensatz zu seinem nördlich orientierten Vater Karl V., auf Spanien orientiert. Nicht einmal der Sprache des nordeuropäischen Adels, des Französischen, war er mächtig, ganz zu schweigen davon, dass er auch nur ein Wort der niederländischen Volkssprache gesprochen hätte. Wenn es um die alten Glaubenswerte der katholischen Kirche ging, war er ebenso stur und dickköpfig wie ein Kalvinist. Infolge seines Fanatismus bildete sich schon sehr bald eine Gelegenheitskoalition aus Adel, Provinzen und Städten, die durch weitere Zufälligkeiten fortwährend verstärkt wurde.

Für Madrid spielten außerdem große wirtschaftliche Interessen eine Rolle: Die Niederlande waren dicht bevölkert (mit damals drei Millionen Einwohnern; in England lebten vier Millionen Menschen und in Spanien sieben Millionen), die Provinz Brabant war inzwischen eines der reichsten Gebiete Nordwesteuropas (Antwerpen hatte nicht weniger als 80 000 Einwohner, und wenn man die Fremden mitzählt, vermutlich sogar 200 000), und die aufsteigenden Provinzen Holland und Seeland hätten sich durchaus zu gefährlichen Konkurrenten bei der Ausbeutung des neu entdeckten Amerika entwickeln können. Einen möglichen Verlust der Niederlande konnte sich das spanische Imperium nicht leisten. Doch Philipp II. unterschätzte die Macht und den Reichtum des Gebiets, und außerdem hatte er keinen Blick für das militärisch oft schwierige Terrain des Nordens: wasserreich und kaum zu kontrollieren. Hinzu kam, dass er an zwei Fronten Krieg führen musste. In Südeuropa war Spanien mit den Türken und Italienern in Kämpfe verstrickt, wodurch seine Möglichkeiten, ungeachtet des Golds aus Südamerika, noch mehr eingeschränkt wurden.

Auf der anderen Seite stand Wilhelm, Prinz von Oranien, der älteste Sohn von Graf Wilhelm dem Reichen von Nassau und Juliana zu Stolberg. Er wurde auf dem Stammsitz der Nassauer in Dillenburg lutherisch erzogen. Als er elf war, trat er das Erbe des kinderlos verstorbenen Renatus von Nassau an. Dadurch wurde er auf einmal zum Prinzen des kleinen südfranzösischen Fürstentums Orange und zugleich zum mächtigen Besitzer ausgedehnter Ländereien, die unter anderem in Holland, Seeland, Utrecht und Gelre lagen. Als einer der wichtigsten Adelssöhne wurde er fortan am Brüsseler Hof von Karl V. katholisch erzogen, und aufgrund seines großen Charmes und seiner Intelligenz galt er als einer der Lieblinge des Kaisers.

Als dieser am 25. Oktober 1555 zurücktrat, stützte sich der alte Fürst auf die Schulter des noch jungen Prinzen von Oranien. Als Karls Nachfolger, Philipp II., Ende 1558 eine Verhandlungsdelegation nach Frankreich schickte, um nach dem soundsovielten Krieg mit dem französischen König einen Friedensvertrag auszuarbeiten, da war der 26-jährige Oranier zusammen mit seinem späteren Widersacher, dem Herzog von Alba, einer der wichtigsten Unterhändler. Philipp II. belohnte ihn überaus großzügig: Er ernannte Wilhelm zum Mitglied des Staatsrates in Brüssel und zum Statthalter von Holland und Seeland.

Ein großer protestantischer Glaubensheld war Wilhelm nicht unbedingt. Er blieb noch lange katholisch, er besuchte zwar seit 1573 den kalvinistischen Gottesdienst, fühlte sich aber vor allem dem toleranten Denken von Erasmus und Coornhert verbunden. Ein geborener Freiheitskämpfer war er ebenso wenig. Er war vor allem ein entschiedener Verteidiger der Interessen des Adels, der sich für den Schutz der ererbten Rechte gegenüber dem Fürsten einsetzte. Aufgrund der gnadenlosen religiösen und wirtschaftlichen Unterdrückung durch Philipp II. eskalierte dieser Konflikt nur allmählich zu einem allgemeinen Freiheitskampf. Ganz gegen seinen Willen wurde dieser «jeune premier» des Brüsseler Hofs zum Anführer einer aufständischen und ungewöhnlichen Koalition aus nordniederländischen Städten, Adel und Provinzen. Es dauerte Jahre, bis er sich in der Rolle des «Vater des Vaterlands», dem Symbol der jungen Nation und des neuen Patriotismus, einigermaßen wohlfühlte.

Den Keim des Aufstands bildeten, wie so oft, Unruhen, die durch Nahrungsmittelknappheit entstanden. Die sowieso schon gespannte Atmosphäre in den Niederlanden – Philipp II. war nach dem Tod seines Vaters dazu übergegangen, Protestanten und andere Dissidenten wieder energisch zu verfolgen – wurde regelrecht grimmig, als es in den sechziger Jahren des 16. Jahrhunderts zu Missernten kam. Die Getreide- und Brotpreise stiegen in nie da gewesene Höhen, und hier und da gab es Hungersnöte. Hinzu kam, dass aus dem soeben entdeckten Amerika soviel Silber auf den Markt gekommen war – zum größten Teil in Form von neugeschlagenen Münzen –, dass eine kräftige Inflation in Gang gesetzt wurde, die die Preise zusätzlich in die Höhe schnellen ließ.

Im Jahr 1556 führten all diese Entwicklungen – Protestantismus, Humanismus, die abbröckelnde Macht des Adels, extrem hohe Steuern, religiöse Verfolgung, Hunger und ein zugleich immer weiter wachsendes bürgerliches Bewusstsein – zu einer Explosion. Etwa 500 Angehörige des niederen Adels – im Verborgenen unterstützt durch Wilhelm von Oranien – flehten in einer Bittschrift an die Statthalterin – Philipps Schwester Margarethe von Parma, die den Fürsten in Brüssel repräsentierte – um ein weniger hartes Vorgehen gegen die Ketzer. Von einigen Mitgliedern des Hofstaats wurden sie verhöhnt: «Ils ne sontque des gueux!» Das sind nur Bettler!» spottete der königstreue Graf Charles de Barlaymont, doch die Bevölkerung begrüßte die Adeligen mit lautem Jubel: «Es leben die Geusen!» So wurde ein Schimpfwort im Handumdrehen zu einem Ehrennamen, und die Rebellen bekamen zugleich einen Namen: Geusen.

Die Statthalterin nahm die Bittschrift überaus ernst und stoppte die Verfolgung der Kalvinisten. Zu weiteren Maßnahmen konnte sie sich jedoch nicht entschließen. Nun begann auch das Bürgertum, die Staatsgewalt herauszufordern: Die kalvinistischen Prediger benutzten ihre neue Freiheit sofort dazu, außerhalb der Städte Freiluftgottesdienste abzuhalten. Diese Gottesdienste, in denen die Prediger endlos gegen den Reichtum und die «weltlichen Lüste» der «papistischen Abgötterei» wüteten, wurden massenhaft besucht. Währenddessen stiegen die Preise immer weiter.

Anfang August 1566 kam es in Flandern zu ersten Gewaltausbrüchen. In Gent, Antwerpen und andernorts plünderten wütende Menschenmengen Kirchen und Klöster, und rasch sprang dieser «Bildersturm» in die nördlichen Niederlande über. In Amsterdam begann der Aufstand am 23. August, als ein Kaplan bei einer Taufe die üblichen Teufelsbeschwörungen aussprach. Eine Chronik berichtet, dass daraufhin aus der sonst schweigenden Zuhörerschar Rufe erschallten: «Du Papist! Hör auf, den Teufel aus den Kindern zu verscheuchen! Du hast die Welt lange genug betrogen!» Junge Burschen fingen an, den Altar mit Steinen zu bewerfen, und die Jungfrau Maria bekam einen Pantoffel an den Kopf. Die Kirche konnte gerade noch rechtzeitig geschlossen werden, doch ein nahegelegenes Kloster wurde geplündert.

Erbost schickte Philipp II. im Jahr darauf ein spanisch-italienisches Söldnerheer, das von Herzog Alba angeführt wurde, in die Niederlande. Eine sechs Jahre währende Schreckensherrschaft folgte.

Es wäre ein Überlegung wert, der Bildergalerie der Gründungsväter der niederländischen Nation – Wilhelm von Oranien, Erasmus, Calvin und alle, die später noch folgten – ein überraschendes Bildnis hinzuzufügen: Philipp II. von Spanien. Sein Entschluss, den gnadenlosen Herzog Alba im Jahre 1567 in die Niederlande zu senden, war ausschlaggebend für die Entstehung der Republik der sieben vereinigten Niederlande.

Hätte Philipp gleich eine gemäßigtere Person in den Norden geschickt – der spätere Statthalter Alexander Farnese, Herzog von Parma, war so jemand –, dann hätte der Aufstand vermutlich einen vollkommen anderen Verlauf genommen. Es wäre zum Beispiel sehr fraglich gewesen, ob Wilhelm von Oranien in diesem Fall zu den Rebellen übergegangen wäre. Nach der Ankunft von Alba war dieser Schritt weniger eine bewusste Entscheidung als vielmehr eine Tat, die in Anbetracht der Umstände unumgänglich war. Alba hatte sofort den Oranier von all seinen Aufgaben entbunden und den so genannten «Blutrat von Brüssel» installiert, der viele Hundert Todesurteile gegen wirkliche oder vermeintliche Aufständische fällte. Der Prinz hatte seine Haut nur durch einen Rückzug auf den Familienstammsitz in Dillenburg retten können. Von dort aus hatte er auf eigene Rechnung ein paar Söldnerheere auf die Beine gestellt, die 1568 in die Niederlande einmarschierten, um dort einen echten Aufstand zu entfesseln – die ersten, übrigens wenig erfolgreichen Kriegshandlungen dessen, was man später den Achtzigjährigen Krieg nennen sollte.

Ohne Philipp II. und den Herzog Alba wären in eben diesem Jahr vermutlich auch nicht die Todesurteile gegen die achtzehn Adeligen vollstreckt worden, unter denen sich auch die prominenten Grafen von Egmont (unter anderem Statthalter in Flandern) und Horn (ehemaliger Statthalter in Gelre) befanden. Dies war eine Vergeltungsaktion für den «Verrat» des Oraniers, bei der möglicherweise auch Rivalitäten zwischen der Madrider und der mehr humanistischen Brüsseler Hofkultur eine Rolle spielten. Wie dem auch sei, die schockierenden Hinrichtungen hatten alles andere als einschüchternde Wirkung. Im Gegenteil, die Empörung war so groß, dass die wackelige Gelegenheitskoalition von Adel und Städten einen gewaltigen Schub bekam, so dass sie letztendlich zur erfolgreichen «Lossagung» von Philipp II. im Jahr 1581 führte.

Unter Herzog Alba, Philipp II. und Wilhelm von Oranien entwickelte sich der Aufstand rasch. Zunächst bekamen die Söldnertruppen des Oraniers kaum einen Fuß an die Erde. Aber der Prinz war populär. Die schon früher erwähnte niederländische Nationalhymne – ursprünglich ein langes Gedicht, in dem die Anfangsbuchstaben der Strophen den Namen «Willem van Nassau» ergeben – wurde überall gesungen. 1569 führte Alba eine Steuerreform durch, bei der er deutlich zu verstehen gab, dass ihm sämtliche Privilegien der niederländischen Stände und Städte vollkommen gleichgültig waren. Doch am 1. April des Jahres 1572 kam den niederländischen Rebellen der Zufall zur Hilfe. Eine Gruppe von oranjegesinnten Kaperern, so genannte «Wassergeusen», die gezwungen worden war, die englischen Häfen zu verlassen, machte aus der Not eine Tugend, eroberte das südholländische Städtchen Den Briel und hielt es «im Namen Oraniens» besetzt.

Der Fall von Den Briel war in der damaligen angespannten Atmosphäre ein Ereignis, auf das offenbar alle gewartet hatten. In den darauffolgenden Wochen hisste eine Stadt nach der anderen die «Prinzenflagge». Im Juli kamen zwölf aufständische Städte in Dordrecht zur ersten freien – und revolutionären – Versammlung der Stände Hollands zusammen, und am Ende des Jahres hatten sich bereits sechsundzwanzig seeländische und holländische Städte dem Aufstand angeschlossen. Wilhelm von Oranien wurde wieder in das Amt des Statthalters eingesetzt, und eine seiner ersten Maßnahmen war die Verkündigung der allgemeinen Glaubens- und Gewissensfreiheit.

Die Spanier schlugen natürlich schnell zurück, und die darauffolgenden Jahre waren gekennzeichnet durch eine Reihe von Belagerungen, Plünderungen, Eroberungen, Wiedereroberungen, eine Stadt nach der anderen. Mechelen und Zutphen wurden zurückerobert und geplündert. In Naarden wurde fast die gesamte Bevölkerung ermordet. Haarlem fiel nach einer siebenmonatigen Belagerung wieder in die Hände der Spanier: Rund 1700 Bürger wurden enthauptet, aufgehängt oder ertränkt. Alkmaar und Middelburg jedoch blieben unter der Herrschaft der Geusen, ebenso wie Leiden, das nach einer monatelangen Belagerung schließlich befreit wurde.

Der Aufstand war zu Beginn eine merkwürdige Kombination aus Volksguerilla und einem ordentlichen Krieg, und die spanischen Offiziere wussten zunächst nicht so recht, wie sie darauf reagieren sollten. Auf der einen Seite gab es Scharmützel, die nach allen Regeln der Kriegskunst abliefen – Wilhelm von Oranien und andere aufständische Adelige hatten schließlich am Hof in Brüssel eine umfassende und hervorragende Ausbildung genossen –, auf der anderen Seite waren die Geusen immer wieder für Tricks und Überraschungen gut. Reiterhauptmann Bernardino de Mendoza war zum Beispiel verblüfft über die sich auf Schlittschuhen schnell bewegenden Arkebusiere, die intensive Verwendung von Schlitten beim Nachschub, die Einbeziehung von Deichen und Schleusen in die Taktik, den Einsatz von Brieftauben – etwas, was die Spanier noch nicht kannten – und den «polsstok», einen langen Stock, mit dem manche Männer («mit Tüchern gekleidet, um besser laufen zu können») über die Entwässerungsgräben sprangen und so durch die Linien gingen.

Auch in den südlichen Landesteilen wurde der Widerstand größer, vor allem infolge der Plünderungen der umherziehenden spanischen Söldnerheere. Wenn sie ihren Sold nicht bekamen, und das kam unter Philipp II. immer häufiger vor, bedienten sie sich einfach in der nächstgelegenen Stadt. Anfang November 1576 wüteten in Antwerpen meuternde spanische Söldner derart – etwa 700 Menschen wurden massakriert –, dass man von der «spanischen Furie» sprach. Dieser Gewaltexzess war der konkrete Anlass für die Generalstände, das Heft selbst in die Hand zu nehmen. Zusätzlich begünstigt durch das Machtvakuum, das nach dem Tod des milden spanischen Statthalters Don Luis Requesens entstanden war, schlossen sie mit den aufständischen Städten im Norden in Gent einen Pakt, um gemeinsam die spanischen Truppen aus dem Land zu vertreiben. Wilhelm von Oranien wurde als Statthalter Hollands und Seelands anerkannt, und die religiöse Verfolgung wurde beendet. Fast alle regionalen Machthaber der Süd- und Nordniederlande, auch die katholischen, schlossen sich dieser «Genter Pazifikation» an.

Dieser Pakt hielt nicht lange. Zwei Jahre später gelang es dem neuen spanischen Statthalter, dem Herzog von Parma, die bedeutenden Grafschaften Artois und Hennegau in das Lager des spanischen Königs zurückzuholen, wobei er auf deren Angst vor dem zunehmenden Einfluss des fanatischen Kalvinismus spekulierte. 1579 schloss er mit diesen Gebieten die Union von Arras, in der ihre alten Privilegien respektiert wurden, in der es aber keinen Platz für Kalvinisten gab. Sie wurden zwar nicht verfolgt, mussten aber mit ihrer ganzen Habe woanders hin ziehen. Das war ein schwerer Schlag für Oranien, ein enormer Autoritäts- und Gesichtsverlust.

Als Reaktion darauf schlossen sich die nördlichen Provinzen Holland, Seeland, Gelre, Utrecht und Groningen zur Union von Utrecht zusammen, einem umfassenden Bündnis, das alle Rechte und Privilegien der Beteiligten garantierte und in mancherlei Hinsicht bereits Züge eines Staatswesens hatte. Die kalvinistischen Städte Brabants und Flanderns traten dieser Union bei. Mit diesen beiden Unionen, der von Arras und der von Utrecht, wurde die Grundlage für den Bruch zwischen den südlichen und den nördlichen Niederlanden gelegt, aus dem später die Staaten Niederlande und Belgien hervorgingen. Wilhelm von Oranien agierte währenddessen immer mehr wie ein unabhängiger Fürst. In einige Städte zog er wie ein König ein, obwohl er Philipp II. formal immer noch als seinen Landesherrn anerkannte. In den Jahren 1580 und 1581 wurden auch die letzten Verbindungen durchtrennt. Philipp II. verhängte eine Art Fatwa über Wilhelm von Oranien, einen Bannfluch, in dem er den Oranier als «eine allgemeine Pest für den christlichen Glauben» bezeichnete und worin er demjenigen, der es wagte, Wilhelm zu ermorden, 25 000 Gulden und die Erhebung in den Adelsstand versprach.

Der Prinz verteidigte sich mit einer scharfen Erklärung, in der er dem Fürsten formal die Treue aufkündigte. Philipp II. sei «ein falscher und betrügerischer König, ein Blutschänder, ein Bigamist und der Mörder seines eigenen Sohnes». Am 26. Juli 1581 lösten auch die Generalstände mit dem bereits erwähnten «Plakkaat van Verlatinghe» die formale Verbindung mit dem Fürsten. Drei Jahre später, am 10. Juli 1584, wurde Wilhelm von Oranien in seinem Schloss in Delft tatsächlich ermordet.

Der Aufstand hatte seinen wichtigsten Anführer verloren, aber die Grundlage für die niederländische Nation war gelegt.

Augenscheinlich entwickelte sich die Rebellion zu einem Streit zwischen Madrid und den Niederlanden, zwischen Katholiken und Protestanten, und so vernahmen wir die Geschichte auch aus dem Mund unserer Lehrer. Für die Beteiligten aber, so meinen die meisten modernen Historiker, spielte der Gegensatz katholisch-protestantisch vermutlich eine viel weniger entscheidende Rolle. Heutige Schätzungen gehen davon aus, dass höchstens 10 Prozent der damaligen nordniederländischen Bevölkerung überzeugte Kalvinisten waren.

Formal schien der Aufstand ein Streit zwischen Spanien und den Niederlanden zu sein, tatsächlich aber war er in erster Linie ein grausamer Bürgerkrieg. In der «spanischen» Armee stammten sechs von sieben Soldaten nicht aus Spanien, sondern aus den Niederlanden, aus Deutschland, Italien. Die Wassergeusen, die Den Briel einnahmen und die Küstengewässer terrorisierten, dachten nicht daran, Spanien anzugreifen; es waren Nordniederländer, die sie aufhängten oder bestahlen. Im Kern ging es nur allzu oft um ganz andere Dinge: Gebiete, Edelleute und Städte, die ihre alten Rechte und Privilegien wiederhaben wollten, Kaufleute, die aufgrund der drückenden Steuern Albas ihr Geschäft zusammenbrechen sahen, von der neuen Erfindung Druckerpresse faszinierte Bürger, die die Freiheit haben wollten, in Wissenschaft und Glauben ihren eigenen Weg zu gehen, die traditionellen Gläubigen, die sich fürchteten, der einfache Mann, der schlicht Hunger hatte.

Etwa zur gleichen Zeit wurde der erste nationale Mythos geschaffen, und zwar sehr bewusst. Die Sprache fing allmählich an, eine verbindende Rolle zu spielen. Wilhelm von Oranien selbst sprach fast gar kein Niederländisch, doch unter seiner Leitung wurde eine großangelegte Propagandakampagne gestartet, in der Lieder und Pamphlete in der Volksprache eine zentrale Rolle spielten. In den darauffolgenden Jahren wurde eine autorisierte Bibelübersetzung für das ganze Land erstellt. Es erschienen Schulbücher mit dem Titel *Tyranneien*, in denen in Form eines Dialogs zwischen Vater und

Sohn die ausländischen Feinde behandelt wurden. Zuerst die spanische «Tyrannei», später auch die französische «Tyrannei».

Zum ersten Mal kosteten die Niederländer von ihrem neu erworbenen, teilweise selbstgemachten Patriotismus.

Nach dem Tod des Oraniers begann eine neue Phase. Die Macht ging auf seinen 18-jährigen Sohn Moritz und den erfahrenen Ratspensionär Johan van Oldenbarnevelt über. Zunächst bildeten die beiden ein hervorragendes Team: Moritz entpuppte sich als ein ausgezeichneter Militärstratege, van Oldenbarnevelt legte währenddessen mit seiner ausgewogenen Außen- und Innenpolitik die politische Basis für die Republik. Die Zeitumstände spielten ihnen dabei in die Hände. Überall in Europa herrschte Kriegsstimmung, so dass die Großmächte Spanien, Frankreich und England ihre Aufmerksamkeit nicht ausschließlich auf die Niederlande richten konnten. Das war einer der wichtigsten Gründe dafür, warum Moritz und van Oldenbarnevelt den Aufstand schließlich erfolgreich beenden konnten; 1609 gelang es ihnen, sogar mit Spanien einen Waffenstillstand zu schließen.

Dank der bereits erwähnten Unsicherheit in Europa konnte die Republik auch stetig am Ausbau ihrer europäischen Handelsverbindungen arbeiten. Die Expansion des Handels bekam – ein erneuter Zufall – einen enormen Schub, als die Spanier im August 1585 Antwerpen eroberten. Die Hafenstadt galt damals als das wichtigste Bollwerk der Aufständischen, und die Einnahme wurde als großer Erfolg gefeiert. Die Auswirkungen dieses Erfolgs aber waren negativ. Die Geusen blockierten umgehend die Lebensader der Stadt, die Schelde, die den Hafen mit dem offenen Meer verband. Zehntausende Protestanten und andere Dissidenten, unter denen sich viele Kaufleute und Handwerker befanden, zogen fort in den Norden und nahmen ihr Wissen, ihr Können und ihre Handelsverbindungen mit. Dabei spielten die sephardischen Juden eine besondere Rolle: Viele Familien waren aufgrund der Verfolgung durch die Inquisition zuerst von der iberischen Halbinsel nach Norden geflohen, vor allem nach Antwerpen, um anschließend, nach dem Fall der Scheldestadt, weiter in die nördlichen Niederlande zu ziehen, namentlich nach Amsterdam. Ihre Netzwerke nahmen sie mit, von ihrem Wissen über die portugiesischen Entdeckungsreisen machte man ausgiebigen Gebrauch, und damit leisteten sie einen großen Beitrag zur weiteren Expansion der Stadt Amsterdam. Das früher einmal so blühende Antwerpen sollte sich von diesem Schlag nie wieder ganz erholen: Die Einwohnerzahl der Stadt sank innerhalb weniger Jahre auf die Hälfte. Brabant verlor seine mächtige Stellung. Die nördlichen Niederlande hingegen wurden von Flüchtlingen und Immigranten überschwemmt, nicht nur aus Antwerpen, sondern auch aus anderen Teilen der südlichen Niederlande und aus Nordfrankreich. Einhunderttausend, wenn nicht sogar einhundertfünfzigtausend Menschen machten sich da auf den Weg, und das bei einer damaligen Gesamtbevölkerung von kaum mehr als eine Million. Binnen weniger Jahrzehnte verdoppelte sich die Einwohnerzahl von Leiden und Haarlem, Amsterdam hatte 1600 dreimal so viele Einwohner wie 1550. Dieser Exodus gehört zu den größten Migrationsbewegungen der frühen Neuzeit.

All diese Immigranten kamen – und das passiert nicht oft – genau zur richtigen Zeit an den richtigen Ort. In der aufsteigenden Republik gab es einen großen Bedarf an neuen Handelskontakten und an Handwerkern, die die nun in die Stadt kommenden (Luxus-) Güter verarbeiten konnten. Binnen einer Generation kontrollierten die Immigranten aus den südlichen Niederlanden ein Drittel des Amsterdamer Warenmarkts. Die Handwerker aus dem Süden brachten die Seidenindustrie und Zuckerraffinerien in die Stadt, sie führten neue Maltechniken ein, und auch die Amsterdamer Druckereien gelangten durch die Immigranten zu internationalem Ruhm. Die sephardischen Juden schufen die Basis für den Tabakhandel und die Diamantenindustrie. Sogar die Sprache veränderte sich: Um 1600 sprach nicht weniger als ein Drittel der Amsterdamer Antwerpener Platt.

Unter anderem Dank dieses Migrantenstroms konnten die Niederländer in Übersee – mitunter auf beispiellos brutale Weise – alte portugiesische und spanische Handelsposten übernehmen. Die Risiken wurden, anders als üblich, gestreut: Ein Amsterdamer Reeder war nicht Eigner eines oder mehrerer Schiffe, sondern Eigner jeweils eines Zehntels (oder eines wie auch immer gearteten Anteils) Dutzender von Schiffen. Auf der Basis dieser gemeinschaftlichen Unternehmen, die man als Kompanien bezeichnete, wagten die Amsterdamer Kaufleute es, auch die gefährlichsten Unternehmungen zu finanzieren: Selbst wenn es schief ging, blieben die Verluste für den Einzelnen überschaubar. Eine Reihe holländischer Binnenseen wie etwa der Prumer oder der Beemster konnten mit Hilfe vergleichbarer Finanzierungsmodelle trockengelegt werden. Auch die Realisierung anderer profitabler, aber manchmal sehr riskanter Projekte wagte man mit dieser Form der Risikostreuung.

Hin und wieder ging es aber auch ganz und gar schief: Eine gewagte Expedition, die eine nordöstliche Durchfahrt nach Ostindien entdecken sollte, blieb 1596 – unter anderem wegen falscher Karten – im Treibeis vor Nova Zembla stecken. Es folgte eine grauenhafte Überwinterung in einer aus Wrackholz gezimmerten Hütte, dem Behouden Huys. Schließlich gelang es zwölf Besatzungsmitgliedern, heil nach Amsterdam zurückzukehren. Sie wussten Horrorgeschichten zu erzählen, die Generationen von niederländischen Schülern kalte Schauer über den Rücken jagten – bis in die Klassen von Lehrer Schmal.

Im Jahr 1602 entstand aus den Kompanien, die mit Ostindien Handel betrieben, die Vereinigte Ostindische Companie (VOC), der erste multinationale Konzern überhaupt. Die VOC beherrschte in den folgenden zwei Jahrhunderten den gesamten Handel mit und die Schiffsrouten nach Asien, sie errichtete große Befestigungsanlagen am Kap (das spätere Kapstadt), in Indonesien (Batavia, das spätere Djakarta) und anderswo, ging aber nie zu einer regelrechten Kolonisation über. Sie blieb ein Handelsunternehmen, ein mächtiges und gewalttätiges Handelsunternehmen, aber letztendlich eben doch «nur» ein multinationaler Konzern, der sich lediglich an den Außenrändern Afrikas und des indonesischen Archipels niederließ und für den der Handel zwischen Indonesien, China, Indien, Ceylon und dem übrigen Asien ebenso wichtig war wie der europäische Handel mit dem fernen Osten.

1621 wurde eine zweite Kompanie mit dem Ziel gegründet, auch auf dem Atlantischen Ozean den Spaniern und Portugiesen den Rang abzulaufen. Diese Westindische Companie (WIC) konzentrierte sich in erster Linie auf die so genannte Dreiecksfahrt, eine Route, die man den Portugiesen abgeschaut hatte und die sich an den günstigsten Winden orientierte: Man fuhr mit Waffen, Baumwollstoffen und anderen Waren nach Afrika, von dort aus segelte man mit Sklaven zum amerikanischen Kontinent – allein zwischen 1626 und 1650 transportierte die WIC etwa 70000 Sklaven, von denen ein Fünftel die Überfahrt nicht überlebte –, und von Amerika aus fuhr man mit Zucker wieder zurück nach Europa.

In den niederländischen Handelsstädten jener Jahre drehte sich alles ums Geld, und ihm wurde, wie mehrere ausländische Besucher feststellten, alles andere untergeordnet. Sogar manche moralischen Fragen. Ein Geist des Wagemuts war in diese betagten Länder gefahren, vielleicht sogar ein Geist der Euphorie. «Es kommt in der Geschichte nur selten vor, dass so erfolgreich ein neuer Staat gegründet wird, wie die Republik in den neunziger Jahren des 16. Jahrhunderts», schreibt der britische Spezialist Jonathan Israel in seiner Beschreibung der Niederlande. Die kolonialen Abenteuer, so spektakulär sie manchmal auch gewesen sein mochten, waren nicht die Ursache des Erfolgs, sondern eine Folge davon. Das große Geschäft, womit das meiste Geld verdient wurde, war und blieb der Ostseehandel, bei dem es vor allem um Schüttgüter wie Getreide und Holz ging. Französischen Zählungen zufolge fuhren Mitte des 17. Jahrhunderts etwa drei Viertel der Weltflotte unter niederländischer Flagge.

Überall in den Niederlanden hatten die Menschen Teil an diesen Erfolgen und dem damit einhergehenden Wohlstand. In den Anteilsregistern der VOC und der WIC stehen Tausende Namen, von Bürgermeistern und Kaufleuten, aber auch von Pastoren und Lehrern, ja sogar von Dienstboten. Von den sozialen Spannungen des 16. Jahrhunderts war nach 1590 kaum noch etwas zu spüren. Das Schulwesen und die Kultur erlebten eine Blüte. Amsterdam wurde zum Finanzzentrum Europas, in dem es allerlei Neues gab, wie etwa Zeitungen, eine hervorragend organisierte Warenbörse und eine Wechselbank, die den internationalen Geldverkehr tiefgreifend modernisierte: Hier konnte man nämlich alle Währungen gegen wertfeste Zertifikate eintauschen. Wohl aber gab es große Spannungen im Zusammenhang mit dem Krieg gegen Spanien: Prinz Moritz hegte fürstliche Ambitionen und wollte gern weiterkämpfen, um auch die südlichen Niederlande zu befreien. Der Ratspensionär van Oldenbarnevelt war – wie auch die Kaufleute – gegen eine Fortsetzung des Kriegs, der schließlich Unsummen verschlang und den freien Handel beeinträchtigte. Außerdem zog er ein schwaches spanisches Besitztum einem starken und immer eigenwilligen Frankreich als südlichen Nachbarn vor.

Hinzu kam, dass in dieser jungen Republik ein beinahe unvermeidlicher Machtkonflikt deutlich wurde. Wie frei waren die einzelnen Territorien innerhalb der niederländischen Einheit? Wo lag das tatsächliche Machtzentrum? Bei der einflussreichen Versammlung der holländischen Stände oder bei den Generalstaaten, der Vertretung aller Territorien? Oder doch bei der mit Abstand mächtigsten Stadt, Amsterdam? Dieser Streit führte beinahe zu einer ähnlichen Situation wie in den Vereinigten Staaten während des Bürgerkriegs.

Die Niederländer sind bis zum heutigen Tag Meister darin, politische und soziale Probleme zu religiösen Differenzen zu reduzieren, und auch diese komplizierte politische Situation wurde schließlich in einen theologischen Konflikt transformiert. An der neuen Univer-

Versammlung der Generalstaaten (Staten-Generaal) im Rittersaal in Den Haag, 1651, Dirck van Delen

sität von Leiden kam es zu einer heftigen Diskussion zwischen zwei kalvinistischen Professoren, Arminius und Gomarus, über die so genannte Prädestination: Hat der Lebenswandel des Menschen Einfluss darauf, wohin er im Jenseits kommt, in den Himmel oder in die Hölle? Die «präzis» orthodoxen «Gomaristen» beantworteten die Frage verneinend, Gott hat alles vorherbestimmt. Die eher milden Arminianer waren der Ansicht, der Mensch habe durchaus Einfluss auf sein Schicksal im Jenseits. Die Diskussion breitete sich wie ein Flächenbrand aus, in allen Gemeinden schlugen sich die Pastoren auf eine der beiden Seiten, und schließlich war das fromme Land erneut in heller Aufruhr. Das Problem der Verschiedenheit, der Toleranz und des Wegschauens, wie ein Fieberanfall brach es plötzlich wieder aus. Was war der wahre Glaube? Mehr noch: Gibt es einen wahren Glauben?

Das Problem bekam eine politische Ladung, als die milden Pastoren in einer Bittschrift, einer so genannten Remonstration, bei den Staaten von Holland für eine flexible und tolerante Haltung plädierten. Die präzisen Pastoren forderten daraufhin in einer «Contra-Remonstration», auf der strengen, ihrer Ansicht nach einzig wahren Lehre zu beharren. Die Staaten von Holland entschieden sich unter Leitung von van Oldenbarnevelt für die tolerante Richtung. Statthalter Moritz stellte sich nach langem Zögern auf die andere Seite, indem er im Sommer 1617 öffentlich einen Gottesdienst der Contra-Remonstranten in Den Haag besuchte. In einer wütenden Reaktion darauf erklärten die Staaten von Holland, dass jede Provinz selbst über politische und religiöse Fragen entscheiden dürfe. Damit standen sich die zwei wichtigsten und erfolgreichsten Führer der Republik diametral gegenüber.

Der Konflikt eskalierte, in verschiedenen Städten wurden Milizen aufgestellt, um Moritz Widerstand bieten zu können, und schließlich beschlossen die Generalstaaten, eine Synode einzuberufen, die das Problem lösen sollte. Nach zwei Monaten der Beratung schloss diese Dordrechter Synode die «milden» Remonstranten im Januar 1619 von der Versammlung aus und formulierte ein streng kalvinistisches Glaubensbekenntnis, das uns in der Schule noch eingetrichtert wurde. Außerdem beschloss man, die Bibel aufs Neue in die niederländische Volkssprache übersetzen zu lassen, um einen möglichst genauen Text zu haben. Diese «Staatenübersetzung», die in manchen Kreisen eine beinahe religiöse Ladung erhielt, spielte später bei der Entwicklung einer einheitlichen niederländischen Sprache eine wichtige Rolle. Die Gewissensfreiheit wurde weiterhin respektiert. Anschließend gerieten die Contra-Remonstranten sich untereinander in die Haare: «Begann Gottes Auserwählung bevor Eva in den Apfel biss oder erst danach?»

Dann folgte noch ein persönliches Drama. Der hochbetagte Ratspensionär Johan van Oldenbarnevelt wurde verhaftet, vor Gericht gestellt, wegen Hochverrats zum Tode verurteilt und tags darauf, am 12. Mai 1619, auf dem Binnenhof in Den Haag enthauptet. Dies war nichts weniger als ein Staatsstreich, denn Moritz wollte durch den Sturz des Ratspensionärs die alleinige Macht an sich reißen. Bis zuletzt hatte der Statthalter gehofft, van Oldenbarnevelt würde um Gnade bitten, doch dies hatte sein alter Bundesgenosse und Berater abgelehnt.

Sich auf seinen Stock stützend – in den niederländischen Sammlungen befinden sich mindestens vier Exemplare des «originalen» Stocks –, bestieg er das Schafott. Seine letzten, an seinen Diener gerichteten Worte waren die eines erfahrenen, nüchternen Beamten, der einen Strich unter eine lästige Akte zieht: «Mach es kurz, mach es kurz.»

5

WIE EIN STROHFEUER

«Ein wunderschönes blondes Mädchen fährt auf einem alten Fahrrad vorüber, der Brückenanstieg ist ziemlich steil, sie muß kräftig treten», notiert der ungarische Schriftsteller György Konrád auf einer Terrasse in Amsterdam sitzend im Jahr 1999. «Eine offenherzige, kräftige Frau tritt unbeirrbar weiter. Sie hat ihre Zwillinge dabei, ein Kind vorne und ein Kind hinten auf dem Fahrrad. Ein etwa zehnjähriges Mädchen steht auf dem Gepäckträger eines Fahrrads und stützt sich dabei auf die Schultern ihres Vaters; sie ist nun größer als er, sie vollführt Tanzbewegungen und macht mit ihren Fingern das Victory-Zeichen.»

Die massenhafte Verwendung des Fahrrads hängt eng mit der Geographie von Stadt und Land zusammen: ebene Wege, enge Straßen, praktisch keine Steigungen oder Hügel. Doch Konrád witterte dahinter auch eine bestimmte Philosophie: «Radfahren ist gesund, billig und umweltfreundlich. Alle Fahrzeuge sind gleichwertig, denn Menschen sind das schließlich auch. Man darf hier bei Rot über die Ampel fahren, Vorfahrtsregeln werden flexibel ausgelegt, und niemand kommt auf die Idee, wie ein Bescheuerter durch die Straßen zu rasen. Man muß sich nicht immer an die allgemein geltenden Regeln halten, ein Rahmenabkommen reicht, solange die Verkehrsteilnehmer so vernünftig sind, Rücksicht aufeinander zu nehmen.»

Was Konrád hier beobachtete, war – und ich verwende bewusst die Vergangenheit, denn das Phänomen stirbt allmählich aus – die klassische niederländische Einstellung zu Gesetzen und Regeln, die man mit dem Ausdruck «gedogen» (geduldet) bezeichnet. Es handelte sich dabei um ein flexibles System mit lauter ungeschriebenen Gesetzen des Gebens und Nehmens, zwischen den Bürgern untereinander, aber auch zwischen den Bürgern und dem Staat, ein System, das steht und fällt mit der Anerkennung eines tieferliegenden Wertekanons, den alle akzeptieren. Dies kann einzig und allein in einer Gesellschaft funktionieren, in der weitgehende Einigkeit über das – oft nicht einmal in Worte gefasste – Wertesystem herrscht und in der jeder bei eventuellen Verstößen dagegen in angemessenem Maß zur Verantwortung gezogen werden kann. Mit anderen Worten: in einem Land mit relativ geschlossenen Provinzstädten.

Das niederländische Strafrecht akzeptiert die Duldung von Regelverstößen in der Form des so genannten Opportunitätsprinzips: Der Staat darf ein Delikt verfolgen, ist dazu aber, im Gegensatz zu vielen anderen Staaten, nicht verpflichtet, vor allem dann nicht, wenn man das Mittel der Verfolgung für schlimmer hält als das Übel – zum Beispiel im Zusammenhang mit Prostitution oder Konsum weicher Drogen. Diese Haltung hat nichts mit dem Langmut der sechziger Jahre des 20. Jahrhunderts zu tun, sondern stammt bereits aus dem 16. Jahrhundert. Das damalige Stadtrecht Amsterdams verlangte etwa, dass eine Bordellbetreiberin «lebend in der Erde» begraben werden musste, doch in der Praxis wurden Bordelle in bestimmten Straßen einfach geduldet. Und wer woanders erwischt wurde, der konnte sich in der Regel beim Bürgermeister gegen ein festgelegtes Bußgeld von der Strafe freikaufen. Dies galt auch für Verstöße gegen einige Bestimmungen auf religiösem Gebiet.

Die Sitten waren in gewisser Weise ungezwungen, in dieser Hinsicht schien das Land ein Vorposten Skandinaviens zu sein. Gut zweihundert Jahre vor Konrád wunderte sich der berüchtigte venezianische Verführer Giacomo Casanova bereits über die gelassene Selbstständigkeit, mit der sich die Amsterdamer Frauen auf den Straßen bewegten. Sprachlos saß er, nur in Begleitung der bildhübschen Bürgermeistertochter Hester Hooft in der Kutsche, die ihm am Ende auch noch einen sittsamen Kuss auf den Mund gab. Das hätte sie auch getan, wenn ihr Vater dabei gewesen wäre, lachte das Mädchen. Man war nüchtern und pragmatisch, und auch auf juristischem Gebiet stand der Kaufmannsgeist über dem Dogmatismus. Einen anderen Kaufmann legte man nicht schnell in Ketten, auch wenn er ein «Heide» oder ein «Muselmann» war.

In seiner charmanten Terrassen-Soziologie des niederländischen Radfahrers bemerkt Konrád noch ein anderes niederländisches Phänomen: der tiefe Hang zur Gleichheit, Gleichheit, die nicht nur eine Tugend, sondern auch eine Pflicht ist. Wer anderen die Show stiehlt, dem begegnet man mit Misstrauen. Ausgewogene Kritik ist die Norm, nicht Respekt. «Ein hoher Baum fängt viel Wind», sagen die Niederländer, und es weht hier oft und heftig.

Immer wieder fällt es Fremden auf, wieviel Mühe die Niederländer an ihre Häuser wenden, mit wieviel Sorgfalt und Stolz sie ihre kleinen Bürgerburgen behandeln. Anspielungen auf Schlösser oder adelige Landgüter kommen in ihrem Baustil nur selten vor. Zwar gab es in den Niederlanden immer einen Hof, auch bei den Statthaltern zu Zeiten der Republik, doch alles prägend war diese Hofkultur nicht, ganz zu schweigen davon, dass sie, getragen von einer breiten Adelsschicht, auf kulturellem, architektonischem und kulinarischem Gebiet die Norm bestimmt hätte.

Klassisch ist die Geschichte vom Marquis de Spinola und dem Diplomaten Richardot, die im Jahr 1608 mit einer hochrangigen spanischen Delegation auf dem Weg nach Den Haag waren, um mit den Niederländern über einen ersten Waffenstillstand zu verhandeln. Unterwegs beobachteten sie eine etwa zehnköpfige Gruppe von Männern, die aus einem einfachen Kahn stiegen und sich am Ufer ins Gras setzten, um dort eine Mahlzeit aus Brot, Käse und Bier zu verspeisen, die ein jeder dabei hatte. Zu ihrem großen Erstaunen erfuhren die Spanier von einem Bauern, wer die Männer waren: «Das sind die Abgesandten der Staaten, unsere unabhängigen Herren und Meister.» Kurzum: Es handelte sich um die Delegation, mit der die

Spanier in den darauf folgenden Wochen auf gleichem Fuß verhandeln mussten. In den Niederlanden entstand so ein Wertesystem, in dem nicht Ehre, Herkunft, Anständigkeit oder Prestige die wichtigste Rolle spielten, sondern Geld. Und in einer derartigen kalvinistischen Geldkultur gehörte es sich nicht, dass man die andern zu sehr überragte. Zuviel Selbstbewusstsein erzeugte schließlich schiefe Blicke und forderte die Allmacht Gottes heraus.

Das Gefühl der Gleichheit, des Bürgereigensinns prägte auch die politischen Verhältnisse innerhalb der Republik. Es beherrschte die Beziehung zwischen den Oraniern und der städtischen Großmacht Amsterdam, und im weiteren Sinne galt dies auch für das Verhältnis zwischen der zentralen Macht in Den Haag und den verschiedenen Provinzen. Nach einer Reihe von Zusammenstößen – im Jahr 1650 versuchte der jugendliche Statthalter Wilhelm II. sogar mit einer unbesonnenen Aktion, die Stadt Amsterdam mit Gewalt einzunehmen – gelangten alle Parteien zu der Erkenntnis, dass sie unwiderruflich miteinander verbunden waren in einem zerbrechlichen Staatsgebäude, das nur aufrecht erhalten werden konnte, wenn alle Beteiligten bereit waren, niemals bis zum Äußersten zu gehen.

So entstand ein Regierungssystem, das viele für schwach hielten, das durch Kompromisse und Dialog zusammengehalten wurde, das aber in der Praxis oft überaus adäquat und anpassungsfähig arbeitete. Es unterdrückte den Bürger nicht, wie es viele monarchistische Systeme taten, sondern machte ihn zum Bundesgenossen. Es verband eine gewisse zentrale Macht mit einem großen Maß an städtischer und regionaler Autonomie und verlegte dadurch die Beschlussfassung an den Ort, dem auch die Loyalität der meisten Bürger galt: in ihre Städte und Regionen. Die nationalen Bande waren noch schwach, die niederländischen Bürger fühlten sich in erster Linie als Amsterdamer, als Friesen, als Seeländer oder Leidener. Die Anerkennung der Tatsache, dass große Unterschiede bezüglich der Interessen und Überzeugungen existierten, gab der Republik auch in dieser

Hinsicht eine eigene, beinahe demokratische Dynamik, die sich, nicht behindert durch königliche Launen, frei entfalten konnte.

Die Kehrseite war, dass Beschlüsse nur mühsam getroffen werden konnten und dass die Entscheidungsfindung in Fragen, bei der unterschiedliche Interessen miteinander kollidierten, mitunter nur sehr langsam vonstatten ging. Dies war vor allem in den Bereichen nationale Verteidigung und Wasserbau deutlich spürbar: Eine militärische Macht, die in einem proportionalen Verhältnis zur wirtschaftlichen Position des Landes gestanden hätte, hat die Republik nie entwickelt, und es dauerte bis weit ins 19. Jahrhundert, bis man sich daran machte, ein großes wasserbauliches Problem wie das sich immer weiter ausbreitende Haarlemmermeer endlich anzugehen.

Doch lassen Sie uns nun das damalige Amsterdam besuchen, und zwar das Haus der Vorfahren der schönen Hester Hooft, das Haus des vornehmen Kunstliebhabers Pieter Corneliszoon Hooft. Es ist der Abend des 20. Februars 1640. Die Keizersgracht ist zugefroren. Im großen Saal brennt das Kaminfeuer, der Wein fließt reichlich, und die Tafel wird reichlich mit Gerichten wie Brachsen am Spieß, Brathuhn mit Orangenschalen, mit Austern gefüllter Kapaun, Kalbszungenauflauf, mit Pflaumen und Gewürznelken gefülltes Spanferkel und möglicherweise riesige Mengen Süßspeisen als pièce de résistance gedeckt sein. Kurzum, mit all den exotischen Gerichten, die die Amsterdamer Küche des 16. Jahrhunderts kannte. Es wird musiziert, und die Konversation ist eine Kunst für sich, mit lauter Schlagfertigkeiten, Gedichtzeilen und tanzenden Wörtern.

Warum ich einen so geselligen, längst vergangenen Tag in Erinnerung rufe? Zunächst wegen der dort anwesenden Gesellschaft. Selten waren so viele klassische Amsterdamer Namen leibhaftig beisammen wie an diesem Abend. Darf ich vorstellen: die Hochgelehrten Gerardus Vossius und Caspar Barlaeus, der katholische Dichter und Strumpfhändler Joost van den Vondel, die erstaunlichen Schwestern Anna und Maria Tesselschade, der starrköpfige Maler, Architekt und

Saufaus Jacob van Campen und schließlich Constantijn Huygens, Komponist, Dichter, Erfinder, Universalgenie und Sekretär des Prinzen. Dies war die kulturelle Elite der Stadt.

Auch das Fest muss außergewöhnlich gewesen sein. Einige der Teilnehmer haben so begeistert darüber geschrieben, dass noch heute der Funke überspringt. Constantijn Huygens wollte am nächsten Tag mit dem Schlitten über das zugefrorene Haarlemmermeer – heute befindet sich dort der Flughafen Schiphol – nach Den Haag reisen, doch als er aufbrechen wollte, ließ man ihn nicht gehen. Ein Kreis von sieben Damen hinderte ihn daran, das Fest zu verlassen. Dieser Vorfall inspirierte einige der Festgäste zu ad-hoc-Schöpfungen. Jacob van Campen holte seinen Zeichenstift hervor und machte eine Skizze der Szene, Barlaeus wiederum schrieb ein Gedicht über den zeichnenden van Campen, und ebenso wie Tesselschade beschrieb Huygens die Situation in einem Epigramm:

> Wozu dieser Verrat? Zwingen wollt' man meinen Willen,
> Und wollte ich, so ums Können gebracht?
> Oh nein, mein Willen, nur Widerwillen gegen sieben Willen,
> Besaß nun keine Willensmacht …

Und dann der Zeitpunkt. Dieses Fest war ein so kleiner, beiläufiger Augenblick in der Geschichte, von dem man im Nachhinein denkt: Eigentlich war er ein Höhepunkt. Erst 1648 sollte in Münster der Friedensvertrag mit Spanien offiziell unterschrieben werden, doch Tatsache war, dass man den Aufstand siegreich beendet hatte. Der Amsterdamer Handel hatte in fast allen Teilen der Welt eine Vormachtstellung. Geld und Menschen strömten in die Stadt. Rund um das alte Stadtzentrum wurde ein neuer Grachtengürtel angelegt, mit Hunderten von Kaufmannshäusern, eins schöner als das andere, eine Stadterweiterung in einem bisher nicht da gewesenen Maßstab.

Die Niederlande hatten sich rasend schnell zu einem ins Auge stechenden europäischen Außenseiter entwickelt. Der britische Historiker J. L. Price vergleicht die Geschichten der Ausländer, die die junge Republik besuchten, mit den Geschichten junger Europäer, die zum ersten Mal in Amerika sind. Was man sah, kam einem bekannt vor, aber dennoch war alles einen Tick anders, desorientierend sogar: die politische Debatte, die abscheuliche religiöse Toleranz, das beispiellose Ausmaß der Verstädterung, der neue Humanismus in einem Europa, das zum größten Teil konservativ war. In manchen Dingen war die Republik altmodisch, doch was ihre wirtschaftliche und soziale Struktur anging, waren die Niederlande dem übrigen Europa weit voraus. Oder wie Price es ausdrückt: Die Niederlande waren ein kleiner, vorzeitig kapitalistischer Vorposten in einem Europa, das ansonsten zum größten Teil noch mittelalterlich war.

Innerhalb der Amsterdamer Wälle hatte sich ein ebenso eigensinniges kulturelles Leben entwickelt. René Descartes, der Vater der modernen Philosophie, fand in Amsterdam Ruhe und Freiheit, um Schule zu machen. John Locke verfasste später in der Stadt seine *Epistula de Tolerantia*. Rembrandts Nachbarjunge, Baruch de Spinoza, entwickelte dort seine Auffassungen über die Existenz oder Nicht-Existenz einer «wahren» Religion und über die Notwendigkeit eines toleranten Staats, der sich nicht in religiöse Fragen einmischt.

Auch die an dem Februarabend des Jahres 1640 Anwesenden waren Künstler, die über die Grenzen schauten. Sie sprachen, nein sie dichteten sogar auf Latein, sie kannten sich bestens bei den neuesten französischen Liedtexten aus, waren über die aktuellen englischen Erfindungen informiert, über die schickste spanische Mode, die neueste italienische Architektur. Sie korrespondierten mit Gelehrten in ganz Europa. Als Republikaner, die sie waren, gehörten sie nicht direkt zu den Kreisen, die an den internationalen Höfen verkehrten. Doch untereinander hatten sie durchaus auch so etwas wie eine Hofkultur geschaffen, eine Art des Umgangs miteinander, bei der Anstand, Esprit und Kenntnis der Schönen Künste ausschlaggebend waren. Der Amsterdamer «mercator sapiens», der ideale, gebildete Kaufmann musste – ebenso wie der Edelmann – wissen, wie man sich in den höchsten Kreisen verhält, aber er musste auch geistreich sein und zu jeder Zeit mit einer pikanten Geschichte, einem Wortspiel, einem Epigramm oder einem fröhlichen Lied bei der Hand sein.

Kaum zehn Jahre später sollten bereits die ersten Spuren des Niedergangs sichtbar werden, die Briten sollten in einer Reihe von Kriegen die Vormachtstellung auf den Ozeanen einfordern, und im «Katastrophenjahr» 1672 sollte die junge Republik den gemeinsamen Angriffen Englands, Frankreichs und der Bistümer Münster und Köln erliegen. Doch an jenem Winterabend des Jahres 1640 spannten sich für einen Augenblick allerlei unsichtbare Fäden aus ganz Europa zu dem Grachtenhaus in Amsterdam: in den Melodien der Lieder, die gesungen wurden, in den Zitaten und Scherzen, die zum Besten gegeben wurden, in den Nachrichten, die man bestimmt ausgetauscht hat, im Wissensdrang eines Vossius und Barlaeus, in den Vorstellungen van Campens und Huygens' über Symmetrie und vollkommene Proportionen.

Zwei Wochen zuvor hatte die Stadt Amsterdam beschlossen, das alte Rathaus durch einen neuen Prachtbau zu ersetzen, größer und herrlicher als alle anderen weltlichen Gebäude, die man bis dahin in den Niederlanden errichtet hatte. An dem Abend wusste van Campen noch nicht, was ihm bevorstand: Er selbst sollte der große Architekt werden, der «Erfinder» des «Weltwunders». Das Rathaus sollte am Dam gebaut werden, es sollte das Herz der Stadt dominieren (und das tut es bis zum heutigen Tag), und es sollte tatsächlich das größte und wichtigste Bauwerk des berühmten Goldenen Jahrhunderts der Niederlande werden. Und zugleich sollte dieser republikanische Stadtpalast die Ideale dieser Gesellschaft spiegeln, in den Details und in den großen Linien, die Kombination aus bürgerlichem Eigensinn und Unterwerfung unter die göttliche Ordnung.

Der Bau war, wie das bei solch ambitionierten Unternehmungen so ist, ein Leidensweg. Das Gebäude war als ein Statussymbol par excellence gedacht, aber gleichzeitig sollte es auch als Regierungszentrum einer Weltstadt dienen. Van Campen, launisch und schroff, musste seinen ursprünglichen Entwurf «wegen der schlechten Zeiten» mehrmals ändern. Im Sommer 1653 – gerade einmal fünf Jahre nach dem Friedensvertrag mit Spanien waren die jungen Niederlande bereits zum ersten Mal in einen Krieg mit England verwickelt – fasste man den Beschluss, dass Rathaus nur halb zu bauen und die oberen beiden Stockwerke wegzulassen. In den Zeichnungen kann man immer noch sehen, wie van Campen herumgebastelt hat, um den hohen, überdachten Bürgersaal in dem neuen Entwurf unterzubringen. Im Februar 1655 wurde plötzlich der alte Plan wieder ausgegraben, doch da war Jacob van Campen schon im Streit gegangen. Nicht lange danach, am 13. September 1657, starb er.

Vorher hatte man am 29. Juli 1655 sein halbvollendetes Werk in seiner Abwesenheit schon mal feierlich eingeweiht. Joost van den Vondel verglich das Gebäude an diesem sommerlichen Tag mit einer «Braut, um die sich alles dreht und die stolz und wohlausstaffiert, an ihrem schönsten Tag, sich auf dem Kissen präsentiert». Es dauerte allerdings noch ein halbes Jahrhundert, bis das Wunder wirklich vollendet war. Erst am Silvesterabend des Jahres 1705 war das letzte große Deckengemälde, das im Bürgersaal, fertig. Danach zog die Geschichte auch durch dieses Gebäude.

Während der ersten anderthalb Jahrhunderte seiner Existenz war es eine unvorstellbare Mischung aus Rathaus, Gerichtsgebäude, Zentralbank, Polizeipräsidium, Kunstgalerie, Jugendamt, Waffenkammer, Kommandobunker, Gefängnis, Finanzamt und noch allerlei anderem. Fast alle damaligen Behörden waren darin untergebracht. Es war eine Stadt in der Stadt, mit dem Bürgersaal als Markt, Begegnungsort, politischem Zentrum; «agora» im buchstäblichsten Sinne des Wortes. Es war damit auch das typische Machtzentrum einer Republik. Nach dem frühen Tod Wilhelms II. gab es – außer in Friesland und Groningen – jahrelang keinen Statthalter. Erst im «Katastrophenjahr» 1672 gelang es dem resoluten Wilhelm III., der später auch König von England werden sollte, die Macht wieder einigermaßen an sich zu bringen.

Als die Niederlande in der napoleonischen Zeit für einige Jahre unter französische Herrschaft gerieten und der Kaiser schließlich seinen Bruder Louis-Napoleon zum König ernannte, bekam der ganze republikanische Prunk eine diametral entgegengesetzte Funktion: Das Gebäude wurde zum königlichen Palais, und das war der Preis, den Amsterdam dafür zahlen musste, dass es sich Hauptstadt nennen durfte. Erneut entstand um das Gebäude eine schier unauflösliche Spannung zwischen Ideal und Wirklichkeit. Wenn es in den Niederlanden ein Gebäude mit fürstlicher Ausstrahlung gab, dann war dies das Palais auf dem Dam – auch wenn es zum Beispiel keinen monumentalen Eingang hatte. Zugleich aber war – und ist – es ein widerspenstiges Bürogebäude aus dem 17. Jahrhundert, das nur mit Mühe an die besonderen Erfordernisse eines Palais angepasst werden konnte – und kann. Die erste königliche Bewohnerin, Napoleons Stieftochter Hortense de Beauharnais, nannte ihre neuen Gemächer, die mit «einem Fries aus schwarzen und weißen Totenköpfen aus Marmor verziert waren», schon gleich nach dem Einzug «Palais der Inquisition». «Nie hat eine Wohnung bedrückter ausgesehen.» Und sie hatte recht, denn es handelte sich um ehemalige Gerichtssäle, in denen gelegentlich auch Todesurteile gesprochen worden waren. Auch in späteren Jahren blieb das Gebäude eine Fürstenwohnung, jetzt aber für die Oranier, deren Amsterdamer Residenz das Palais lange Jahre war. Heute wird es vor allem für Staatsbesuche und andere fürstliche Feierlichkeiten benutzt, dort werden Lesungen, Konzerte und Diskussionen veranstaltet, ein Großteil des Jahres über ist das Palais für die Öffentlichkeit zugänglich, und wenn ein Prinz oder eine Prinzessin heiratet, dann findet das Fest im Bürgersaal statt.

Das Gebäude erlebte denselben «Wechsel der Dinge» wie das Land. Das ursprüngliche Rathaus entstand aus einem Gefühl der Größe und einer Allüre, die man beinahe als fürstlich bezeichnen kann. Zugleich war es ein typisch bürgerlicher Bau. Als Palais musste es seit Beginn des 19. Jahrhunderts eine zentrale Rolle in einer Monarchie spielen. Außerdem erhielt es einen sehr bedeutenden nationalen Status – wodurch es seine selbstverständliche Funktion im Stadtleben verlor. Eine Rückkehr zu seiner ursprünglichen Bestimmung wurde mit der Zeit unmöglich – auch die Verwaltung der Stadt hatte sich schließlich vollkommen geändert. Und darin besteht die ewige Tragik des Palais auf dem Dam: Immer war es zwischen zwei Welten hin und her gerissen.

Die Geschichte der Niederlande erinnert an das Leben eines Schriftstellers, der gleich zu Anfang, in jungen Jahren, sein allerbestes Buch schreibt. Alles, was danach geschieht, steht immer im Schatten dieses riesigen, einmaligen Erfolgs. Auch die Niederlande erreichten praktisch gleich nach ihrer Gründung den Höhepunkt. Das Goldene Jahrhundert war, wie man es auch dreht und wendet, ein beispielloser Ausbruch an Kreativität auf allen möglichen Gebieten: Wirtschaft, Verwaltung, Malerei, Philosophie, Architektur und Städtebau. Ganz Europa war verblüfft darüber, was in kürzester Zeit in diesem kleinen, jungen Land passierte. Doch schon wenige Jahrzehnte später folgte die Antiklimax, und die hat das Land Jahrhunderte lang beherrscht: «Die Last des Goldenen Jahrhunderts wog schwer», bemerkt Price zurecht in diesem Zusammenhang.

Man könnte die Mentalität dieser Periode in einem einzigen Mann zusammenballen, ein Goldenes Jahrhundert zusammengefasst in einer Goldenen Person: Van Campens Freund Constantijn Huygens. Huygens konnte buchstäblich alles. Seit er vier war, sprach er fließend Latein. Als Sechsjähriger durfte er schon unter Leitung des großen Komponisten Jan Pieterszoon Sweelinck die Viola da gamba spielen. Einmal, so schrieb er später, kam er wegen Unaufmerksamkeit «von der Linie» ab und brach «in bitteres und untröstliches Weinen» aus. Er war ein vortrefflicher Dichter, er schuf rund achthundert Kompositionen – von denen übrigens nur eine Handvoll erhalten geblieben sind –, in Venedig hörte er mit eigenen Ohren Claudio Monteverdi («die vollkommenste Musik, die ich wohl in meinem Leben zu hören bekommen werde»), er pries Rembrandt bereits in den Himmel, als der noch ein junger Geselle war; er war bezaubert von dem seltsamen und genialen Maler Johannes Torrentius, er experimentierte mit Linsen und Mikroskopen, er war befreundet mit dem großen Philosophen Descartes, er warf aber auch innerhalb von drei Tagen den zotigsten Schwank des 17. Jahrhunderts aufs Papier, *Trijntje Cornelis*, und war nebenbei auch noch der Privatsekretär von drei aufeinanderfolgenden Statthaltern.

Huygens kam dem Renaissance-Ideal vom Menschen sehr nahe, dem *uomo universale*, intensiv lebend und zugleich auf der Suche nach einer anderen, «vollkommenen» Welt. Lesen Sie die Übersetzung der lateinischen Verse, die er 1653 auf sein neues Haus in Den Haag schrieb:

Ein Mund in der Mitte, ein kräftiger Mund;
unter der Stirn
Auf beiden Seiten gleichweit entfernt weit geöffnete Augen;
Schläfen; Nase; Ohren; aus Schultern und Brust,
Einer hübschen Brust, wie die ihres Eigners, hervorragende Arme;
Das Skelett vom eigenen Glanz, die Rippen von einer
doppelten Haut bedeckt:
Zusammengehalten unter den Rippen, im hohlen Bauch
die Eingeweide,
Dies alles zeigt das eine Haus, ja, es lacht sogar,
Wenn der Dichter nicht irrt, Deinen Blicken zu,
anmutiges Den Haag.
Sei vergebungsbereit gegenüber dem Kind; bald wird es,
älter an Jahren,
Das aussprechen, worüber es in der Wiege schweigt,
und Mensch sein.

Das Gedicht ist Jacob van Campen gewidmet, der auch der Architekt dieses Haager Projekts war. In diesem Gedicht geht es um die Ordnung des Lebens, um die Ordnung auch des menschlichen Körpers, in dem sich Gottes Schöpfung widerspiegelt, eine Ordnung, die in

Constantijn Huygens mit seinem (?) Sekretär, 1627, Thomas de Keyser

jedem Gebäude, in jeder Stadt und in jeder geschaffenen Landschaft wiederholt werden sollte.

Jacob van Campen war, wie Constantijn Huygens, fasziniert von den Gedanken des römischen Architekten Vitruvius, in denen fortwährend auf die «Vollkommenheit» des Universums hingewiesen wird, die sich in den Proportionen des Menschen widerspiegele. Auf eine bestimmte Weise lasse sich nämlich um den Menschen ein Dreieck, ein Viereck und auch ein Kreis zeichnen. Das Palais auf dem Dam sollte die Krönung dieser Philosophie von Leben und Arbeiten werden. Es sollte ein in seinen Augen vollkommenes Gebäude sein, mit vollkommenen Ausmaßen, vollkommenen Proportionen und einer vollkommenen Botschaft für den Betrachter.

In van Campens Plänen kamen die Parallelen zwischen Mensch und Gebäude auf allerlei Weisen vor. Betrachten wir zum Beispiel einmal die Maße des Bürgersaals: 120 Fuß lang, 60 Fuß breit und

120 + 60 : 2 = 90 Fuß hoch. Nicht zufällig spricht das Lobgedicht des anderen Festteilnehmers, Joost van den Vondel, von der Taille, den Armen und dem Kopf des Gebäudes: «Es hat seine Eingeweide / Jedes Glied, jedes Organ hat seine Größe, seinen Zweck und seinen Ort ...»

Gott war in der ganzen Schöpfung anwesend, so meinte van Campen, und das gab seinem Werk einen fast religiösen Charakter. Dieser wurde zudem noch durch die vielen Kunstwerke verstärkt, die das Gebäude schmücken sollten – der Skulpturenschmuck des Palais ist in der Tat von einer für Nordeuropa beispiellosen Qualität – und die, mit all ihren Verweisen und Ermahnungen, auf den Betrachter wie eine permanente Predigt wirken sollten. Letztendlich war vermutlich auch dieses eiserne Prinzip der Harmonie der Grund für den Bruch zwischen van Campen und seinen Auftraggebern: Wegen der Sparmaßnahmen und der dadurch bedingten baulichen Veränderungen drohten die gesamten Proportionen dieses «vollkommenen» Gebäudes gestört zu werden.

Jacob van Campen stand mit seinem Streben alles andere als allein. Auch viele andere Künstler und Wissenschaftler suchten in jener Zeit nach Gottes Linien in der Schöpfung und versuchten, diese Methode in ihrem eigenen Mikrokosmos zu imitieren – ob es sich nun dabei um eine Sammlung handelte, eine Systematik der Pflanzen, eine Stadt oder ein Gebäude. Die Schöpfung war ja schließlich, jedenfalls vom kalvinistischen Standpunkt der Bewohner dieses feuchten Landes aus betrachtet, noch nicht vollendet. Gott hatte den Menschen als Herrn über «seinen Weinberg» gestellt, und es war demnach ein göttlicher Auftrag, dieses Land zu erhalten, es wachsen zu lassen und es zu vervollkommnen.

Betrachten wir zum Beispiel das mondrianartige Muster der Wege und Kanäle im damals gerade trockengepumpten Beemster, ein für die Zeit gigantisches Projekt, bei dem Hunderte von Windmühlen eingesetzt worden waren. «Das Paradies für den Rationalisten», nannte Aldous Huxley diese Landschaft aus ebenen Feldern, als er in den zwanziger Jahren des vorigen Jahrhunderts dort spazieren ging, dieses Raster aus vollständig symmetrischen Linien, diese Deichwege und Gräben, die einander exakt in rechten Winkeln schneiden, diese Bauernhöfe wie Würfel und Pyramiden. «Am flachen Horizont rudert eine Reihe von Mühlen mit ihren Armen wie die Tänzer eines geometrischen Balletts. (...) Ich kenne keine Landschaft, die geistig mehr erhebend ist.»

Tatsächlich waren die Maße dieser Trockenlegungen des 17. Jahrhunderts aus derselben Praxis entstanden, die auch Don Bernardino de Mendoza beobachtet hatte. Nach all den Jahrhunderten Erfahrung, die man mit dieser Arbeit hatte, wussten die Trockenleger inzwischen recht genau, wieviel Wasser aus einem Polder abgepumpt werden musste, um ihn bis auf eine gewisse Tiefe trockenzulegen, wie breit die Parzellen sein mussten, damit sie nicht allzu sumpfig blieben, wieviel Kanäle gegraben werden mussten, um bei heftigem Regen als Puffer dienen zu können. Quadrate von 1800 mal 1800 Metern, aufgeteilt in vier Quadrate von 900 mal 900 Metern, die jeweils wieder unterteilt waren in fünf Parzellen von 180 mal 180 Metern; und dazu so viele Gräben und Kanäle, dass auf je 100 m^2 Land 10 m^2 Entwässerungsgraben kamen. Das waren die Maße, auf denen das Muster des Beemster basierte.

Praktische Erfahrung also, aber das soll nicht heißen, dass das Muster dieser Polder einzig und allein auf wasserbaulichen Berechnungen beruhte. Die Planung dieser Landschaft gründete ganz bestimmt auch auf Schönheitsidealen des 17. Jahrhunderts, auf die damalige Vorliebe für Symmetrien und geometrische Formen, auf eine Ordnung, die sich von den Linien herleitete, die man in Gottes Schöpfung selbst zu erkennen glaubte.

Diese Kombination aus praktischer Notwendigkeit, Schönheitsidealen und dem Streben nach «Vollkommenheit» spielte ganz bestimmt eine große Rolle bei der Anlage des berühmten Amsterdamer Grachtengürtels, dem größten städtebaulichen Projekt in Europa seit der Römerzeit, und noch immer, mit dem Eiffelturm, eine der größten Touristenattraktionen des Kontinents. Der Bau dieses ringförmigen Grachtensystems geschah in zwei Phasen, von Westen nach Osten, die erste Hälfte in der Zeit von 1613 bis 1625, die zweite Hälfte ab 1662.

Einerseits passte der Plan in die holländische Tradition der geometrischen Stadt- und Landschaftsarchitektur. Die Grachten waren schließlich wichtige Transportwege, und sie dienten zugleich als Auffangbecken, als Puffer, mit denen in Perioden heftigen Niederschlags Überschwemmungen verhindert werden konnten. Außerdem fußte der Entwurf – die Niederlande befanden sich während der ersten Bauphase schließlich noch mitten im Krieg mit Spanien – ganz offensichtlich auf der Mathematik der militärischen Festungsbauer. Hinter all dem verbarg sich jedoch, wieder einmal, auch die Utopie der göttlichen Ordnung, der «vollkommenen» Stadt.

Der Grachtengürtel war ein typisches Produkt des schnellen Reichtums und des Anspruchs des Goldenen Jahrhunderts, kombiniert mit den Schönheitsidealen des 17. Jahrhunderts, zu denen dann noch die holländischen Nüchternheit und Eigensinnigkeit kamen. Amsterdam sollte durch die Erweiterung zu einer ultramodernen Stadt werden, zugleich aber blieb es eine Wasserstadt in einem Sumpfgebiet. Die Erfindung des Speichenrades, die den europäischen Städten ab dem 16. Jahrhundert einen zunehmenden Kutschen- und Pferdekarrenverkehr beschert hatte, war an Amsterdam fast ganz vorübergegangen. Selbst der oberste Magistrat ging hier meistens zu Fuß. Die Notwendigkeit, große und breite Straßen für das Militär anzulegen – denn darauf kann man am besten marschieren –, fehlte ebenfalls in dieser unmilitärischen Nation. Und hohe Fürsten mit großen Schlössern, die Sichtachsen brauchten, gab es ebenso wenig.

In Amsterdam entstanden so ganz besondere Boulevards, auf denen die Bürger flanieren konnten, Wasser-Avenuen könnte man fast sagen – auch wenn die Keizersgracht 1614 beinahe doch noch ein trockener Boulevard geworden wäre. Diese Boulevards verlaufen nicht gerade, sondern beschreiben einen eleganten Bogen, so dass der Blick immer wieder auf andere Häuser und andere Szenerien fällt.

Ein moderner Geist bestimmt hier den Ton: So wurden zum Beispiel erstmals die Stadtteile in Wohn- und Arbeitsbereiche getrennt, und ebenfalls erstmals wurde mit den Grachten sehr bewusst ein Wassertransportsystem gleich mitgebaut. Gleichzeitig aber spielte bei dieser Stadterweiterung, wie auch beim Bau des Palais auf dem Dam, die Suche nach der göttlichen Harmonie noch eine wichtige Rolle. Dies zeigt sich in der Neigung zur Symmetrie, in den ewig runden Formen, in den Proportionen etwa der Keizersgracht, wo die Höhe der Häuser eindeutig mit der Breite der Gracht korrespondiert.

Zurecht weist unter anderem der Amsterdamer Historiker Boudewijn Bakker darauf hin, dass diese städtische Gesellschaft trotz aller Modernität noch stark mittelalterliche Züge hatte. Die Zünfte und Gilden blieben ebenso weiterhin bestehen wie auch etliche karitative Einrichtungen. Weil sie nun aber in einer Stadt ihre Aufgaben erfüllen mussten, die fünfmal so groß war wie das mittelalterliche Amsterdam, entwickelten sie sich zu, für jene Zeit, riesigen Institutionen der städtischen Fürsorge. So beherbergte etwa das Waisenhaus regelmäßig mehr als 800 Waisen auf Kosten der Stadt.

Im Kern war und blieb das Amsterdam des 17. Jahrhunderts eine Kombination aus Deichstadt und Grachtenstadt, zwei bekannte Phänomene in den Niederlanden. Hier aber war die Grachtenstadt zu einem eigenständigen Denkmal geworden, nicht ein Palais, sondern die Summe von vielen Hundert Palais, in der Tat, die ideale Stadt, nicht für einen Fürsten und einen Hofstaat, aber für eine republikanische Bürgerschaft.

Das war also auch das niederländische Goldene Jahrhundert: Das Produkt eines Aufstands, der keine Revolution war, sondern der, und das darf man nicht aus dem Auge verlieren, vielmehr deshalb zustande kam, weil man die eigenen Rechte und Traditionen behalten wollte. Das ganze fand in einer Übergangszeit statt, in der theologische Streitigkeiten in ihrer ganzen Engstirnigkeit ausgetragen wurden und in der gottesfürchtige Bürger das Recht hatten, jedes andere Geschöpf gnadenlos auszubeuten. Amsterdamer und vor allem seeländische Kaufleute haben Gold mit dem Sklavenhandel verdient. Es war aber auch eine Zeit, in der in allen Bereichen neue Welten aufgetan wurden, in der der menschliche Geist auf einmal Flügel bekam, eine Zeit, in der die amerikanischen und australischen Küsten kartographiert wurden, in der aber auch die ersten Mikroorganismen entdeckt wurden.

Der Sohn von Constantijn Huygens, Christiaan Huygens, entdeckte 1655 mit einem riesigen, selbstgebauten Teleskop die Ringe und einen Mond des Saturn. Ein Jahr später erfand er das Pendeluhrwerk, das eine sehr viel genauere Zeitmessung möglich machte. Jan van Riebeeck gründete eine Kolonie am südafrikanischen Kap der Guten Hoffnung, und auch Japan öffnete sich dem Westen: Die Niederlande erhielten als einzige die Erlaubnis, auf Deshima eine Handelsniederlassung einzurichten. Abel Tasman segelte als erster nach Neuseeland und erkundete große Teile der australischen Küste. Der Naturforscher Jan Swammerdam leistete bahnbrechende Arbeit bei der Entwicklung des Mikroskops und erforschte die menschliche Anatomie. Er beschrieb die Struktur von Hirn, Lungen und Rückenmark und entdeckte die roten Blutkörperchen. Anthonie van Leeuwenhoek baute mit immer besseren Mikroskopen auf seinen Erkenntnissen auf und entdeckte als erster ein Bakterium.

Es war ein Jahrhundert, in dem sich allmählich der Gedanke festsetzte, dass das menschliche Schicksal nicht ausschließlich von höheren Mächten bestimmt wurde, sondern auch vom Menschen selbst. Die Natur verlor ihre überwältigende Übermacht; möglicherweise konnte der Mensch sie sich sogar untertan machen, und das gab dem Fortschritt und dem Optimismus einen neuen Ton. Dieses ganze Streben stellte man noch immer in einen religiösen Kontext. Es wurde von einer kosmischen, göttlichen Ordnung geprägt. Die Aufgabe eines jeden Forschers bestand vor allem darin, diese Harmonie zu entdecken, so wie jeder Künstler auf seine Weise versuchen musste, sie zu reproduzieren.

Was fortwährend in Zaum gehalten werden musste, war das Chaos, der wildgewordene Geist, die Melancholie, unter der Hooft so oft zu leiden hatte, das «festgelaufene Uhrwerk» worüber Huygens dichtete, der Alkoholismus des zügellosen Jacob van Campen, der Wahnsinn des Gelehrten Caspar Barlaeus, der manchmal meinte, er sei aus Stroh, oder aus Butter, oder aus Glas. Eben jener Barlaeus, der sich acht Jahre nach der fröhlichen Feier in einem Brunnen ertränkte, weil er meinte, so erzählte man sich später, sein Stroh stünde in Brand.

Musik und harmonische Architektur waren in diesen verwirrenden Zeiten ein Abglanz dieser Harmonie, eine Gabe Gottes, ein Trost für den Menschen in diesem Angst einjagenden, finsteren Tal.

6

DIE KLEINE WELT DER WITWE PELS

Das Ende des «Goldenen Zeitalters» hat in Amsterdam deutlich sichtbare Spuren hinterlassen: Am westlichen Ufer der Amstel prunken Kaufmannspaläste aus dem 17. Jahrhundert hinter einem eleganten Kai, auf der anderen Seite stehen plumpe Gebäude aus dem 18., in denen städtische Wohlfahrtseinrichtungen wie Waisenhäuser und Altersheime untergebracht waren, und dazwischen, von viel Grün umgeben, Bürgerhäuser, die im Lauf der Zeit auf freiem Gelände errichtet wurden. Dort ist im späten 17. Jahrhundert die Erweiterung des Grachtengürtels zum Stillstand gekommen.

Nach dem ursprünglichen Plan hätten die Herengracht, Keizersgracht und Prinsengracht, westlich der Amstel konzentrisch um den alten Stadtkern angelegt, bis zum IJ verlängert werden sollen, doch nun stagnierte die Wirtschaft, der Bauboom verebbte, jenseits der Amstel fielen die Bodenpreise, und so wurde nur noch ein Teil des Areals wie geplant bebaut. Den Rest bestimmte man für wohltätige Institutionen und einen großen Park mit Theatern und Biergärten, eine Art Freizeitpark avant la lettre.

Genau an dieser Grenze, in einem der schönsten Häuser am Amstel-Kai, wohnte der schwerreiche Kaufmann und hohe Diplomat Coenraad van Beuningen, in der zweiten Hälfte des 17. Jahrhunderts eine der führenden Persönlichkeiten Amsterdams und der Republik. Er war sechsmal Bürgermeister, einer der Direktoren der VOC und Gesandter der Republik in Stockholm und Paris. Nicht zuletzt dank seiner diplomatischen Geschicklichkeit konnten die Nieder-

Amstel mit Eisbrecher,
Tileman van der Horst, um 1730

lande nach dem Holländischen Krieg, der im «Katastrophenjahr» 1672 begonnen hatte, einen noch verhältnismäßig günstigen Frieden mit Frankreich schließen. Voltaire beschrieb ihn als Mann mit «dem sprühenden Geist eines Franzosen und dem Stolz eines Spaniers», der als holländischer Bürger und Bürgermeister «am Hof des ruhmreichsten Monarchen der Welt» ausgesprochen selbstsicher auftrat und seine Forderungen weitgehend durchzusetzen wusste.

«Wann immer sich die Gelegenheit bot, schockierte er mit Vergnügen den hochmütigen, stolzen König und begegnete dem herablassenden Ton, den die französischen Diplomaten anschlugen, mit republikanischem Ungehorsam.» – «‹Vertrauen Sie denn nicht auf das Wort des Königs?› fragte ihn de Lyonne bei einer Sitzung. ‹Ich weiß nicht, was der König will›, erwiderte van Beuningen. ‹Ich gehe von dem aus, was er tun kann.›»

Vielleicht war es diese Haltung, die bald auch zu Auseinandersetzungen zwischen ihm und Statthalter Wilhelm III. führte. Van Beuningen fiel in Ungnade und zog sich verbittert in seinen Palast an der Amstel zurück. Danach nahm sein Leben eine seltsame Wendung. Er geriet unter den Einfluss der ekstatischen Prediger Johann Georg Gichtel und Allard de Raedt, mystischer Schwärmer, die in einer Welt aus Prophezeiungen und Visionen lebten. Gichtel predigte den Verzicht auf jegliche Fleischeslust auch in der Ehe, weil sie «der Vereinigung mit der Göttlichen Weisheit hinderlich» sei.

Das hielt van Beuningen allerdings nicht davon ab, 1686 mit vierundsechzig Jahren eine Dame von nicht allzu gutem Ruf zu ehelichen, die 46-jährige Jacoba Bartolotti van den Heuvel. Im gleichen Jahr gab er sein Bürgermeisteramt und seine Mitgliedschaft in der vroedschap auf, dem «Rat der Weisen», einem Bürgerkollegium, das neben dem von ihm eingesetzten Magistrat die Geschicke der Stadt lenkte. Gleichzeitig begann er mit VOC-Aktien zu spekulieren, und je mehr er verlor, desto fester war er davon überzeugt, riesige Gewinne zu machen. So verschleuderte er sein Vermögen und lebte dabei in dem Wahn, immer reicher zu werden. Er bot der Stadt an, sich an seinen Gewinnen zu beteiligen, und war zutiefst enttäuscht, als niemand Interesse daran zeigte – auch dies ein Zeichen des Niedergangs, wie er glaubte.

Immer häufiger hatte er Wahnvorstellungen und Visionen. Seine Frau verließ ihn. 1689 beschrieb er «ein seltsames Licht und Feuer, welches über der Stadt zu sehen, und eine Menge großer, feuriger Kugeln, rot wie Lampenschein und funkelnd wie Sterne, die sich, weit über den höchsten Häusern, in mehreren Vierteln der Stadt gezeigt haben ...». Mitten im tiefsten Winter stand er nachts auf, lief schreiend und tobend an den kalten, stillen Häusern an der Amstel entlang, klopfte und läutete seine Nachbarn aus dem Schlaf, um die «unausdenkbare Lethargie, in welcher die Einwohner dieser Stadt gefangen sind», zu durchbrechen. Vermutlich in dieser Zeit malte er mit roter Kreide – die Volkslegende will, dass es sein eigenes Blut war – Buchstaben und Zeichen auf die Fassade seines Hauses.

Schließlich musste er sein Stadtpalais verlassen, wurde unter Vormundschaft gestellt und im Hinterzimmer eines kleinen Hauses in der Nähe einquartiert, in dem er praktisch wie ein Gefangener lebte. Vier Jahre später, am 26. Oktober 1693, starb van Beuningen. Es war nicht allzu viel, was er hinterließ: «ein Schultermantel und zwei japanesische Röcke», ein Bett, ein paar Stühle, ein Lesepult, ein ovaler Spiegel, vier alte Schemel und ein «Männergesicht von Rembrandt» – geschätzt auf sieben Gulden. Auf der Sandsteinfassade seines Prachtbaus an der Amstel – Nummer 216 – sind noch immer dünne rote Striche zu erkennen, Zeichnungen von Schiffen des 17. Jahrhunderts mit Segeln und Fahnen, daneben Sterne, hebräische Buchstaben und kabbalistische Zeichen, außerdem zwei Namen: «Van Buenige» und «Jacoba».

Welche Dämonen es auch gewesen sein mögen, die Coenraad van Beuningen hetzten, ob es seine Schwermut war, die ihn quälte, Jacoba, irgendwelche Bewohner von Himmel oder Hölle – eines hat ganz gewiss eine Rolle gespielt: die Politik. Genauer gesagt die geistige und moralische Verfassung seiner Stadt und seiner Republik gegen Ende des 17. Jahrhunderts. Schon früher hatte van Beuningen politisch getönte Visionen gehabt. 1672, als er Gesandter in Paris war, hatte er den Sonnenkönig in Gestalt Nebukadnezars gesehen, wie er Rauch ausspuckte und schrie: «Tötet, tötet, denn die Jagd ist gut!» Nun sah er Särge über der Stadt schweben. Und so wahnhaft seine Ideen auch waren, die Sorgen, die er in den stillen Nachtstunden an der Amstel herausschrie, hatten einen realen Kern. Denn tatsächlich war seine Welt unbemerkt in eine tiefe Identitätskrise geraten.

Das war zunächst einmal eine Krise der Bürgertugenden. In seinen guten Jahren war Coenraad van Beuningen die Verkörperung des idealen Amsterdamer Kaufmanns gewesen, der Inbegriff des mercator sapiens. Jetzt sah er diese bürgerliche Welt schnell in Lethargie und Korruption versinken; städtische Ämter wurden an den Meistbietenden verhökert; noch ein halbes Jahrhundert, und von seinem «vollkommenen» Gemeinwesen würde nichts mehr übrig sein.

Die Krise hatte aber noch tiefere Ursachen, die in der internationalen Situation zu suchen sind. Wie wir gesehen haben, waren die nördlichen Niederlande im 17. Jahrhundert eine Ausnahmeerscheinung. Jahrzehntelang bildeten sie im unruhigen Europa eine Insel des Reichtums und des Friedens, sie verfügten über ein unvergleichliches Handelsnetz, ihre Außenpolitik war die einer Großmacht – all dies trotz eines kleinen Territoriums mit verhältnismäßig wenig Einwohnern.

Wir sprechen heute vom 11. September; das große Trauma van Beuningens und seiner niederländischen Zeitgenossen war der militärische Überfall des Jahres 1672. Im Grunde war es nur glücklichen Zufällen zu verdanken, dass in diesem «Katastrophenjahr» der Angriff des Sonnenkönigs bei Utrecht zum Stillstand kam. Zwischen den angreifenden Mächten – Frankreich, England und den Bistümern Münster und Köln – entstand bald Uneinigkeit, außerdem erwies sich der junge Statthalter Wilhelm III. als kluger Stratege, und so kamen die Niederlande noch einmal davon, wenn auch denkbar knapp. Aber es hatte sich mehr als deutlich gezeigt, dass die bisherigen Erfolgsrezepte der Republik ihre Überlegenheit auf längere Sicht nicht garantieren würden.

In den folgenden Jahren steckte man immer mehr Geld in Flotte und Landheer, aber Aufträge für größere infrastrukturelle Maßnahmen wurden nicht mehr vergeben. Der wirtschaftliche Niedergang beschleunigte sich, manche Städte verhängten sogar eine Art Zuwanderungsstopp. 1685 zum Beispiel verbot Haarlem den Besatzungen von Treckschuten, fremde Landfahrer aus Amsterdam in die Stadt zu bringen – der Transport in die entgegengesetzte Richtung blieb erlaubt. Im Jahr 1715 musste man erkennen, dass sich das kleine Land mit seinem Großmachtstreben übernommen hatte. Die Republik war mehr oder weniger bankrott und übte sich von nun an in vorsichtiger Neutralitätspolitik. Das war die große Krise, die van Beuningen kommen fühlte: die Krise, die mit der Ausnahmeposition seines Landes und seiner Stadt, mit der Einzigartigkeit seiner kleinen Welt zusammenhing.

Es war letztlich ihr eigener Erfolg, dem die Republik zum Opfer fiel. Sie hatte den klassischen Fehler erfolgreicher Staaten begangen: Zu lange hält man an den alten Erfolgsrezepten fest, der zufriedene Blick wendet sich nach innen, während anderswo neue Wege beschritten werden; auf immer mehr Gebieten gerät der einstige Pionier in Rückstand, und irgendwann ist es vorbei mit der Hegemonie. 1880 war Großbritannien mit seinem Eisenbahnnetz und seiner Steinkohle- und Stahlindustrie auch wirtschaftlich die Führungsmacht schlechthin; siebzig Jahre später, um 1950, setzte das Land weiterhin hauptsächlich auf die alten Technologien und war zu einer zweitrangigen Macht geworden. Etwas Ähnliches geschah der niederländischen Republik im 18. Jahrhundert.

Die Wirtschaft geriet in eine Rezession, weil die Niederlande in den Bereichen, in denen sie einen Vorsprung vor dem übrigen Europa besessen hatten – billige Arbeitskraft und Energie, ausgezeichnete Verkehrsverbindungen dank der zahllosen Wasserstraßen, eine große Handelsflotte, hervorragend organisierte Versorgung mit Rohstoffen und Halbfertigware –, von anderen Ländern, hauptsächlich Großbritannien, eingeholt und übertroffen wurden. Auch die früher so überlegene Schiffstechnik veraltete. Im 17. Jahrhundert hatten die Engländer noch dankbar die schnelle und billige holländische

Fleute nachgebaut, den wichtigsten Handelsschiffstyp jener Zeit. Im 18. Jahrhundert fielen die niederländischen Werften hoffnungslos zurück, von nun an bauten die Briten die modernsten Dreidecker.

Es wird manchmal behauptet, dass die Engländer viel von dem Wissen und der Technik des «Goldenen Zeitalters» übernommen hätten, nachdem Statthalter Wilhelm III. in Personalunion König von England, Schottland und Irland geworden war – zum Beispiel über Forscher wie Christiaan Huygens, der als Mitglied der Royal Society mit Newton und anderen englischen Wissenschaftlern in Kontakt stand. Im Grunde hätten also die Briten mit ihrem späteren Weltreich auf dem aufgebaut, was die Niederlande im 17. Jahrhundert geschaffen hätten. Was auch immer von dieser Theorie zu halten sein mag, auf jeden Fall vollzog sich in Europa eine Machtverschiebung, deren Folgen die Republik zu spüren bekam.

Mit Amsterdam als Handelsstadt ging es bergab. Ihre Schlüsselposition im «Goldenen Zeitalter» verdankte die Stadt nicht einem großen und wirtschaftlich bedeutsamen Hinterland, sondern ihrer günstigen Lage am Schnittpunkt der damaligen internationalen Handelswege, und das machte sie als Handelszentrum verletzlich. Die nördlichen Routen in den Ostseeraum, die südlichen zum Mittelmeer und natürlich die Routen nach West- und Ostindien, hier liefen sie alle zusammen. Als aber Hamburg und London ihre Häfen und die dazugehörigen Lager- und Transportkapazitäten stark ausbauten, dauerte es nicht lange, bis sie die Führungsrolle übernehmen konnten. Denn diese beiden Städte besaßen ein großes Hinterland, das auch immer mehr Produkte exportierte.

Der wirtschaftliche Niedergang der Republik wurde dadurch beschleunigt, dass andere Länder zu einer protektionistischen Politik übergingen und immer häufiger ihre Grenzen für fremde Waren schlossen. Ein typisches Export- und Durchfuhrland wie die Niederlande hatte darunter besonders zu leiden. Als Preußen, Dänemark, Frankreich und die habsburgischen Niederlande die Einfuhr von Hering untersagten, geriet in der Republik ein ganzer Wirtschaftszweig in die größten Schwierigkeiten: Heringsfischer, aber auch Küfer, Schiffsbauer, Segelmacher, Seiler und viele andere Handwerker wurden brotlos. Zu all diesen Problemen kam noch hinzu, dass Rinderpestepidemien den bedeutenden Rindviehbestand des Landes dezimierten und dass der Schiffsbohrwurm sich ausbreitete, ein Tier aus der Klasse der Muscheln, das sich überall durch die zahllosen hölzernen Uferbefestigungen und Schleusentore hindurchfraß, mit denen sich das Land gegen das Wasser zur Wehr setzte oder es zu beherrschen versuchte.

Kurz und gut, der einst modernste Staat Europas trat auf der Stelle. In Frankreich, Großbritannien, Preußen und Österreich entwickelten sich nach rationalen Gesichtspunkten geführte zentralistische Monarchien, zum Teil mit gut funktionierender Bürokratie und mehr oder weniger gelenkter Wirtschaft. Die Republik der Vereinigten Niederlande war für solch ein modernes, durchorganisiertes System zu zersplittert und chaotisch. Von rationaler, zielgerichteter Politik konnte keine Rede sein, weder wirtschaftlich noch militärisch. Nach dem Tod Wilhelms III. wurde jahrzehntelang kein Statthalter mehr ernannt, und die beiden, die dann folgten, waren ausgesprochen führungsschwach. Deshalb fehlte ein Gegengewicht zu den städtischen Regenten, die ungehindert Ämter und Pöstchen an Verwandte, Freunde und gut zahlende Geschäftspartner verschacherten, und so geriet das System insgesamt aus dem Gleichgewicht.

Immer häufiger kam es vor, dass Regentenfamilien untereinander Handel mit städtischen Ämtern trieben, damit irgendwelche verwöhnten Söhnchen oder Neffen die stattlichen Gehälter einstreichen und die eigentliche Arbeit an inoffizielle Stellvertreter vergeben konnten. Der Amsterdamer Kaufmann Jacob Bicker Raye zum Beispiel – sein Tagebuch aus den dreißiger bis siebziger Jahren des 18. Jahrhunderts liest sich wie eine Chronik der Stadt – hatte jahrelang das Amt des Auktionators auf dem Fischmarkt inne. Die tägliche Arbeit verrichtete ein Untergebener; der Amtsinhaber selbst ließ sich nur sporadisch blicken, aber der Posten brachte ihm jährlich einige tausend Gulden ein. So bildete sich in den meisten niederländischen Städten am oberen Rand der Verwaltung eine dicke Kruste von Pfründen für die Mitglieder einer geschlossenen Elite, in der man sich gegenseitig protegierte. Gleichzeitig verlor man bei der Besoldung jegliches Augenmaß und parasitierte fröhlich an den öffentlichen Kassen. Um ein weiteres Beispiel zu nennen: Als zwei Direktoren der VOC im September 1752 nach Texel übersetzten, um dort mit großem Zeremoniell fünf nach Ostindien auslaufende Schiffe zu verabschieden, erhielten sie für diese kleine Dienstreise ordnungsgemäß verbuchte 2773 Gulden und 7 Stuiver, einen Betrag, für den ein durchschnittlicher Matrose fünfundzwanzig Jahre hätte arbeiten müssen.

Gewiss, die Niederlande blieben ein Handelsland, die VOC war bis weit ins 18. Jahrhundert hinein ein florierender multinationaler Konzern – während der zwei Jahrhunderte ihres Bestehens kam die Kompanie auf etwa 4800 Fahrten von kleinen Flotten und Einzelschiffen nach Ostindien, mit insgesamt rund einer Million Mann an Besatzungen –, und vor allem in Amsterdam zirkulierte weiterhin sehr viel Kapital. Allerdings veränderte sich der Charakter des Handels. Im Goldenen Zeitalter waren im ganzen Land gewaltige Reichtümer angehäuft worden, und weil die Geldmenge so groß war, konnte es bei Spekulationsgeschäften zu den wildesten Exzessen kommen. Schon in den Jahren 1636 und 1637 war eine bizarre Spekulationsmanie ausgebrochen, der große Tulpenwahn – eine gewöhnliche Tulpenzwiebel kostete bald den Wochenlohn eines Arbeiters, und für bestimmte Sorten wurden am Ende zwei- bis fünftausend Gulden gezahlt, der Preis eines kompletten Hauses. 1720 und 1734 entwickelten sich ähnliche Spekulationsblasen, diesmal ging es um verschiedene zum Teil völlig phantastische Projekte wie etwa einen Kanal von Utrecht bis zur Zuiderzee oder das Monopol auf den gesamten Handel mit Deutschland. Innerhalb weniger Monate war es wieder vorbei mit diesen Explosionen von «Luftblasen- und Windhandel», und abgesehen davon, dass es ein paar Konkurse gab, fand der Handel wieder in normale Bahnen zurück. Aber jede dieser Spekulationswellen zeigte aufs Neue, dass in der Republik ungeheure Mengen von Kapital auf Investitionsmöglichkeiten warteten.

Unter diesen Umständen wurde es für die niederländischen Kaufleute viel lukrativer, ihr Geld zu verleihen, als selbst die Risiken zu tragen. Der österreichische Kaiser, die Bank von England, ganz Europa lieh in großem Umfang niederländisches Kapital. Während die Wirtschaft im eigenen Land immer mehr hinter der Entwicklung in anderen Staaten zurückblieb und sogar die VOC und die WIC zunehmend in Schwierigkeiten gerieten, hatten die niederländischen Kaufleute Ende des 18. Jahrhunderts schätzungsweise 1,5 Milliarden Gulden, nach heutigem Geldwert etwa 15 Milliarden Euro, im Ausland angelegt, ein Vielfaches des damaligen jährlichen Staatsbudgets. An die Stelle der offenen Hegemonie der wenn auch kleinen Seemacht trat so die verborgene Hegemonie des Geldes, und diese heimliche Macht hat bis heute Bestand. Immer noch gehören in zahlreichen Ländern, besonders in den USA, Niederländer zu den wichtigsten ausländischen Investoren.

Die Urenkel der unternehmungslustigen Kaufleute des 17. Jahrhunderts waren zu Bankiers geworden. Und dadurch wandelte sich die aktive Handelskultur der holländischen und seeländischen Städte in eine eher passive Zinseinkünftekultur. Wie die Amsterdamer Steuerregister zeigen, war schon 1742 in der auserlesenen Gruppe der Steuerzahler der Beruf «Rentier» der häufigste; ein Jahrhundert zuvor wäre das undenkbar gewesen. Von den ganz großen, riskanten Unternehmungen ließ man nun lieber seine Finger. Der durchschnittliche Kaufmann begnügte sich mit mäßigen, aber regelmäßigen Gewinnen durch permanentes Investieren in wechselnde kleine Geschäfte; Ausländer erwähnten oft die auffällige Sparsamkeit und Vorsicht der Holländer. Von nun an war niederländisches Handelskapital meistens die Summe zahlloser bescheidener Profite, nur selten noch die Frucht des großen Wagnisses.

Beispielhaft für die bürgerliche Lebenshaltung des 18. Jahrhunderts ist das Leben der Witwe des Bankiers und Kaufmanns Andries Pels, wohnhaft an der Amsterdamer Herengracht. Um 1740 war sie die reichste Einwohnerin der Stadt und vermutlich eine der wohlhabendsten Frauen im Europa des 18. Jahrhunderts. In Venedig beispielsweise hätte sie mit Sicherheit in zwei oder drei Palästen residiert, aber als Amsterdamer Kaufmannswitwe begnügte sie sich mit einem relativ bescheidenen Grachtenhaus und gerade einmal fünf Dienstboten.

Die Witwe Pels war ein typisch niederländisches Phänomen, ein Produkt der Polder- und Kaufmannskultur, wie sie sich im Lauf der Jahrhunderte herausgebildet hatte, eines Systems von Normen und Werten, deren prägende Kraft bis zum heutigen Tag spürbar ist: in unserer Neigung zu Verhandlung und Kompromiss, in unserer Abneigung gegen militärische Gewalt, in unserer Duldungskultur.

Was genau die Witwe Pels dachte und empfand, werden wir niemals wissen, aber manches lässt sich vermuten. Sie war auf jeden Fall ein Kind ihrer Zeit, in der sich das herausbildete, was man als niederländische Mentalität bezeichnen könnte. Sie wird jede Woche zur Kirche gegangen sein, wo sie zu hören bekam, dass alle Menschen vor Gott gleich seien, dass sie sich zu den «Kindern Israels» zählen dürfe, darum aber auch mit ihren Talenten wuchern müsse. Bauten wie ihre Kirche waren schmucklos und hatten kaum etwas von der Atmosphäre katholischer Gotteshäuser, sie riefen, wie der Amsterdamer Historiker Kees Fens es ausgedrückt hat, ein «Saenredam-Gefühl» hervor, ein Gefühl der «Weite und Weiße eines Gottes, der kein Halbdunkel braucht, um sich erahnen zu lassen» – genau die Stimmung eben, die der Haarlemer Maler Pieter Saenredam mit seinen Kircheninterieurs eingefangen hat. Der Gott dieser Kirchen war ein «protestantischer Gott», fügte Fens hinzu, «vielleicht ja der ‹Gott der Niederlande›, ein etwas kühler Gott, aber einer, auf den man sich verlassen kann.»

Der Glaube der Witwe Pels hat aber nicht ihre Mentalität geprägt, wie oft angenommen wird; es war eher umgekehrt. Ihre kalvinistischen Überzeugungen waren die perfekte religiöse Umsetzung des Normen- und Wertesystems, das ihre Vorfahren im Lauf der Jahrhunderte entwickelt hatten, das mit ihnen aus den südniederländischen Kaufmannsstädten in den Norden gekommen und schließlich in der Republik zu voller Entfaltung gelangt war.

An erster Stelle standen Schlichtheit und Maßhalten, obwohl sich die Oberschicht im 18. Jahrhundert wie in anderen europäischen Ländern vor allem an Frankreich orientierte. Von Zinseinkünften zu leben war in manchen Kreisen zur Norm geworden und Nichtstun zur Pflicht, und hin und wieder erlaubte man sich eine kleine Extravaganz, aber Paläste zu bewohnen, rauschende Feste zu feiern, im großen Stil Geld auszugeben, ganze Vermögen durchzubringen, also all das, was zu Adel und Großgrundbesitz gehörte, blieb vor allem in den niederländischen Küstenprovinzen etwas Unziemliches.

Die reichen Amsterdamer Kaufleute durften und mussten einen gewissen Aufwand treiben, aber sinnlos mit Geld um sich zu werfen wäre einfach ungehörig gewesen. Ihr Kapital war, anders als das Geld, das der Landadel in Städte wie Moskau, Paris und London brachte, im ursprünglichen Sinne ein Talent, mit dem weiter gewuchert werden musste, auch ein Fundament, auf dem künftige Generationen weiterbauen sollten.

Diese Lebenseinstellung hatte im Lauf der Zeit einen religiösen Gehalt bekommen. Unablässig predigten die Pfarrer die Tugenden der Schlichtheit und Selbstzucht. Auch einfachste Vergnügungen wurden schnell als sündhaft verdammt; vor allem die Sünden «Gier» und «Wollust» waren Lieblingsthemen der kalvinistischen Prediger. In Amsterdam wurden 1655 auf massiven Druck von kirchlicher Seite so genannte «Luxusgesetze» erlassen, die allzu große Ausschweifungen verboten. Sie begrenzten zum Beispiel für Hochzeitsfeste die Gästezahl auf fünfzig und die Dauer auf zwei Tage. Als am 11. Mai

1772 bei einem Brand im Amsterdamer Stadttheater achtzehn Zuschauer, überwiegend reiche Patrizier, ums Leben kamen, wurde überall verkündet, dieses Unglück sei eine Strafe Gottes für die Sittenlosigkeit auf und vor der Bühne.

Dennoch stammte der Katalog von Tugenden und Untugenden, an dem man sich in der Welt der Witwe Pels orientierte und den wir heute gern «kalvinistisch» nennen, eigentlich nicht aus dem Studierzimmer des Pfarrers. Er ging auf die Geschäftstradition des Kaufmanns zurück. Und zwar nicht auf die des Leidener oder Amsterdamer Kaufmanns im 17. Jahrhundert, sondern auf die des Brügger Kaufmanns im 14. oder seines Genter Kollegen im 15. Jahrhundert.

Es ist auch für jeden, der die Niederlande besser verstehen möchte, eine sehr lehrreiche Erfahrung, einmal ein Wochenende im belgischen Brügge zu verbringen. Wer danach in Amsterdam das Historische Museum besucht, wird große Augen machen: Das Amsterdam des 16. Jahrhunderts, diese aufstrebende Kaufmannsstadt mit ihren unzähligen Treppengiebelchen auf der großen Bildkarte von Cornelis Anthonisz, die wenigen Kaufleute auf ihren Porträts, die Architektur des alten Amsterdamer Rathauses – all das sind primitivere, noch etwas bäurische Imitationen dessen, was man zuvor in Brügge gesehen hat.

«Dieser ganze Komplex von holländischer Nüchternheit, Raffgier und Kompromisskunst wurde in den flämischen und brabantischen Städten des späten Mittelalters geboren», stellt der niederländische Literaturhistoriker Herman Pleij fest, und immer mehr Historiker kommen heute zu ähnlichen Ergebnissen. Die Wurzeln dessen, was uns als Niederländer von anderen unterscheidet, liegen offenbar nicht nur in den mittelalterlichen und frühneuzeitlichen Deichgenossenschaften, den Anfängen unseres so genannten Poldermodells, sondern mindestens im gleichen Maße in der unabhängigen städtischen Kultur, die seit dem 13. Jahrhundert in reichen Städten wie Brügge, Gent und Antwerpen entstanden war, nach dem Fall Antwerpens im Jahr 1585 mit zahlreichen Emigranten in den Norden kam und danach im Süden unter dem starken Einfluss der spanischen Hofkultur wieder verfiel, sich aber im Norden zu einer subtilen und pragmatischen Verbindung von Bürgersinn und Eigennutz weiterentwickelte – eine Kombination, die für die niederländische Mentalität lange Zeit typisch bleiben sollte.

Der Zwang zur Gleichheit; das ängstliche Bemühen, nur ja nicht zuviel Neid hervorzurufen, wenn man sich auf irgendeinem Gebiet auszeichnet; das Gebot, jederzeit für sich selbst zu sorgen; die Neigung, militärische Konflikte möglichst zu vermeiden und den Kompromiss höher zu bewerten als Macht und Ehre; die außerordentliche Flexibilität; die zuweilen platte Sachlichkeit; die Abneigung gegen Ehrentitel und andere unnütze Attribute; die Toleranz gegenüber fremden Gebräuchen und Ansichten – all das sind sinnvolle, ja sogar lebenswichtige Eigenschaften in der Kaufmannskultur einer geschlossenen Stadt.

Das 18. Jahrhundert brachte aber für die Niederlande nicht nur Abkapselung und Stillstand. Viele Städte bewahrten sich eine gewisse Dynamik. Voltaire, der sich seit seiner ersten Hollandreise als junger Mann gern und häufig in den Niederlanden aufhielt, nannte Amsterdam den «Speicher der Welt». «Von Den Haag bis Amsterdam ist dieses Land ein einziges irdisches Paradies», behauptete er im Oktober 1722 in einem Brief an eine französische Freundin und beschrieb voller Begeisterung die Weiden, Kanäle und Baumreihen. Vor allem Amsterdam beeindruckte ihn sehr. «Im Hafen lagen mehr als tausend Schiffe. Unter den 500 000 Menschen, die in Amsterdam leben [in Wirklichkeit waren es kaum halb so viele] findet man nicht einen Müßiggänger, nicht einen Hungerleider, Gecken oder unverschämten Rüpel. Wir begegneten dem Ratspensionär, der sich zu Fuß und ohne Lakaien durch die Menge bewegte. Man sieht dort niemanden, der sich vor anderen in Artigkeiten ergeht, und die Menschen laufen nicht zusammen, wenn ein Prinz des Weges kommt. Arbeit und Bescheidenheit, etwas anderes kennen sie nicht.»

Es fällt auf, dass die Niederlande sich beeilten, gute Beziehungen zur jungen amerikanischen Republik anzuknüpfen, in der Hoffnung, auf diesem Kontinent mit Zukunft neue Handelswege und Märkte zu erschließen. Die ersten Salutschüsse für ein Schiff, das unter der neuen amerikanischen Flagge fuhr, wurden am 16. November 1776 von einem Fort auf der niederländischen Antilleninsel Sint Eustatius abgegeben. Der spätere Präsident John Adams besuchte 1780 als erster amerikanischer Gesandter von Paris aus Amsterdam und Den Haag, die beiden Hauptstädte der einzigen anderen gut funktionierenden Republik der Welt. Er wurde mit offenen Armen empfangen, konnte die Niederländer dazu bewegen, den Vereinigten Staaten Militärhilfe in Höhe von fünf Millionen Gulden zu gewähren, und bald darauf, sie als unabhängigen Staat anzuerkennen.

Dabei nahmen die Niederlande das Risiko eines neuen bewaffneten Konflikts mit Großbritannien in Kauf, der auch prompt ausbrach, als den Briten noch im gleichen Jahr bei der Aufbringung eines amerikanischen Schiffes ein Stapel kompromittierender Dokumente in die Hände fiel. Aus ihnen ging unzweideutig hervor, dass vor allem die Stadt Amsterdam den Aufständischen weitgehende Unterstützung unter anderem in Form von Waffenlieferungen zugesagt hatte.

Nicht nur Handelsinteressen bestimmten diese Entscheidungen. Man hegte auch viel Sympathie für das amerikanische Unabhängigkeitsstreben: Die geteilte Abneigung gegen die Briten, die historischen Parallelen – auch die niederländische Republik hatte in schweren Kämpfen ein fremdes Joch abgeschüttelt – und nicht zuletzt die alten ideellen Bande mit den nordamerikanischen Kolonien spielten hier eine Rolle.

Zum Teil waren diese Bande religiöser Natur. Die relativ liberale Republik der Niederlande war für kleine und größere Minderheiten, die anderswo in Europa verfolgt wurden, häufig der erste Zufluchtsort, bevor sie in die Neue Welt weiterzogen. So hatten sich zum Beispiel Ende des 16. Jahrhunderts in Middelburg und Amsterdam einige Dutzend Familien niedergelassen, die zu der englischen Sekte der Brownisten gehörten. Diese pietistische Bewegung, der es um individuelle und «reine» Glaubenserfahrung ging, hatte sich unter der Führung ihres Predigers Robert Browne um 1580 von der Staatskirche abgespalten.

In Brownes Augen waren die Pfarreien der offiziellen Kirche «Sündenpfuhle», die der «Antichrist selbst» in seiner Gewalt habe. Browne war der Überzeugung, dass es Christenpflicht sei, nach größtmöglicher Reinheit – purity – des Lebens und Glaubens zu streben. Die etablierte Kirche sei durch Macht und Geld korrumpiert. An ihre Stelle sollten unabhängige Gemeinden treten, deren Mitglieder selbst Gottes Wort verkünden könnten.

In England waren Browne und seine Anhänger bald Verfolgungen ausgesetzt; er selbst und viele Mitglieder seiner Sekte flohen über Middelburg nach Amsterdam, wo sie am Anfang in großer Armut lebten. 1620 begab sich ein Teil der Brownisten nach Southampton, um von dort mit einer größeren Gruppe religiöser Separatisten an Bord der Mayflower, einem Schiff der Virginia Company of London, in die Neue Welt zu fahren. Die Hälfte der gut hundert Pioniere fiel im ersten amerikanischen Winter der Kälte und den ungewohnten Entbehrungen zum Opfer, und die übrigen hätten ohne die Hilfe der Indianer wohl auch kaum überlebt. Aber die Expedition der «Pilgerväter» war ein erster englischer Versuch, auf dem so gut wie unerforschten Kontinent eine zivile Niederlassung zu gründen. Ihre kleine Kolonie Plymouth gilt allgemein als Anfang dessen, was sich einmal zu der neuen Großmacht Vereinigte Staaten entwickeln sollte.

Auch andere Brownisten machten von sich reden. Eine taufgesinnte Gruppe, die sich 1609 abgespalten hatte und nach England zurückgekehrt war, wurde zur Keimzelle der baptistischen Bewegung, die in England und den Vereinigten Staaten später viele Anhänger fand. Die übrigen Brownisten blieben noch fast ein Jahrhundert in Amsterdam, bis die letzten fünf Gemeindemitglieder im Jahr 1701 beschlossen, in die Arme der englischen Staatskirche zurückzukehren. Noch bis ins 20. Jahrhundert standen die verfallenen Reste ihrer Kirche im Barndesteeg, einer engen Nebenstraße am Rand des Amsterdamer Rotlichtviertels.

Auch die Niederländer selbst unternahmen einen Versuch zur Kolonisierung der Neuen Welt. Im Jahr 1609 war der englische Abenteurer Henry Hudson im Auftrag der VOC mit dem Schiff Halve Maen und einer zum größten Teil holländischen Besatzung von Texel nach Nowaja Semlja gefahren, um eine Nordostpassage zu finden, hatte aber wie bei einer früheren Reise im Packeis aufgeben müssen; er entschloss sich, den Atlantik in westlicher Richtung zu überqueren und eine Durchfahrt durch Nordamerika zu suchen. Im September stieß er auf eine Flussmündung und eine darin strategisch günstig gelegene Halbinsel. Zuerst glaubte er, dieser – später nach ihm benannte – Fluss wäre vielleicht der legendäre Strom, der angeblich den ganzen amerikanischen Kontinent von Osten nach Westen durchschnitt, aber schon auf der Höhe des heutigen Albany kamen seine Schiffe nicht weiter. Immerhin hatte er feststellen können, dass die Halbinsel ein außergewöhnlich angenehmer Landeplatz war. «Die Auen sind anheimelnd mit ihrem Gras und Blumen und stattlichen Bäumen, und liebliche Düfte wehen von dort herüber», schrieb ein Kundschafter, der die Halbinsel zwei Jahre später erreichte. Sie wurde Manhattan genannt.

1625 kaufte die junge WIC das Gebiet den örtlichen Indianern ab, um dort eine Kolonie zu gründen. Ein Fort Amsterdam wurde errichtet, und wo sich heute um Broadway, Pearl Street, Beaver Street und Whitehallstreet die Wolkenkratzer drängen, entstand eine kleine Niederlassung. Der Befestigungswall dieses Nieuw Amsterdam lag an der Stelle der Wallstreet. Weitere Niederlassungen folgten, von denen Nieuw Haarlem (Harlem) und Breuckelen (Brooklyn) die bekanntesten sind.

Die Pfeifenköpfe aus Kalkstein, die bei Grabungsarbeiten in diesen Teilen New Yorks noch regelmäßig gefunden werden, sind also nicht die einzigen Spuren der Anwesenheit niederländischer Siedler. Viele ihrer Nachkommen sind dort geblieben, typisch niederländische Nachnamen wie Vanderbilt kommen in der New Yorker Elite häufig vor, und noch bis zum Ende des 19. Jahrhunderts wurde am Hudson hier und da in einem altertümlichen Niederländisch gepredigt.

Auch in der Mentalität ist etwas von der alten Republik auf die neue übergesprungen. Einer Weisung der WIC gemäß sollten die Kolonisten durch ihren gottgefälligen kalvinistischen Lebenswandel den Indianern «und anderen blinden Menschen» ein Vorbild sein, «ohne jemanden aus Ursache seiner Religion zu verfolgen, vielmehr einem jeden die Freiheit seines Gewissens lassend». Tatsächlich galten die niederländischen Kolonien als die tolerantesten in der Neuen Welt, zumindest auf dem Gebiet der Religion. Als Gouverneur Pieter Stuyvesant im Jahr 1657 die damals als große Unruhestifter geltenden Quäker in seiner Kolonie nicht dulden wollte, einen ihrer Anführer auspeitschen und einkerkern ließ und den Siedlern unter Androhung schwerer Strafen verbot, der Sekte Räume für ihre Versammlungen zur Verfügung zu stellen, setzten sich Dutzende von Bürgern des jungen Städtchens Vlissingen (des heutigen Flushing) für die Quäker ein. In einer an Stuyvesant gerichteten Bittschrift beriefen sie sich auf die vor kurzem verfasste Charta der Stadt, die allgemeine Glaubens- und Gewissensfreiheit versprach. Bemerkenswert an dieser Aktion ist vor allem, dass keiner der Unterzeichner selbst Quäker war. Diesen Bürgern des holländischen Amerika ging es also nicht um persönliche Interessen, sondern um die Grundprinzipien ihrer im Werden begriffenen Gesellschaft.

«Wenn irgendwelche der erwähnten Personen in Liebe zu uns kommen, so können wir ihnen unmöglich mit Gewalt begegnen, sondern müssen ihnen in unserer Stadt freien Zugang und Ausgang gewähren», schrieben die Bittsteller. «Denn Gottes und der Menschen Gesetz macht es uns zur Pflicht, allen Menschen Gutes und keinem Menschen Böses zu tun.» Auf Pieter Stuyvesant machten diese wunderschönen Sätze nicht den geringsten Eindruck, im Gegenteil, er ließ die städtischen Amtsträger, die ihm die Bittschrift überreicht hatten, unverzüglich einsperren. Damit verletzte der Gouverneur auch noch das älteste und elementarste der Bürgerrechte, das Petitionsrecht.

Dennoch kamen auch weiterhin Quäker nach Vlissingen, und als Stuyvesant ein paar Jahre später einen Bauern, der Quäkern sein Haus für ihre verbotenen Gottesdienste zur Verfügung gestellt hatte, aus der Kolonie verbannte und per Schiff in die Niederlande abschieben ließ, wandte sich dieser in Amsterdam mit einer Klage an die WIC. Und er bekam Recht. Die WIC bezeichnete das Quäkertum zwar als «abscheuliche Religion», machte aber Stuyvesants Entscheidungen in dieser Sache rückgängig. Jeder Einwohner der Kolonie durfte seinen eigenen Glauben bekennen. Für manche Historiker markiert die Petition der Bürger von Vlissingen auf Long Island, die «Flushing Remonstrance» vom 27. Dezember 1657, den Beginn der amerikanischen Religionsfreiheit. Vielleicht haben sie Recht.

Die Kolonisierung machte übrigens nicht die erhofften Fortschritte; anders als England und Spanien hatten die Niederlande zu jener Zeit keinen Bevölkerungsüberschuss. Und während die englischen Siedlergesellschaften überwiegend aus hart arbeitenden, genügsamen Puritanern bestanden, waren die Bewohner Nieuw Amsterdams berüchtigt für ihre Sauflust und andere Laster. Kurz nach der Vlissingen-Affäre sollte Stuyvesants kleines Königreich auch schon zusammenbrechen. Im Jahr 1664 ergab sich Nieuw Amsterdam kampflos einem englischen Flottenverband. Im niederländischen Mutterland empfand man diese Kapitulation nicht als große Niederlage, sondern eher als Ende eines missglückten Experiments, unter das man im Frieden von Breda am 31. Juli 1667 auch formal einen Schlussstrich zog. Die WIC erhielt im Tausch für Nieuw Nederland mit seinen Hauptniederlassungen auf Manhattan, Long Island und an den Flüssen Hudson, Delaware und Connecticut die Kolonie Surinam, und ihre Direktoren waren damit höchst zufrieden. Diese Kolonie im Norden Südamerikas, in der schon die Zuckerrohr-Plantagenwirtschaft eingeführt worden war, lag für den atlantischen Dreieckshandel viel günstiger und versprach deshalb riesige Gewinne – man brauchte nur genügend Sklaven herbeizuschaffen. Das geschah auch: Allein im 18. Jahrhundert wurden noch einmal 200 000 Afrikaner nach Surinam verschleppt. Schwarze hatten schließlich keine Seele, glaubte man in der Welt der Witwe Pels.

Die amerikanische Rebellion gut ein Jahrhundert später ließ das Gefühl der Verwandtschaft zwischen den beiden Republiken wiederaufleben. Der britische Gesandte in Den Haag, James Harris, Earl of Malmesbury, bemerkte in seinen Erinnerungen, der Beginn des amerikanischen Aufstands habe «im Geist eines großen Teils der holländischen Bevölkerung ... eine auffällige Veränderung» herbeigeführt. «Es erhoben sich Zweifel an der Rechtmäßigkeit der Herrschaft des Statthalters ... und mehr noch, jegliche Autorität geriet ins Kreuzfeuer, als die englischen Kolonisten in Amerika ihren Aufstand von Erfolg gekrönt sahen.» In gewissem Sinn wirkte die Revolution jenseits des Ozeans also wie ein Spiegel oder Katalysator; das gilt jedenfalls für die vielen Niederländer, die ihre traditionellen Werte der Freiheit und Toleranz hochhielten und eine Reform des morschen Systems wollten.

Auch starke persönliche Bande spielten eine Rolle. Der Gelderländer Edelmann Joan Derk van der Capellen tot den Pol zum Beispiel pflegte eine intensive Brieffreundschaft mit John Adams, den er bei seiner Mission auf jede denkbare Weise unterstützte. Er selbst wurde für Jahre aus den Provinzialstaaten von Overijssel ausgeschlossen, weil er es gewagt hatte, noch aus dem Mittelalter stammende bäuerliche Dienstpflichten in Frage zu stellen. 1781 veröffentlichte van der Capellen, durch die Ereignisse in Amerika angespornt, anonym ein Pamphlet mit dem Titel *Aan het volk van Nederland*. In leidenschaftlichen Worten forderte er die Niederländer dazu auf, die Macht der alten städtischen und statthalterlichen Oligarchien zu brechen und eine neue demokratische Ordnung zu errichten. Dazu gehörten ein gewählter Rat, bestehend aus einer «mäßigen Zahl guter, tugendsamer und frommer Männer», der zusammen mit dem Statthalter regieren sollte, außerdem Pressefreiheit und die Aufstellung von Milizen aus bewaffneten Bürgern. Die amerikanische Revolution war sein großes Vorbild, auch in der Besonnenheit, mit der die Rebellen seiner Ansicht nach vorgegangen waren. Darum sein Aufruf an die Bürger der Republik: «Bewaffnet euch alle, wählt selbst die Männer, die euch befehlen sollen, und geht in allem mit Ruhe und Bescheidenheit zu Werke.»

Die Kampfschrift hatte eine ungeheure Wirkung in einer ohnehin von starken inneren Spannungen bestimmten Situation. Der vierte Krieg mit England (1780–1784) nahm einen ungünstigen Verlauf, der Statthalter Wilhelm V. zeichnete sich durch Schwäche und häufige Abwesenheit aus, das gebildete Bürgertum verlangte mehr Einfluss auf die Führung des Landes, überall schlossen sich Bürger in so genannten Freikorps – Milizen nach amerikanischem und schweizerischem Vorbild – und politischen Klubs zusammen, in den Kaffeehäusern und Zeitungen tobten die Debatten.

Das Land war praktisch in zwei Lager gespalten: auf der einen Seite die «Prinsgezinden» oder Orangisten, städtische Regenten und Anhänger der statthalterlichen Herrschaft, die den Status quo möglichst bewahren wollten, auf der anderen die so genannten Patrioten, die unter bürgerlichen Rechten und Pflichten nicht nur etwas Individuelles, sondern auch etwas Politisches verstanden. Unter ihnen waren auffällig viele Remonstranten, Lutheraner, Katholiken und Juden, die hofften, dass diese Reformbewegung auch ihrer Benachteiligung ein Ende setzen werde.

Bei den Patrioten kann man verschiedene Richtungen unterscheiden. Einige waren vor allem von klassischen politischen Denkern wie Cicero beeinflusst und betrachteten die Führung der Gemeinschaft als «res publica», als öffentliche Aufgabe, zu deren Bewältigung jeder vernünftige Bürger etwas beitragen müsse, schreckten aber vor der Idee der Volksherrschaft zurück; ihr Standesgefühl war zu ausgeprägt, als dass sie auch dem einfachen Volk von der Straße ein Mitspracherecht hätten geben wollen. Andere, beeindruckt von der amerikanischen Revolution und den Schriften französischer Philosophen wie Voltaire und Diderot, gingen einen Schritt weiter. Sie fassten den Begriff «Aufklärung» beinahe wörtlich auf: Der Augenblick sei gekommen, in dem Vernunft, Wissenschaft und Humanität die Menschheit aus der Dunkelheit befreien würden, in der sie viele Jahrhunderte lang gefangen gewesen war.

Der größte Teil Europas wurde im 18. Jahrhundert von dieser geistigen Strömung erfasst, die sich nach Ansicht des britischen Historikers Jonathan Israel am einfachsten über vier Grundbegriffe definieren lässt: Entwicklung zu Toleranz; Säkularisierung; Systematisierung von Wissen; Popularisierung. In vielen niederländischen Städten wurden zu jener Zeit Gesellschaften und Klubs gegründet, in denen nicht nur lebhaft debattiert, sondern auch Vorlesungen gehalten, «Kunstbetrachtungen» und Konzerte veranstaltet und naturwissenschaftliche Experimente ausgeführt wurden. In Amsterdam ließ die Gesellschaft Felix Meritis an der Keizersgracht ein diesen Zwecken gewidmetes Gebäude errichten, das bis zum heutigen Tag als Theater und Diskussionszentrum dient. Als im Jahr 1774 in Friesland eine Weltuntergangsprophezeiung anlässlich einer Konjunktion von Merkur, Mars, Jupiter, Venus und Mond eine Panik auslöste, baute der Wollkämmler Eise Eisinga an der Decke seiner Wohnstube in Franeker ein bewegliches Modell unseres Sonnensystems, um zu demonstrieren, dass diese Ängste unbegründet gewesen waren. Sieben Jahre lang, von 1774 bis 1781, arbeitete er an seinem Planetarium, dem ältesten noch funktionierenden der Welt. Die Gewichte des riesigen Uhrwerks auf dem Dachboden hängen bis in die Alkoven der Stube herab.

Etwas unterscheidet die aufklärerischen Strömungen in den Niederlanden von ihren Entsprechungen in anderen Ländern: Während die Aufklärung im übrigen Europa im Lauf des 18. Jahrhunderts erst voll zur Entfaltung kam, schien sie hier zur gleichen Zeit schon über den Höhepunkt hinaus zu sein. Man könnte das mit dem «Gesetz des hemmenden Vorsprungs» erklären, das der Historiker Jan Romein einmal formuliert hat. Was vielen Franzosen und anderen Europäern Mitte des 18. Jahrhunderts als etwas grundlegend Neues erschien, war gebildeten Niederländern recht vertraut. Die Diskussionen der Aufklärung und Spätaufklärung bauten ja auf Ideen auf, die in der Republik mit ihrer traditionellen Meinungsfreiheit schon eine Geschichte von anderthalb Jahrhunderten hatten, angefangen mit Hugo Grotius, Spinoza und all den ausländischen Philosophen und Dissidenten, die in den Niederlanden ihre Schriften drucken ließen und in Zeiten der Verfolgung auch dort Zuflucht suchten, wie Descartes, Bayle, Locke, Voltaire und viele andere. Von dieser geistigen Freiheit sollte man sich allerdings kein allzu idealisierendes Bild machen: Voltaires berühmtes *Philosophisches Wörterbuch* zum Beispiel wurde 1764 auf Druck der kalvinistischen Geistlichkeit gleich nach seinem Erscheinen vom Amsterdamer Magistrat verboten, weil es angeblich «alle Fundamente der Religion und der Sitten» untergrub. Weitere philosophische Werke Voltaires wie auch anderer Autoren teilten dieses Schicksal.

Die niederländische Frühaufklärung des 17. Jahrhunderts – neben Spinoza sollte man hier auch Naturforscher wie Herman Boerhaave, Jan Swammerdam und Anthonie van Leeuwenhoek erwähnen – hatte großen Einfluss auf die europäische Aufklärung, aber im 18. Jahrhundert fielen die Niederlande auch auf diesem Gebiet zurück, wie im Handel und Schiffsbau. Jonathan Israel schreibt dazu: «Über die niederländische Aufklärung kann man sagen, dass sie für Europa in den ersten dreißig Jahren des 18. Jahrhunderts von grundlegender Bedeutung war, von abnehmender Bedeutung in den mittleren Jahrzehnten und von geringfügiger Bedeutung in den letzten dreißig Jahren des Jahrhunderts.» Er führt dies unter anderem auf eine Sprachbarriere zurück: In der Republik existierten zwei verschiedene intellektuelle Welten nebeneinander, eine französischsprachige einerseits und eine niederländisch- und lateinischsprachige andererseits. Der weltberühmte hugenottische Philosoph Pierre Bayle lebte nicht weniger als fünfundzwanzig Jahre in Rotterdam, ohne jemals ein Wort Niederländisch zu lernen.

Auch in den Niederlanden blieb die Aufklärung aber politisch wirksam, in Gestalt der «Patrioten»-Bewegung, die mit jedem Jahr an Einfluss gewann. Ihr Hauptgegner war der Statthalter Wilhelm V., eine schwache Figur ohne Verständnis für die geistigen Entwicklungen der Zeit. Es regnete Pamphlete und Karikaturen, in denen er als Kind unter der Fuchtel seiner Frau, der preußischen Prinzessin Wilhelmina, dargestellt wurde. Man behauptete sogar, dass Wilhelm beim Beten des Vaterunser, wenn er zu den Worten «Dein Wille geschehe» kam, «den Blick zu seiner Gemahlin erhob und ihr die gefalteten Hände entgegenstreckte». Vor allem im gebildeten Bürgertum, der aufstrebenden Mittelschicht aus Anwälten, Ärzten und kleineren und mittleren Unternehmern, erkannte man, dass die Zeit reif für einen Machtwechsel war. Zu dieser Partei stießen auch zahlreiche – vor allem jüngere – Angehörige des städtischen Patriziats, die endlich die Gelegenheit witterten, mit ihrem alten Widersacher, dem Haus Oranien, abzurechnen.

Doch auch die Oranier fanden Unterstützung: bei den alten Adelsfamilien natürlich, vor allem aber unter Kleinbürgern und Arbeitern, was nicht zuletzt auf den Einfluss der konservativen Geistlichkeit zurückzuführen war, denn auch diesem Konflikt wurde eine religiöse Deutung gegeben. In Amsterdam zum Beispiel wurde die Bevölkerung großer Arbeiterviertel wie Jordaan und Kattenburg, seit jeher den städtischen Regenten feindlich gesinnt, nun leidenschaftlich orangistisch: Der Feind ihres Feindes, dachten die «kleinen Leute», musste doch ihr Freund sein.

Zu Anfang fanden die Auseinandersetzungen vor allem auf dem Papier statt, und die Parteien grenzten sich mit kleinen Symbolen – dem «patriotischen» Spitz auf Anstecknadeln und Tabaksdosen und dem Orangenbäumchen auf Kuchenformen und Nippsachen – voneinander ab. Der Konflikt eskalierte, als sich die Patrioten auch militärisch auf eine Machtübernahme vorzubereiten begannen und in den Städten Freikorps oder «Exerziergesellschaften» gründeten; in Rotterdam und Amsterdam kam es schließlich zu Scharmützeln zwischen Orangisten und patriotischen Milizen.

In den Jahren nach 1780 nahm die Polarisierung zu. 1785 fühlte sich Wilhelm V. in seiner Haager Residenz nicht mehr sicher und zog sich nach Nimwegen zurück, einem Bollwerk der Oranier. Alle Bitten um Rückkehr ignorierte der ängstliche Statthalter. Im Juni 1787 versuchte seine resolute Frau Wilhelmina auf eigene Faust nach Den Haag zu reisen, wurde aber auf halbem Wege von patriotischen Milizionären an der Weiterfahrt gehindert und einige Stunden in einer Bauernstube festgehalten; anschließend musste sie unverrichteter Dinge zurückkehren.

Nach diesem Affront beschloss ihr Bruder, König Friedrich Wilhelm II. von Preußen, militärisch einzugreifen. Sein 25 000 Mann starkes Interventionsheer stieß auf keinen nennenswerten patriotischen Widerstand, in Den Haag wurde die alte Ordnung wiederhergestellt, Prinzessin Wilhelmina und Wilhelm V. kehrten samt Hofstaat zurück und wurden wieder in ihre Rechte eingesetzt. Ein paar Anklagen wurden erhoben, aber bald kehrte das Leben in gewohnte Bahnen zurück. Einige tausend führende Patrioten flüchteten nach Frankreich. In den Niederlanden ging die Revolution in den Untergrund, wenn auch nur für kurze Zeit. Zwei Jahre später, am 14. Juli 1789, wurde in Paris die Bastille gestürmt. Noch einmal dreieinhalb Jahre später, am 21. Januar 1793, fiel der Kopf Ludwigs XVI. 1794 erreichten die französischen Revolutionsarmeen, einschließlich einer «Batavischen Legion» aus niederländischen Patrioten, die südlichen Grenzen der Niederlande. Im darauf folgenden Winter herrschte so starker Frost, dass auch das Flussdelta von Rhein und Maas keinen Schutz mehr bot.

Am 10. Januar 1795 überquerten französische Truppen die zugefrorene Waal, am 16. Januar wurde Utrecht besetzt, am 18. Januar klopfte ein Herr an die Tür des Amsterdamer Bürgermeisters Matthijs Straalman an der Herengracht, stellte sich als «Bürger C. Krayenhof» vor und erklärte, dass er als Abgesandter der sechsten Division der französischen Nordarmee vorausgeschickt worden sei, um über eine geordnete Übergabe zu verhandeln. Er wurde höflich empfangen und im geheizten Salon bewirtet. Am Nachmittag des gleichen Tages floh Statthalter Wilhelm V. mit seiner Familie vom eisigen Scheveninger Strand aus mit einem Fischerboot nach England.

Trotz hier und dort aufflackernden Widerstandes war der Umsturz im Ganzen von jener «Ruhe und Bescheidenheit» geprägt, zu der van der Capellen tot den Pol aufgerufen hatte – wenn man davon absieht, dass rund um die überall errichteten Freiheitsbäume junge Niederländerinnen mit französischen Sansculottes die neue, wilde Valeta tanzten. Die zurückgekehrten Exilanten, die sich nach langen Diskussionen auf eine neue Staatsform, den republikanischen, zentralistischen Einheitsstaat, geeinigt hatten, riefen noch vor dem Ende der Kampfhandlungen die Batavische Republik aus. Gut ein Jahrzehnt später, am 5. Juni 1806, anderthalb Jahre, nachdem Napoleon Bonaparte sich zum Kaiser der Franzosen gekrönt hatte, wurde aus der Batavischen Republik das Königreich Holland unter seinem Bruder Louis Napoleon. Und 1810, nach einer Reihe von Unstimmigkeiten zwischen den Brüdern, sollte der niederländische Vasallenstaat von Frankreich annektiert werden.

Der Umwälzung in den Niederlanden fehlte die flammende Begeisterung der Französischen Revolution, und gerade deshalb blieben dem Land auch die mörderischen Konflikte erspart, die in Frankreich in den Revolutionsjahren ausgetragen wurden. Innerhalb der kalvinistischen Staatskirche gab es eine Strömung, die den Aufklärungsgedanken mit reformerischen Bestrebungen verband. Geistliche, die dieser so genannten freisinnigen Richtung angehörten, verbreiteten die Ideale der Aufklärung in Verbindung mit einem gemäßigten Protestantismus, einer Mischung aus Ratio und christlicher Bravheit, die Sonntag für Sonntag von unzähligen Kanzeln herab verkündet wurde.

Fortwährende dramatische Auseinandersetzungen zwischen dem Säkularismus und einer übermächtigen, konservativen Staatskirche – wie Gustave Flaubert sie in den ewigen Polemiken von Pfarrer und Apotheker in *Madame Bovary* so glänzend in Worte fassen sollte – hat es in den Niederlanden deshalb nie gegeben. Es waren die zahllosen «modernen» Pfarrer, die Mitglieder der lokalen Klubs und Lesegesellschaften, die Redakteure der Zeitungen, die Lehrer und Flugblattverfasser, die das rational-christliche Gedankengut während des ganzen 19. Jahrhunderts allmählich zum Gemeingut machten.

Die Niederlande haben niemals so etwas wie einen «contrat social» gekannt, nie einen «état», nie «citoyens». Hier sprach man unbeirrt von «Obrigkeit» und «Untertanen», auch als die «Untertanen» längst taten, was sie wollten. Und niemals gab es eine scharfe Trennung zwischen Staat und Religion. Es herrschte Religionsfreiheit, aber noch in meiner Jugend war es ganz normal, dass Gemeinderatssitzungen mit einem offiziellen «Amtsgebet» eröffnet wurden. Falls die Niederlande auf diesem Gebiet eine Tradition haben, dann ist es die einer aufgeklärten Theokratie.

Um das Jahr 1800 war «Bürger» ein Ehrentitel, überall im revolutionären Europa. Das niederländische Bürgerideal, das sich seit der Mitte des 18. Jahrhunderts entwickelte und die politischen Verhältnisse der neuen niederländischen Nation bis weit ins 20. Jahrhundert hinein prägen sollte, unterschied sich allerdings beträchtlich vom gängigen bürgerlichen Selbstverständnis in anderen Ländern Europas. In Frankreich und großen Teilen Deutschlands musste das Bürgertum, wie die Historiker Joost Kloek und Wijnand Mijnhardt feststellen, noch lange mit dem Adel um Kompetenzen kämpfen, weshalb es seinen Normen keine allgemeine Geltung verschaffen konnte. In vielen Ländern diente das Bürgerideal dazu, Grenzen zwischen Klassen zu ziehen und die Unterschiede zwischen den aufkommenden Nationalstaaten zu betonen.

Das niederländische Ideal des Bürgers, hauptsächlich in den Städten geformt, deren bürgerliche Kreise eine Lese- und Diskussionskultur auf hohem Niveau besaßen, setzte noch andere Akzente. «Die bürgerliche Kultur von 1800 war egalitär, was nicht bedeutete, dass alle Bürger als Individuen gleich sein mussten», schreiben die beiden Utrechter Historiker. «Diese Kultur verband im Prinzip alle Bürger ohne Unterschied. Sie schloss niemanden aus und implizierte das Versprechen, dass irgendwann jeder ein vollwertiger Bürger werden könne. Den Zugang zu dieser Kultur garantierte ein ebenfalls egalitäres Erziehungsideal, das immer wieder das Lob des Mittelmaßes sang. Auch wenn der Bürger von 1800 manchmal die Farblosigkeit dieses Ideals beklagte, so tauschte er doch gern die Fähigkeit, auf europäischem Niveau zu glänzen, gegen die Vorteile ein, die er sich von einer breiten Streuung von Kunst und Kultur versprach.»

Gegen Ende des 19. Jahrhunderts sollte auch im niederländischen Bürgertum ein eher elitäres Denken Verbreitung finden; der Akzent verschob sich von dem, was alle Bürger verbindet, auf das Trennende. Aber daneben und darunter beherrschte weiterhin vor allem das egalitäre und emanzipatorische Ideal des 18. Jahrhunderts die öffentliche Diskussion.

Erst die achtziger Jahre des 20. Jahrhunderts brachten hier einen tiefgreifenden Wandel.

7

MIT DEM RÜCKEN ZUM KONTINENT

Einen entscheidenden Anstoß erhielt die Entwicklung des niederländischen Einheitsstaates durch eine gewaltige Explosion. Am 12. Januar 1807, nachmittags um Viertel nach vier, explodierte in Leiden in der Gracht Steenschuur zwischen Nieuwsteeg und Langebrug – vermutlich durch Unachtsamkeit zweier Besatzungsmitglieder – ein voll beladenes Pulverschiff. Fast 160 Menschen kamen ums Leben, von den 2000 Verletzten wurden viele zu Invaliden. Am Rapenburg, wie dieselbe Gracht weiter westlich heißt, machte die Druckwelle eine der schönsten Häuserreihen von Holland dem Erdboden gleich. Die Häuserblocks in unmittelbarer Nähe der Explosionsstelle wurden völlig zerstört, Hunderte von Gebäuden dieses Stadtteils schwer beschädigt. Den Anker des Schiffs fand man bei einem der Stadttore, fast einen Kilometer entfernt.

Das Unglück ist aus zwei Gründen, auch aus heutiger Sicht, ein Wendepunkt. Zunächst einmal, weil es als erste nationale Katastrophe empfunden wurde. In früheren Jahrhunderten hatte man Deichbrüche, Überschwemmungen oder Pulverexplosionen eher als lokale und regionale Unglücksfälle wahrgenommen, und Spendensammlungen und andere Hilfsaktionen waren vor allem religiös motiviert gewesen. Diese Katastrophe dagegen galt von Anfang an als nationale Tragödie – oder, wie es in Predigten hieß: «ein allgemeines Unglück, dem ganzen Vaterlande gemein». Aus allen Winkeln des Landes kamen Sachspenden, von 100 000 Backsteinen aus Hattem bis zu tausend Pfund Stockfisch und zwanzig Särgen aus Amsterdam.

Außerdem machten die Niederländer durch diese Katastrophe mit einem völlig neuen Phänomen Bekanntschaft: einem Monarchen, der sich für die Nation als Ganzes verantwortlich fühlte und sie – als ihr Symbol – vereinte. Der erst ein halbes Jahr zuvor inthronisierte Bruder Napoleons erkannte sofort die einmalige Gelegenheit, seine bisher gleichgültig-kühlen Untertanen für sich zu gewinnen. Schon wenige Stunden nach der Explosion besichtigte Louis Napoleon die Trümmerfelder, leitete dann tagelang mit militärischer Zielstrebigkeit die Rettungsarbeiten, stellte seinen Palast für die Versorgung der Opfer zur Verfügung und spendete aus eigenen Mitteln stattliche Beträge für den Wiederaufbau. Sein ganzes Verhalten offenbarte die Tatkraft und Energie dieses später stark unterschätzten Monarchen, der einerseits in den Methoden der Verwaltung und mit neu geschaffenen Institutionen das französische Vorbild imitierte, andererseits aber auch niederländische Besonderheiten berücksichtigte. Und er war präsent, als Symbol der Nation. Seine Regierung dauerte nur vier Jahre, aber das reichte, um den niederländischen Republikanern, die der ewigen internen Streitereien müde waren, eine Kostprobe der modernen Monarchie zu geben. Und sie schmeckte ihnen.

Zweitens bildete die Explosion von Leiden auch in ganz praktischer Hinsicht einen Wendepunkt: Die neuen, nach französischem Muster organisierten Behörden forschten sorgfältig nach den Ursachen der Katastrophe. Und das bedeutet für uns, dass wir zum ersten Mal einen genauen Einblick in das Tun und Treiben einiger Dutzend Einwohner einer holländischen Stadt in einem ganz bestimmten Augenblick erhalten, jener dämmrigen Nachmittagsstunde des 12. Januar 1807 in der Universitätsstadt Leiden. In der Tat, ein holländisches Echolot. Schauen wir, was es in der Tiefe der Zeit registriert. Die Regenten des Heilig-Geist-Waisenhauses zum Beispiel haben soeben die Beschwerden einer Frau angehört; sie geht gerade hinaus, als sämtliche Fenster splitternd in den Raum fliegen und die Türen aus den Angeln gedrückt werden. Stallmeister Wagenboer sitzt in diesem Moment zu Hause am Fenster. Der alte Dichter Johan Le

Francq van Berkhey ist auf dem Weg zu Buchhändler Trap, um mit ihm Druckfahnen zu korrigieren – vermutlich arbeiten sie an dem Bändchen *Het Rundvee* (Das Rindvieh) von Le Francqs in Fortsetzungen erscheinender *Natuurlijke historie van Holland* (Naturgeschichte Hollands). Johanna Genie, hochschwanger mit ihrem zweiten Kind, plagt sich am Waschzuber, möglicherweise arbeitet sie als Wäscherin für Studenten. Ihr Mann holt gerade heißes Wasser in der Wasserkocherei. Jean Luzac, Professor für niederländische Geschichte, ist im Begriff, den Arzt Jean Bennet zu besuchen, mit dem er das lebhafte Interesse an den zahlreichen neuen naturwissenschaftlichen Entdeckungen teilt. Frau Bennet empfängt eine jüdische Tuchverkäuferin, sie möchte Stoff für neue Gardinen aussuchen. Luzacs Kollege Adriaan Kluit, der betagte Professor für holländische Diplomatiegeschichte und Statistik, hat den ganzen Nachmittag in seinem Hinterzimmer gearbeitet und ist gerade zum vorderen Fenster gegangen, weil so viel Lärm und Gelächter bei seinen Nachbarn zu hören waren. Das sind Herr und Frau van Struijk; sie haben Tochter und Schwiegersohn verabschiedet, die mit der eigenen Yacht zu einem Kurzbesuch aus Den Haag gekommen waren, um der Familie ihr zehn Wochen altes Töchterchen zu präsentieren. Die Erwachsenen haben eifrig dem warmen Würzwein mit Eidottern zugesprochen, nur eine 16-jährige Nichte musste sich mit Tee begnügen.

Pfarrer Sulco Rau hat einen Kranken besucht und steht um Viertel nach vier in einem Laden. In den beiden kleinen Schulen des Viertels, der privaten jüdischen Schule von David Hagens und der öffentlichen Schule im Wohnhaus des Lehrers Venker, sitzen noch viele Kinder in den Bänken. Im Haus des früheren Staatssekretärs Josias Johan Hubrecht legt der Hausdiener letzte Hand an die festlich gedeckte Tafel – eine junge Nichte kommt für einige Tage zu Besuch, die vier Töchter des Hauses kleiden sich fürs Abendessen an und können sich wie immer schlecht entscheiden, welche Bänder sie sich ins Haar flechten sollen. Die Besatzung des Pulverschiffs ist vermutlich damit beschäftigt, Kartoffeln und Schellfisch zu kochen.

Die baufälligen Schulgebäude stürzen im Augenblick der Explosion wie Kartenhäuser zusammen. Vom hochgelehrten Herrn Luzac findet man auf der Vortreppe der Bennets noch eine Schuhschnalle und ein Brillenetui. Über das schreckliche Ende des fröhlichen Babybesuchs kann nur noch ein Dienstmädchen berichten, von der Familie Hubrecht überleben nur die vier Töchter.

Zur Zeit der Katastrophe von Leiden hatten die Niederlande wirtschaftlich einen historischen Tiefpunkt erreicht. Die britische Seeblockade hatte die Kolonien unerreichbar gemacht, Frankreich zog in großem Umfang Kapital und Güter ab, die Banken und der Finanzmarkt insgesamt hatten jegliches Vertrauen verloren, die Amsterdamer Geld- und Handelsmaschine war fast zum Stillstand gekommen. In den letzten Jahrzehnten des 18. Jahrhunderts hatte die VOC immer größere Verluste hinnehmen müssen, am 17. März 1798 war sie de facto aufgelöst worden, und am 31. Dezember 1799 kam auch das offizielle Ende dieses ruhmreichen multinationalen Konzerns. Gut zwei Jahrzehnte später, im Jahr 1822, stürzte das gigantische VOC-Magazin, durch lange Vernachlässigung baufällig geworden, eines Nachts plötzlich ein.

Auf das Ende der VOC folgte ein Dreivierteljahrhundert Stagnation und Armut. Zahlreiche alte Handelsstädte verfielen. Zwei Leidener Studenten, Jacob van Lennep und Dirk van Hogendorp, die 1823 einen Sommer lang durch die Niederlande wanderten, beschreiben ein Enkhuizen voller Grasflächen, wo einmal stattliche Gebäude gestanden hatten; ein Staveren, das nur noch ein «Jammerbild verfallener Größe» war; ein Hindelopen, in dem sie nach zwei Straßen immer noch «kein anderes Geschöpf … als einen Hahn und einen Hund» angetroffen hatten.

In den großen Städten lebte ein Viertel bis ein Drittel der Bevölkerung von der Armenfürsorge. Ländliche Gebiete wurden von großen Gruppen verarmter Vagabunden unsicher gemacht; darunter waren ganze Familien, die aus den Städten ausgewiesen worden waren und nun bettelnd von Hof zu Hof zogen. Ein Viertel der Säuglinge starb im ersten Lebensjahr. Jeder zwölfte Einwohner Amsterdams hauste in einem Keller. 1851 war es schon ein Jahrhundert her, dass in dieser Stadt zuletzt ein neues Herrenhaus gebaut worden war.

«Dies ist ein stillstehendes, schlafendes Land», schrieben die Brüder Edmond und Jules de Goncourt, das Pariser Schriftstellerduo, bei einem Besuch im Jahr 1861. «Man verlässt ein Museum und findet das Haus oder die Gracht genau so vor, wie man sie gerade auf einem Gemälde von Pieter de Hoogh gesehen hat.» Die Nachkommen der Kaufleute und Bankiers, die Anfang des 17. Jahrhunderts die Trockenlegung des Beemster und anderer Seen finanziert hatten, wagten ihr Geld nun nicht einmal in eine Wasserleitung zu investieren; die erste Amsterdamer Trinkwasserleitung, die gereinigtes Süßwasser aus den großen natürlichen Reservoirs der Dünen in die Stadt beförderte, konnte 1853 nur dank englischen Kapitals vollendet werden. Erst in den letzten Jahrzehnten des 19. Jahrhunderts sollten niederländische Investoren wieder genügend Vertrauen gefasst haben. Die Goncourts: «Eine blasse und kalte Rasse, Menschen von einem Charakter so geduldig wie das Wasser, Leben so flach wie Kanäle; das Fleisch ist wässrig hier. Holland könnte das wiedergefundene Paradies der Biber aus Noahs Arche sein. Ein Land, das vor Anker liegt, Biber in einem Käse – das ist Holland.»

Gewiss, die französische Besetzung hatte auch Positives hinterlassen. Ein neues, zentralisiertes Staatssystem war geschaffen, alte Sonderrechte waren abgeschafft worden, lokale Oligarchien, die früher jede Entscheidung blockieren konnten, hatten ihre Macht zum größten Teil verloren, der Mischmasch örtlicher und regionaler Gesetze war durch solide, einheitliche, auf dem französischen und römischen Recht beruhende Gesetzbücher abgelöst worden, neue, schnurgerade Fernstraßen hatten das Land enger mit dem übrigen Europa verknüpft.

Nach Napoleons verhängnisvollem Russlandfeldzug des Jahres 1812 und seiner vernichtenden Niederlage bei Leipzig ein Jahr darauf war die französische Herrschaft auch in den Niederlanden zusammengebrochen. Am 30. November 1813 betrat der Sohn des Statthalters Wilhelm V., Erbprinz Wilhelm Friedrich, bei Scheveningen wieder niederländischen Boden. Fast sein halbes Leben hatte er außer Landes, vor allem in England, verbracht, trotzdem jubelte die Bevölkerung ihm zu. Jahrhundertelang waren die Niederlande eine Ausnahmeerscheinung gewesen – nicht das Eigentum eines souveränen Monarchen, sondern, abgesehen von der napoleonischen Episode, eine echte Republik, und zwar aus «vereinigten» Provinzen. Im Jahr 1813 aber wurde das Land von einem Augenblick auf den anderen zu einer Monarchie gemacht, wie um den Geist der Französischen Revolution zu bannen, was jetzt natürlich auch beabsichtigt war. Und das übrige Europa sollte die Niederlande von nun an als geeinte Nation sehen.

Am 1. Dezember bot die vorläufige Regierung dem Prinzen den Titel «Souveräner Fürst» an, und am 30. März 1814 wurde er in Amsterdam, der neuen Hauptstadt des neuen Einheitsstaates, als Wilhelm I. zum König gekrönt. Am 16. März 1815 durfte er sich sogar zum Herrscher des Vereinigten Königreichs der Niederlande proklamieren, des neuen niederländischen Staates, der um die ehemaligen österreichischen Niederlande erweitert worden war. Die europäischen Großmächte hatten nämlich in Wien beschlossen, einen «Pufferstaat» zu schaffen, der stark genug war, um eine erneute Expansion Frankreichs in nordöstlicher Richtung definitiv zu verhindern.

Danach wurden die Niederlande zu einem Land im Wartestand. Die unruhigen «patriotischen» und französischen Jahre schienen vergessen. In den europäischen Metropolen versetzte Byron die Salons in Aufregung; in Liverpool traf 1819 die Savannah ein, das erste Dampfsegelschiff, das den Atlantik überquerte. In den Niederlanden fuhr man weiterhin mit der Treckschute, die Kinder lernten immer noch nach der Methode Bartjens aus dem 17. Jahrhundert Rechnen,

Landwirtschaft und Industrie,
Friesisches Tapetenmotiv von 1771

der Held des beliebtesten Kinderbuchs jener Jahre hieß «Der brave Hendrik», und die Hauptfigur eines anderen Bestsellers war bekannt für ihre «unüberwindliche Abneigung gegen Dampfmaschinen».

Noch schlossen Stadttore das wilde Umland aus. Von den 2,4 Millionen Einwohnern der Niederlande – ohne das neue Territorium, die ehemaligen österreichischen Niederlande im Süden – lebte der weitaus größte Teil im verstädterten Holland. Im Rest des Landes herrschte Leere; mindestens ein Drittel galt noch als Wildnis. In Friesland gab es weite Moor- und Sumpfgebiete, Drenthe war zum größten Teil eine fast undurchdringliche Hochmoorlandschaft, die Veluwe und das Gooi waren von ausgedehnten Heidegebieten und Sandverwehungen geprägt, die Gegend um das Hochmoor Grote Peel an der Grenze Nordbrabants und Limburgs war eine riesige Einöde. Die meisten Straßen außerhalb der Städte bestanden nur aus Schlamm;

in Friesland, Drenthe und Overijssel gab es noch keine einzige befestige Landstraße. In diesem eisenbahnlosen Zeitalter konnte eine Reise von Groningen nach Den Haag gut und gern drei Tage dauern. Die Postkutsche Amsterdam-Rotterdam brauchte acht Stunden. Eine Stadt wie 's-Hertogenbosch war im Winter manchmal wochenlang nicht erreichbar. Maastricht lag für das Empfinden der Menschen in Holland so weit entfernt wie heute Mailand oder Barcelona.

Das Zurückbleiben hinter den dynamischen Entwicklungen des 19. Jahrhunderts hatte ganz praktische Ursachen: Im Gegensatz etwa zu England und Deutschland besaßen die Niederlande zunächst kaum abbaubare Steinkohle, den großen Schrittmacher der Industrialisierung. Außerdem war das bedeutende private Kapital durch die viel zu hohe Staatsschuld gebunden. Aber auch eine bestimmte Mentalität spielte hier eine Rolle. Obwohl das Land nun formal ein Einheitsstaat war, lebten die meisten Bürger ihr Leben noch in der Abgeschlossenheit der eigenen Stadt und Region. Die beiden wandernden Studenten wurden in Groningen noch in einer Sprache angeredet, die halb Deutsch, halb Niederländisch war, Friesland war für sie sprachlich ein völlig exotisches Land, in Seeland und Gelderland verlangte man einen Pass von ihnen, während sie die deutsche Grenze problemlos passieren konnten. In Lehrer Bartjens' Rechenaufgaben tanzte ein Sammelsurium alter und neuer Münzen seinen chaotischen Tanz: Silberdukaten, halbe Dukaten, «Dreizehneinhalbe», Reichstaler, Gulden, Fünf-Stuiver-Stücke, Taler und «Silberne Reiter».

Sie waren immer noch ein Land der Provinzstädte, diese Niederlande des frühen 19. Jahrhunderts, ein Land, das seine Form und seine Grenzen erst finden musste – wenn auch noch niemand wusste, wie.

Die erste Bresche in diese Welt aus Altvertrautem schlug eine französische Oper. Im Spätsommer 1830 wurde im Theater La Monnaie in Brüssel *La Muette de Portici* aufgeführt, Aubers hoch dramatische Grand Opéra um einen neapolitanischen Volksaufstand gegen die spanische Herrschaft im späten 17. Jahrhundert. Vor allem das Duett

«Amour sacré de la patrie» versetzte das Publikum jedes Mal in höchste Erregung. Nach der Vorstellung am warmen Abend des 25. August, König Wilhelms Geburtstag, drängte das aufgewühlte Opernpublikum mit «vive la liberté»-Rufen ins Freie, wo die revolutionäre Stimmung ausgerechnet auf die Menschenmenge überschlug, die sich eigentlich zu Ehren Wilhelms versammelt hatte; eine außer Kontrolle geratene Masse stürmte den Justizpalast und die Polizeidirektion und plünderte die Häuser prominenter Niederländer. Am nächsten Tag verwüsteten Maschinenstürmer Brüsseler Textilfabriken.

Im September entsandte Wilhelm Truppen unter dem Befehl Prinz Friedrichs nach Brüssel, um die niederländische Herrschaft über die südlichen Provinzen zu sichern. Der Versuch schlug fehl, nach viertägigen Straßenkämpfen zog sich die Armee zurück. Die Revolutionäre bildeten eine vorläufige Regierung, die am 4. Oktober die Unabhängigkeit der belgischen Provinzen proklamierte. Am 26. Oktober schloss sich auch die Stadt Antwerpen den Aufständischen an; bis Ende Oktober war fast das gesamte Gebiet des heutigen Belgien in der Hand von Freiwilligenbrigaden. Am 18. November erklärte der belgische Nationalkongress Belgien für endgültig unabhängig. Nie wieder werde man einen Oranier als Souverän akzeptieren.

Ganz unerwartet kam dieser schnelle Bruch nicht. Das Vereinigte Königreich der Niederlande war vor allem eine Erfindung der Großmächte gewesen. Zwei Jahrhunderte zuvor hätte eine solche Konstruktion sicher funktionieren können, und immer noch sprach vieles für das Zusammengehen der nördlichen und südlichen Niederlande. Theoretisch zumindest. Die Wirtschaften beider Landesteile hätten sich wunderbar ergänzen können: Im Süden begann sich schon eine moderne Industrieregion zu entwickeln, die ostindischen Kolonien hätten dieser Entwicklung wichtige Impulse geben können, und die Handelsunternehmen des Nordens wären bestens geeignet gewesen, die Produkte des Südens zu verkaufen.

In der Mentalität aber hatten sich die nördlichen und südlichen Niederlande im Lauf der Jahrhunderte weit auseinander entwickelt.

Der Norden war – außer während der französischen Besatzung – eine unabhängige, protestantische Bürgerrepublik gewesen. Der Süden war katholisch, nacheinander in spanischem, österreichischem und französischem Besitz, und seine Bewohner empfanden das niederländische Königreich einfach als neue Besatzungsmacht. Die einflussreichen Liberalen in den südlichen Provinzen, die Wilhelm zunächst unterstützt hatten, waren enttäuscht von seinem eigensinnigen und autoritären Regierungsstil; die Beamtenschaft und das damals auch in Flandern frankophone Bürgertum lehnten die neuen Sprachgesetze ab, mit denen in Flandern das Niederländische in Verwaltung, Armee und Schulen durchgesetzt werden sollte.

Für den Norden hatte die Belgische Revolution paradoxe Folgen. Das zersplitterte Land aus Städten und Provinzen wurde zu einer «vorgestellten Nation», zum ersten Mal entwickelte sich echtes Nationalgefühl. Am 5. Oktober 1830, mehr als einen Monat nach dem Beginn der Revolution, rief Wilhelm seine «treuen Einwohner» dazu auf, gegen die «beklagenswerte Menge» belgischer Aufständischer in den Kampf zu ziehen: «Wohlan! Zu den Waffen, auf die dringende Bitte eures Fürsten! Zu den Waffen, und lasset uns in demütigem Gebet aufschauen zum Allmächtigen Gott, der die Niederlande und Oranien so oft aus den größten Gefahren errettet hat ...»

Mit seinem Aufruf berührte der König eine empfindliche Saite. Überall wurden Bürgerwehren mobilisiert, Tausende Freiwillige meldeten sich zu den Waffen, um dem «feigen Belgier» eine Lektion zu erteilen, die patriotische Reimerei trieb üppige Blüten. Der belgische Aufstand wurde als Nachwirkung der verhängnisvollen Französischen Revolution dargestellt, und die Niederländer sahen ihr Land in dieser europäischen Krise als gottesfürchtiges Bollwerk der Ordnung, dessen Einheit es um jeden Preis zu verteidigen galt.

Obwohl die Großmächte im Dezember 1830 auf der Londoner Konferenz die Unabhängigkeit Belgiens anerkannt hatten, marschierte am 2. August 1831 eine fast 40 000 Mann starke niederländische Armee unter dem Befehl des Kronprinzen Wilhelm in Belgien ein. Viele der Schützen hatten gerade erst in aller Eile den Umgang mit ihrer Waffe erlernt, aber auf belgischer Seite war man noch schlechter vorbereitet. Militärisch wurde dieser «Zehn-Tage-Feldzug» ein Erfolg für die Niederlande; nach gut einer Woche standen die Truppen schon kurz vor Brüssel.

Die patriotischen Verseschmiede erlebten herrliche Tage, aber allzu viel sollte den Niederlanden dieser militärische Erfolg nicht nützen. Die französische und britische Regierung intervenierten, ein großes französisches Kontingent marschierte den Truppen des Kronprinzen entgegen, und angesichts des wachsenden Drucks zog Wilhelm seine Armee bald wieder vom belgischen Territorium ab. Damit hatte Den Haag das Heft aus der Hand gegeben: Es waren die Großmächte, die über das Schicksal der beiden Länder entschieden und die Südgrenze der Niederlande festlegten. Viel Energie wollten und konnten sie allerdings nicht in diese Frage investieren. 1830 war auch in anderen europäischen Ländern ein Revolutionsjahr gewesen; die Belgische Revolution und ihre Folgen waren nur ein Problem unter vielen.

Die Scharmützel des August 1831 waren die letzte militärische Konfrontation zwischen den Niederlanden und Belgien, obwohl man noch acht Jahre offiziell im Kriegszustand blieb. Wilhelm I., der auf Verschiebungen im europäischen Kräfteverhältnis hoffte, blockierte lange die endgültige Loslösung und lehnte den von Belgien schon 1831 akzeptierten «Londoner Vertrag» ab. Erst 1838 lenkte er ein; 1839 konnte in London der sogenannte «Endvertrag» unterzeichnet werden. Die Festung Maastricht blieb in niederländischer Hand, außerdem, als Verbindung zwischen der Stadt und dem Rest des Landes, der östlich der Maas gelegene Teil des Großherzogtums Limburg. Diese Provinz sollte allerdings noch lange nur halb zum Königreich gehören: Limburg wurde gleichzeitig Mitglied des Deutschen Bundes, und die kleine Maastrichter Garnison trug keine niederländischen, sondern deutsche Uniformen.

Die Verbindung der nördlichen und südlichen Niederlande hat also nicht einmal fünfzehn Jahre Bestand gehabt – und doch einige dauerhafte Spuren hinterlassen, vor allem in Form von Straßen und Kanälen. Wilhelm I. hatte den Ausbau der Verkehrswege in seinem neuen großniederländischen Staat vorangetrieben, um die wirtschaftliche und nationale Einheit zu fördern; die niederländische Infrastruktur wurde in relativ kurzer Zeit modernisiert. Der Hafen von Amsterdam erhielt durch den 1824 fertiggestellten Nordhollandkanal, damals einer der größten Kanäle der Welt, eine wesentlich bessere Verbindung zur Nordsee. In Limburg wurde der 123 Kilometer lange Kanal Zuid-Willemsvaart gebaut, der den Schiffen den schwierigsten Abschnitt der Maas ersparte.

Im ganzen Land wurden Landstraßen befestigt. Der Zuidplas, ein gefährliches Binnengewässer zwischen Rotterdam und Gouda, wurde trockengelegt, und später, in den Jahren 1840 bis 1852, auch das sich immer weiter ausbreitende Haarlemmermeer, der «Wasserwolf», wie dieser größte See der Niederlande genannt wurde – an seinem tiefsten Punkt entstand im 20. Jahrhundert der Flughafen Schiphol. Diese Binnengewässer wurden erstmals nicht durch Hunderte von Windmühlen trockengelegt, sondern durch Dampf-Schöpfwerke, so groß wie kleine Forts. Während bei der Trockenlegung des Zuidplas neben dampfgetriebenen Schöpfwerken noch dreißig traditionelle Windmühlen gebraucht wurden, setzte man bei der Trockenlegung des Haarlemmermeers ganz auf Dampfmaschinen: Nur drei gewaltige Schöpfwerke bezwangen den Wasserwolf. Die Dampfmaschine hat das Gesicht Europas im 19. Jahrhundert verändert, und die Niederlande machten diese Entwicklung auf ihre Weise mit: Aus der Treckschute wurde das Dampfschiff, und ein einziges Dampf-Schöpfwerk ersetzte nicht weniger als dreihundert Windmühlen; das Land wurde kleiner, die Abhängigkeit von der Natur geringer.

Charakteristisch für diese Epoche der niederländischen Geschichte ist der Aufstieg des Maastrichter Töpfereiwarenhändlers Petrus Regout. Die südlichste Stadt der nördlichen Niederlande hatte in den weitreichenden Plänen Wilhelms I. eine Schlüsselrolle gespielt, sie hatte zu einem Knotenpunkt des Handels zwischen Nord und Süd werden sollen, aber die Teilung hatte einen Strich durch diese Rechnung gemacht. Immerhin war 1826 die Zuid-Willemsvaart fertiggestellt worden, die 's-Hertogenbosch mit dem neuen Maastrichter Binnenhafen verband, dem Bassin.

Dort ließ Regout 1835 eine Glasschleiferei bauen, ein für die damalige Zeit riesiges, längliches, weißgestrichenes Fabrikgebäude mit einer großen Zahl von Fenstern, die eine optimale Ausnutzung des Tageslichts ermöglichten. Es hatte zwei Stockwerke und einen Dachboden, der vermutlich als Schlafraum für einen Teil der Belegschaft diente. Noch im selben Jahr nahm er seine erste Dampfmaschine in Betrieb, und nach kurzer Zeit arbeiteten schon hundert Menschen in der Schleiferei. Bald kam eine Nagelfabrik hinzu, zwei Jahre später eröffnete Regout eine Keramikfabrik, und 1839 war über die Hälfte der Maastrichter Arbeiter bei ihm angestellt. In seiner Glasbläserei bestand die halbe Belegschaft übrigens aus Jungen zwischen neun und fünfzehn Jahren, die wie die Erwachsenen zwölfstündige Arbeitstage durchstehen mussten. 1842 erweiterte Regout sein Unternehmen um eine Waffenfabrik und ein Gaswerk. In der Zeit um 1865 schließlich arbeiteten mehr als 2000 Männer, Frauen und Kinder in seinem Fabrikkomplex – damit war er bei weitem der größte private Arbeitgeber der Niederlande.

1851 erwarb Regout in der Nähe von Maastricht ein Schloss, Vaeshartelt, bei dem ein pompöser, pseudobarocker Park mit einem Übermaß an Springbrunnen, Standbildern und Miniaturgebäuden angelegt wurde. Für Freunde und Geschäftspartner ließ er ein Buch über Vaeshartelt und die Fabriken anfertigen, ein Luxusalbum mit Stichen und erläuternden Texten nach Art der Bildbände, die er auf den Lesetischen teurer ausländischer Hotels gesehen hatte. Es verrät viel über Regout und seine Zeit. Der Stil erinnert noch sehr an das 18. Jahrhundert, andererseits präsentiert der Fabrikant darin voller Stolz seine hochmodernen Feuerspritzen, eine davon dampfbetrieben. Die gleiche Gegensätzlichkeit kennzeichnete die Organisation seiner Fabriken: Einerseits machten sie den Eindruck, aus lauter kleinen Handwerksbetrieben mit Obergesellen, Gesellen und Lehrlingen zusammengesetzt zu sein, aber in ihren Dimensionen waren sie schon fast Betriebe des 20. Jahrhunderts.

Und Regout selbst? Er war ein typischer Selfmademan, schwerreich, mit Orden überhäuft, verzweifelt bemüht, einen Adelstitel zu erwerben, aber von der Elite seiner Geburtsstadt hartnäckig abgewiesen. Für sie war und blieb er ein Neureicher, ein Parvenü. Äußerlich reagierte er gelassen auf die subtile Missachtung, aber in Wirklichkeit litt er sehr darunter. 1849 hatte der Haager Maler Johannes Egenberger ihn als selbstbewussten Industriekapitän abgebildet. Zwanzig Jahre später findet sich im Vaeshartelt-Album das Porträt eines schweren, finster blickenden Mannes, der trotz seiner außergewöhnlichen geschäftlichen Erfolge und seiner Freundschaft mit König Wilhelm II. keine Lebensfreude ausstrahlt. Dem Milieu seiner Herkunft war er entwachsen; in den Kreisen, denen er so gern angehört hätte, wollte man ihn nicht.

Diese soziale Heimatlosigkeit war charakteristisch für die neuen Klassen, die in jener Zeit entstanden, die gehobene Mittelschicht und die neuen Industriellen. Sie besaßen Geld und Macht, aber noch keinen eigenen Platz im Sozialgefüge, und alle Elemente ihres Lebensstils übernahmen sie vom alten städtischen Patriziat und den wenigen Adligen, zwei Gruppen, die sie eigentlich in vieler Hinsicht hinter sich gelassen hatten.

Wie in anderen europäischen Ländern fanden diese Aufsteiger im Lauf der Zeit zusammen, in Klubs und Verbänden, in Bewegungen, durch die sie ihr wirtschaftliches Gewicht allmählich in politische Macht umsetzen konnten. In den Niederlanden wurden die aufstrebenden Liberalen von dem Leidener Historiker und Philosophen Johan Rudolf Thorbecke angeführt, der sich seit 1839 mit großem Eifer für eine Verfassungsreform einsetzte. Thorbecke war alles andere als ein leidenschaftlicher Revolutionär, er war ein eher spröder und gewissenhafter Mann, dessen Forderungen auch keineswegs überzogen waren. Es kam nicht von ungefähr, dass man nach Demokratisierung rief: Von Beschränkungen in ganz wenigen Bereichen abgesehen, konnte der König noch nach Belieben schalten und walten. Die Generalstaaten waren seit 1815 in zwei Kammern aufgeteilt. Die wichtigere Zweite Kammer wurde von den Provinzialstaaten gewählt, die sich aus Angehörigen der alten Oberschichten der jeweiligen Provinz zusammensetzten. Die Mitglieder der Ersten Kammer wurden vom König ernannt. Auf Lebenszeit.

Regouts Maastricht war es, das Thorbecke zu einem Sitz in der Zweiten Kammer verhalf. Sein erster, 1844 vorgelegter Entwurf einer Verfassungsreform scheiterte, weil eine Mehrheit ihn als zu «unniederländisch» ablehnte. Doch 1848 veränderte sich das politische Klima schlagartig. Im Februar brachte ein Volksaufstand den französischen König Louis-Philippe zu Fall. «Mögen die herrschenden Klassen vor einer kommunistischen Revolution zittern», schrieben Karl Marx und Friedrich Engels im *Kommunistischen Manifest*, das im gleichen Monat in London erschien. Der Funke der Revolution sprang auf Polen, Bayern, Italien, Österreich, Böhmen und Ungarn über. Monarchen wurden vertrieben, Verfassungen liberalisiert, Grenzziehungen in Frage gestellt. Das lange, schmale Limburg, «dieses elende Stückchen Boden», wie ein Haager Minister es nannte, sei bei Deutschland besser aufgehoben, war in der südlichen Provinz nun häufig zu hören. Denn auch in Holland kam plötzlich vieles in Bewegung, allerdings fand die Revolution hier vor allem hinter verschlossenen Türen statt. König Wilhelm II. gab seinen Widerstand gegen eine Verfassungsreform auf und beauftragte eine Kommission unter Leitung seines Widersachers Thorbecke mit der Ausarbeitung eines neuen Grundgesetzes. Vielleicht war sein Sinneswandel zum Teil auf einen Brief seiner Tochter Sophie, der Frau des Großherzogs von Sachsen-Weimar, zurückzuführen, in dem sie von den überall ausgebrochenen Aufständen berichtete und die Ansicht äußerte, es sei notwendig, ein Opfer («sacrifice») zu bringen. Er selbst erklärte später, er sei in einer Nacht – vermutlich vom 12. auf den 13. März 1848 – vom Konservativen zum Liberalen geworden.

Innerhalb eines Monats wurde man sich in Thorbeckes Kommission einig. Die Macht des Königs wurde stark eingeschränkt; die Minister waren von nun an dem Parlament verantwortlich; der Staatshaushalt musste jährlich bewilligt werden; das Parlament erhielt mehr gesetzgeberische Kompetenzen einschließlich des Rechts, Gesetzesvorlagen des Königs zu ändern, und konnte selbst Untersuchungskommissionen einsetzen. Die wichtigere Zweite Kammer und die Provinzialstaaten wurden fortan direkt gewählt, allerdings handelte es sich hier um ein direktes Zensuswahlrecht, wählen durfte also nur der begüterte Teil der Nation. Die Anhängerschaft der Liberalen sollte dadurch erheblich an Einfluss gewinnen. Die Erste Kammer wurde künftig von den Provinzialstaaten gewählt; Petrus Regout war einer der wenigen Glücklichen, die noch im letzten Augenblick vom König zum Mitglied der Ersten Kammer ernannt werden durften. Die Religionsfreiheit, die Freiheit der Kirchenorganisation und das Recht auf Einrichtung von Konfessionsschulen wurden garantiert, so dass der Entwurf auch die Unterstützung der Katholiken fand.

«Nach der Mitte des 19. Jahrhunderts entstand in den Niederlanden eine neue Welt», schreibt der Historiker Auke van der Woud über den Wandel im Denken, der sich in jenen Jahren vollzog. Er spricht von einer «Wirklichkeit, die westliche, aber auch spezifisch niederländische Züge hatte. Sie wurde von Menschen geschaffen, die voneinander lernten, ‹normal› zu sein, und ein Land aufbauten, in dem unbeschränkte Kommunikation, Mobilität und ‹Wachstum› normal sein sollten.»

Die Ereignisse der Jahre 1839 und 1848, die endgültige Loslösung Belgiens und die Verabschiedung des neuen Grundgesetzes, waren dabei entscheidend. Dank der nächtlichen Wandlung Wilhelms II. durften Thorbecke und seine Mitdenker die Voraussetzungen für die

Trennung von Kirche und Staat schaffen, und damit für die Emanzipation der katholischen Bevölkerung des jahrhundertelang protestantischen Staates. Das Recht auf eigene Schulen gab der Emanzipation der Katholiken – wie auch der orthodoxen Protestanten – einen weiteren Impuls. Zum ersten Mal wurde ein direktes Wahlrecht eingeführt, und obwohl es noch an ein hohes Steueraufkommen gebunden war, wurde dadurch doch auf längere Sicht der Weg für ein allgemeines und gleiches Wahlrecht und somit für wirkliche Demokratie bereitet.

Die Entscheidungen von 1839 waren aber mindestens ebenso folgenreich. Nicht nur die physischen Grenzen der Niederlande wurden damals zum größten Teil festgelegt, sondern auch die Position des Landes innerhalb Europas bestimmt: politisch von marginaler Bedeutung, ökonomisch relativ stark. Die europäische Rangordnung beruhte vor allem auf der Größe und Schlagkraft der Armee. Die Niederlande hatten mit dem belgischen Debakel bewiesen, dass sie in dieser Hinsicht kaum zählten. Und trotz entsprechender Garantien hatte keine einzige europäische Macht sie unterstützt.

Es ist bezeichnend, dass auch die radikalen revolutionären Ideen von 1848 in den Niederlanden letztlich auf wenig Resonanz stießen und dass die ausländischen Revolutionen hier kaum etwas bewirkten, abgesehen natürlich von der ängstlichen Reaktion des Königs und dem geschickten Agieren Thorbeckes. In Amsterdam wartete am 24. März 1848 auf dem Dam eine riesige Menschenmenge auf «die Männer, die für ihre Belange eintreten werden», wie ein Flugblatt versprochen hatte. Jetzt würde es losgehen, meinten einige. Aber was die Masse auf die Beine gebracht hatte, war vor allem das Gerücht, dass Arbeit zu vergeben sein würde. Nichts geschah. Nur ein einsamer Revolutionär erschien, ein gewisser Hancke, der erste und einzige Kommunist der Stadt, und der machte sich schnell aus dem Staub, als Polizei auftauchte.

Nicht zuletzt durch die Entscheidungen von 1839 wurden die Niederlande zu einer Nation, die im Vergleich mit den eigentlichen europäischen Mächten keine bedeutende Rolle mehr spielte. Die Folge war, dass sich das Land mehr und mehr vom Kontinent abwandte. Das Kolonialreich im Osten, früher eine Goldgrube für die Reichen und ein Fluch für die Armen, wurde zu einer Angelegenheit der ganzen Nation. 1830 hatte man auf Java ein System der Zwangsproduktion eingeführt; ein Anbauplan schrieb den Bauern vor, in großem Umfang Produkte für den Weltmarkt zu erzeugen: Kaffee, Zucker, Tabak, Tee, Pfeffer. «Kultursystem» nannte man das. Die Herrschaft über die Bevölkerung sollte weitgehend von autochthonen Adligen ausgeübt werden – in erster Linie den so genannten Regenten, einheimischen Beamten der Kolonialverwaltung –, aber die Gewinne flossen praktisch vollständig in die niederländische Staatskasse.

So konnten sich die Niederlande auf Kosten der ostindischen Kolonien entwickeln. Und in Ostindien lagen auch die neuen Herausforderungen. Nicht in Europa.

Im Januar 1856 reiste der junge niederländische Verwaltungsbeamte Eduard Douwes Dekker von Batavia (Jakarta) nach Rangkas-Betoeng, dem Hauptort des Distrikts Lebak (heute Rangkas) in der javanischen Provinz Bantam, um dort den Posten des Stellvertreters des so genannten Residenten zu übernehmen, des Leiters der regionalen Kolonialverwaltung. Von dem Haus, in dem er gewohnt hat, ist nur noch ein gefliestes Stück Boden übrig, vermutlich aus dem Flur, Douwes Dekker blieb auch nur drei Monate in Lebak, aber seine dortigen Erlebnisse sind zur Legende geworden, und sein Aufenthalt hatte weitreichende Folgen für die Niederlande und ihre Haltung zu Ostindien.

Es war beinahe ein klassisches Drama, das sich in jenem Frühjahr 1856 in Lebak entspann. Der formelle Vorgesetzte des jungen Beamten, der Resident, war ein steifer, konventioneller Mensch, das genaue Gegenteil seines ideenreichen und eloquenten Assistenten. Der schlug gleich nach seinem Amtsantritt mit einer idealistischen

Ansprache an die einheimischen Distriktvorsteher einen ganz neuen Ton an. Er stürzte sich mit großem Elan in die Verwaltungsarbeit, empfing jeden Einheimischen, der sich an ihn wandte, vertiefte sich nachts in die Akten und Aufzeichnungen seines Vorgängers und reiste viel herum, um Missstände zu untersuchen. Schon bald erkannte er, dass niederländische und javanische Amtsträger sich Unregelmäßigkeiten in großem Maßstab zu Schulden kommen ließen und dass die Bevölkerung auf unglaubliche Weise ausgebeutet, beraubt, erpresst und misshandelt wurde. Die schlimmsten Übeltäter waren der alte javanische Regent und sein zwielichtiger Schwiegersohn, einer der Vorsteher des Distrikts. Außerdem fanden sich Hinweise darauf, dass Douwes Dekkers Vorgänger ermordet wurde, als er all diesen Machenschaften auf die Spur gekommen war.

Der mutige Assistent entschließt sich, bei der niederländischen Kolonialverwaltung Klage gegen den Regenten zu erheben, aber nun werden die Rollen vertauscht: Er selbst wird zum Beschuldigten. Sein Vorgesetzter, der Resident, eilt nach Lebak, um ihn umzustimmen. Als unser Held die Sache hartnäckig weiterverfolgt, wird er vom Generalgouverneur, der es ablehnt, ihn anzuhören, seines Postens enthoben und versetzt. Schließlich nimmt er desillusioniert seinen Abschied.

Die Niederlande schauten also tapfer weg, wenn es um die Verhältnisse in Ostindien ging, berechneten ihre Profite und verschwendeten weiter keinen Gedanken an das Los der Javaner, das war die Moral der Geschichte. Und tatsächlich wurde der Regent mit einer Erhöhung seines Solds belohnt, der schlaffe Resident erhielt den Orden vom Niederländischen Löwen, der formalistische Generalgouverneur durchlief nach seinen ostindischen Jahren eine ehrenvolle Laufbahn in der niederländischen Politik, und der idealistische Kolonialbeamte hauste drei Jahre nach der Lebak-Affäre völlig verarmt in einem Brüsseler Dachzimmer. Aber dort schrieb Douwes Dekker unter dem Pseudonym Multatuli ein Buch, in nur drei bis vier Wochen, und es wurde eines der wichtigsten Bücher der niederländischen Literatur. Es heißt *Max Havelaar oder die Kaffee-Versteigerungen der Niederländischen Handels-Gesellschaft*, und es erzählt auf mitreißende Weise, was in Lebak geschah, beschreibt den Konflikt zwischen dem engagierten Kolonialbeamten und dem korrupten Regenten, dessen verkommenem Schwiegersohn, den ängstlichen und formalistischen niederländischen Amtsträgern. Am Schluss gibt es eine Stelle, die fast wie ein Aufruf zur Revolte klingt: «Es liegt ein Raubstaat an der See, zwischen Ostfriesland und der Schelde ...»

Max Havelaar erschien im Mai 1860, und das Buch «ließ das Land erschauern», wie ein führender Liberaler es ausdrückte. Man verglich es sofort mit dem Buch über die Sklaverei, das wenige Jahre zuvor die Vereinigten Staaten in Aufruhr versetzt hatte, *Onkel Toms Hütte*. Die revolutionäre Sprache, das vernichtende Urteil über die niederländische Kolonialverwaltung, die bewegende Geschichte des javanischen Liebespaars Saidjah und Adinda – all das hinterließ einen tiefen Eindruck.

Aber entsprach auch alles der Wirklichkeit, was in der Geschichte von Max Havelaar erzählt wurde? Douwes Dekker behauptete, sie sei von A bis Z wahr. Er hörte es nicht gern, wenn man das Buch einen Roman nannte; es war eine Anklage, es enthielt Tatsachen. Und wirklich waren die Zustände in Lebak so unerträglich, dass nach der Abberufung Douwes Dekkers eine neue Untersuchung eingeleitet und einige Distriktvorsteher entlassen wurden. Andererseits hatte der Autor aus bestimmten Hauptfiguren der Geschehnisse von Lebak geradezu Karikaturen gemacht. Der geschmähte Regent beispielsweise lebte in Wirklichkeit sehr bescheiden, zum einen, weil er ein viel zu geringes Gehalt bezog, zum anderen auch, weil er schon häufig niederländischen Kolonialbeamten, die den Distrikt verließen, Hausrat und andere Dinge hatte abkaufen müssen und deshalb hohe Schulden hatte. Hier wurde also Ausbeutung wie so oft durch Ausbeutung auf einer anderen Ebene zumindest mitverursacht, und die Profite landeten am Ende in sauberen und gepflegten niederländischen Händen.

Und doch, am Kern von Multatulis Anklage war nicht zu rütteln: Tatsächlich hatten die Niederlande im Lauf des 19. Jahrhunderts Merkmale eines «Raubstaats» entwickelt. Sie zogerten die Abschaffung der Sklaverei bis 1863 und damit länger als jedes andere europäische Land hinaus, weil den Plantagenbesitzern in Surinam und auf den Antillen hohe «Schäden» drohten – offiziell hieß es, dass die 43 000 Sklaven in den Kolonien dem Leben in Freiheit nicht gewachsen sein würden. Und Ostindien bezeichnete man seit Beginn des 19. Jahrhunderts ganz offen als «angeeignetes Gebiet». Für einen Hungerlohn mussten die javanischen Bauern auf einem Fünftel ihres allerbesten Bodens Tee, Tabak und andere von der Kolonialverwaltung vorgeschriebene Pflanzen anbauen. Zunächst widersetzte sich die Bevölkerung noch; 1825 führten javanische Aufständische sogar einen «Heiligen Krieg» gegen die ungläubigen Niederlande. Der Aufstand wurde in Blut erstickt: 200 000 Javaner wurden abgeschlachtet, zehn Prozent der Bevölkerung – ein sorgfältig verdrängtes Kapitel der niederländischen Geschichte. Danach konnte das erwähnte «Kultursystem» eingeführt werden.

Die Statistiken lassen erkennen, welche Bedeutung dieses System für die Niederlande hatte: Die Gewinne aus Ostindien, vor allem aus Zucker und Kaffee, machten ab 1832 ungefähr ein Fünftel des gesamten Staatseinkommens aus, Mitte des Jahrhunderts schon ein Drittel. Es gab sogar Jahre, in denen die Einkünfte aus Ostindien höher waren als die Summen, die der Staat in den Niederlanden selbst durch Steuern und Abgaben einnahm. Nicht zuletzt dank dieser unschätzbaren Geldquelle konnten im «Mutterland» unzählige Straßen und Bahnstrecken gebaut, Kanäle gegraben, prachtvolle Bahnhöfe errichtet werden, und auch die verspätete Industrialisierung erhielt kräftige Impulse.

Douwes Dekker schrieb, dass Holland «Eisenbahnen baut von gestohlenem Geld und den Bestohlenen noch zum Bezahlen zwingt, mit Opium, Evangelium und Genever». Das war nicht weit von der Wahrheit entfernt. Dennoch war er politisch kein Revolutionär. Es fällt auf, dass *Max Havelaar* keine Anklage gegen das Zwangsanbausystem an sich ist, das übrigens in Lebak auch kaum angewandt wurde. In mancher Hinsicht profitierte Java sogar von dem System, denn die Infrastruktur wurde verbessert, es wurden Schulen und Krankenhäuser gebaut, und die Versorgung mit Nahrungsmitteln blieb im Verhältnis zur rasch wachsenden Bevölkerung auf dem gleichen Niveau. Das System war also in Douwes Dekkers Augen gar nicht so schlecht, es waren die Korruption und die Willkür, gegen die er rebellierte. Und das Wegschauen.

Max Havelaar bleibt eins der wichtigsten Bücher der niederländischen Literatur. Kurzfristig hat es zwar nicht allzu viel bewirkt – obwohl bald schon das bloße Gerücht, dass in Lebak Unregelmäßigkeiten untersucht würden, jeden ostindischen Beamten nervös machte –, aber es hatte großen Einfluss auf eine neue Generation von Kolonialbeamten. Das Buch hat dem Schweigen ein Ende bereitet; es sprach eine ganz ungewohnte, erfrischend deutliche Sprache und hat viel zu der Erkenntnis beigetragen, dass man gegenüber dem «angeeigneten Gebiet» Ostindien einiges gutzumachen hatte. Und es säte gesunden Zweifel an der Ordnung und den Gewissheiten, die man in den Niederlanden des Petrus Regout für ewig hielt.

Eduard Douwes Dekker starb am 19. Februar 1887 im deutschen Ingelheim, wo er die letzten sieben Jahre zurückgezogen und in sehr bescheidenen Verhältnissen gelebt hatte. Seine letzten Zeilen schrieb er auf eine Postkarte an seinen Schachpartner, den Dichter Herman Gorter: «Was die Schachpartie angeht, auch ich brenne vor Kampflust. Mein allerfreundschaftlichster Plan ist, Sie zu zermalmen. Um einen Anfang zu machen: 2) Sg1–f3 ... Sb8–c6.

Dass Sie jetzt noch nicht zermalmt sind, weiß ich wohl, aber das kommt schon noch ...»

8
ANGST UND FRIEDEN

Im Sommer 1886 unternahm der reiselustige Brite George Christopher Davies mit seiner Dampfyacht Atalanta eine lange Fahrt über die Flüsse und Kanäle der Niederlande. Sein Reisebericht ist eine interessante Momentaufnahme. Die Infrastruktur, die er beschreibt, war veraltet, aber alles Veraltete war hervorragend organisiert. An den Ufern standen überall Zugpferde bereit, damit Segelfahrzeuge bei ungünstigem Wind getreidelt werden konnten. Es war eine Welt aus Holz, von den Anlegestegen bis zu den Klompen, und auffällig waren die vielen Mädchen und Frauen, die auf den Uferstraßen mit Wischen und Scheuern beschäftigt waren. «Manche der Mädchen, die nackte Arme hatten und kurze Röcke trugen, waren frech genug, uns einen Handkuss zuzuwerfen und uns mit einer kleinen Neckerei zu bedenken.» Dann entdeckte er ein Storchennest: «Der Storch stand auf einem Bein und blickte seelenruhig auf die lebhafte Szene unter ihm hinab, an der Brücke, bei der Dampfschiffe und Kähne aneinander vorbeifuhren und Landleute mit ihren Karren darauf warteten, sie überqueren zu können.» Aus den offenen Fenstern einer Schule war ein Kirchenlied zu hören.

Natürlich hatte sich vieles verändert, aber die Landschaft und die Methoden des Wasserbaus, die Christopher Davies während seiner Reise kennen lernte, unterschieden sich noch nicht wesentlich von dem, was unser spanischer Reiterhauptmann Don Bernardino de Mendoza drei Jahrhunderte zuvor gesehen hatte. Es sei kein Zufall, schreibt der britische Historiker Simon Schama, dass das Wort landscape Ende des 16. Jahrhunderts gerade als Entlehnung aus dem Niederländischen (landschap) ins Englische gelangte. Denn das Element «-schap» ist wie das entsprechende deutsche «-schaft» vermutlich mit «schaffen» verwandt, und wenn es ein Gebiet gab, das man als von Menschen geschaffenes Land bezeichnen durfte, dann war das sicher die holländische Polderlandschaft, dieses Wunder der Ingenieurskunst. Wie anders ist die Landschaftsidee etwa in der italienischen Kunst jener Zeit: eine arkadische Landschaft mit Bächen und golden schimmernden Hügeln als idealer Hintergrund für mythologische Darstellungen. In den Niederlanden dagegen war die von Menschen entworfene Landschaft schon die ganze Geschichte, meint Schama, sie war sich selbst genug.

Der Triumph über das Wasser hatte aber eine Kehrseite. Heute haben die Niederlande den Küstenschutz so gut im Griff, dass die große Mehrheit der Bevölkerung gar nicht mehr darüber nachdenkt, aber bis weit ins 20. Jahrhundert hinein war ein solches Maß an Sicherheit keineswegs selbstverständlich. «Gäbe es keine Deiche, würde eine halbwegs hohe Flut alle [Seeprovinzen] unter Wasser setzen, bis Groningen, Leeuwarden, Heerenveen, Steenwijk, Zwolle, Amersfort, Utrecht, Gorinchem, Bergen-op-Zoom und Antwerpen», schrieb 1856 der Geologe Winand Staring. «An dieser Linie würden hier und dort Kaps in die Überschwemmung hineinragen, so etwa die Anhöhen von Wolvega, Steenwijkerwold und Gooi, während die Dünen wie langgezogene Inseln aus den Wassern herausschauen würden.»

Hinter den schlichten Dämmen und Deichen lauerte die unbestimmte Gefahr, und das Bewusstsein dieser Gefahr wirkte sich als permanente Beklemmung auf das holländische Lebensgefühl aus, noch mindestens bis zur Mitte des 20. Jahrhunderts. Denn erst 1932 wurde die wilde Zuiderzee durch den Abschlussdamm gezähmt, und danach sollte es noch Jahrzehnte dauern, bis man daranging, das Delta von Rhein, Maas und Schelde durch Dämme und Sturmflutwehre zu sichern; die Deiche waren generell schmaler, niedriger und ungleich verletzlicher als heute.

Polder Grootslag bei Enkhuizen, um 1600

Jeder Küstenbewohner wurde von Zeit zu Zeit mit der Bedrohung durch das Wasser konfrontiert. So war beispielsweise das Haus am Rande von Schiedam, in dem meine eigene Familie über Generationen wohnte, Teil einer Häuserreihe, die zugleich als eine Art Flutdamm diente, wenn die Maas über die Ufer trat. Im Notfall wurden vor den Fenstern und Türen dicke Bretter angebracht und die

Ritzen mit schwerem Lehm abgedichtet. In einem alten Schulaufsatz meines Vaters habe ich die Schilderung einer solchen Sturmnacht gefunden. «Dann dichtet man im Hocken alles mit Lehm ab, bis einem die Beine wehtun; wenn man nach links und rechts schaut, sieht man, soweit das Auge reicht, eine Linie von gespenstischen Lichtern, bei denen man undeutlich menschliche Gestalten erkennt. Hinter einem kommt das Wasser heran, mit Stroh und Wasserlinse vorneweg, mal ist es ganz nah, mal geht es wieder zurück. Über einem reiben sich die Äste der Bäume im Wind aneinander, ein scheußliches Geräusch ...»

Auch von der Landseite her, von den Mündungsarmen von Rhein und Maas, konnte das Wasser vordringen. Vor allem in Tauperioden kam es manchmal zu gefährlichen Situationen, wenn sich das Eis zu meterhohen Massen auftürmte, denen kein Deich hätte standhalten können. Große Binnenseen wie der Zuidplas und das Haarlemmermeer konnten bis zu den dreißiger und vierziger Jahren des 19. Jahrhunderts bei einem Deichbruch das gesamte Gebiet zwischen Rotterdam, Den Haag, Leiden und Gouda in ein Binnengewässer verwandeln. Noch im Februar 1953 entging diese südholländische Polderebene einschließlich der genannten Städte nur deshalb einer Katastrophe, weil auf der Hollandse IJssel bei Nieuwerkerk der Binnenschiffer Arie Evergroen sein Schiff De Twee Gebroeders seitlich auf ein entstehendes Loch im Deich manövrierte, um es auf diese Weise abzudichten. So bewahrte er im letzten Augenblick ein Gebiet mit etwa drei Millionen Menschen vor der Überflutung.

Man wusste natürlich um all diese Gefahren, und wenn man auch nicht ständig an sie dachte, so schien doch dieses Wissen die Psyche vieler Niederländer immer mit einer dünnen Schicht Angst zu bedecken. Sie lebten in einer selbstgemachten Falle, in Städten etliche Meter unter dem mittleren Meeresspiegel, in Dörfern und Bauernhöfen an kaum befahrbaren Straßen, auf Poldern, auf denen es nachts stockdunkel sein konnte.

Der Schriftsteller Arthur van Schendel hat in seinem Roman *De Waterman* (Der Wassermann) aus dem Blickwinkel eines kleinen Jungen den Bruch eines Flussdeichs geschildert: «Er sah Eis, überall, hochgetürmt, kippend, weitergeschoben, dort drüben den Turm und Dächer, aber nirgendwo Land, nirgendwo einen Deich. Er stand ganz aufrecht und spähte, da war nichts als Wasser und Eis, dort weinende Menschen, Männer, die schrieen, und überall brüllten die Kühe in ihrer Not. Die Tante drückte ihn unter ihrem Mantel fest an sich, bedeckte seinen Kopf, sagte immer wieder: ‹Nur ruhig.› Die Großmutter rief mit erhobenen Händen: ‹Herr, Herr, was haben wir getan ...›»

Die tiefgelegenen Teile der Niederlande, die Polder, die Ebenen hinter den Deichen, der Süden von Holland und Seeland, das Delta von Rhein und Maas, die Gebiete rund um die frühere Zuiderzee, Teile von Groningen und Friesland – sie sind keine Offenbarung einer göttlichen Natur, sondern von Anfang bis Ende Menschenwerk, und den Bewohnern war das seit jeher deutlich bewusst. Die Kirchen sind dort meistens groß und massiv, aber in den Himmel ragen sie nicht. Dies war – und ist teilweise bis heute – das Land der schwarzgekleideten strenggläubigen Kalvinisten, der tief verwurzelten orthodoxen Tradition, die auch die niederländische Politik mitgeprägt hat; das Land, in dem man unnachgiebig gegen das Wasser und andere Naturgewalten kämpfte, aber zugleich tiefe Ehrfurcht vor der Größe Gottes empfand. Ein Land des menschlichen Strebens und der Schicksalsergebenheit, des Selbstvertrauens und der Abhängigkeit, des Glaubens an die göttliche Prädestination, der tiefen Schuldgefühle; das Land eines Protestantismus, der ewig suchte und niemals fand.

Und so war es auch ein Land unablässiger religiöser Beunruhigung: Handle ich richtig, wie entgehen wir der Verdammnis, welches ist die wahre Lehre? Als sich in der Niederländisch-Reformierten Kirche liberales und aufklärerisches Gedankengut verbreitete, seit dem Ende des 18. Jahrhunderts, reagierte man darauf in diesem strenggläubigen Milieu sehr abweisend, auch wenn man sein Missfallen zunächst nicht offen bekundete. Hier und dort fanden sich orthodoxe Gläubige im kleinen Kreis zu häuslichen Andachten zusammen, sie boykottierten Kirchen, in denen statt der altvertrauten, getragenen Gesänge die neuen «freisinnigen» Lieder gesungen wurden, und propagierten eine strenge und schlichte Lebensweise nach «der Vorväter Lehre». Mit den Vorvätern waren orthodoxe Theologen und Politiker gemeint, die zu Anfang des 17. Jahrhunderts als Erste so etwas wie ein kalvinistisches nationales Selbstverständnis zu definieren versuchten.

Im Jahr 1834 traten diese protestantischen Fundamentalisten erstmals als eigenständige Gruppe in Erscheinung. Die Gemeinde des Groninger Dorfs Ulrum erklärte, sie fühle sich in der – in ihren Augen laschen – Niederländisch-Reformierten Staatskirche (Hervormde Kerk) nicht mehr heimisch, und spaltete sich als neue, selbstständige Kirche von ihr ab. Bald schlossen sich weitere Gemeinden an, und noch im gleichen Jahr wurde die Christelijke Gereformeerde Kerk gegründet. Das war der Beginn einer starken Bewegung, die über Emigranten auch die Vereinigten Staaten erreichte und aus der eine lange Reihe prominenter Niederländer hervorgehen sollte: von Hendrikus Colijn, als Ministerpräsident die übermächtige Gestalt der niederländischen Politik während der dreißiger Jahre, über Pieter Sjoerds Gerbrandy, den Premier der niederländischen Exilregierung in London, und den bekannten sozialdemokratischen Parteiführer Joop den Uyl bis zum heutigen Ministerpräsidenten Jan Peter Balkenende.

Während der ersten Hälfte des 19. Jahrhunderts nahmen die Niederlande, wie wir sie heute kennen, physisch allmählich Gestalt an – durch die Festlegung der Grenzen, durch den Bau wichtiger Fernstraßen und Kanäle und der ersten Bahnstrecken. Je mehr das Land in der zweiten Jahrhunderthälfte physisch zu einer Einheit wurde, desto dringlicher wurde auch die Entwicklung eines gemeinsamen

Selbstbildes, die Frage nach dem künftigen Charakter der Nation. In allen Bereichen der Gesellschaft entstanden Bewegungen, die dieses Gemeinwesen mitzugestalten versuchten, und hierbei spielten religiöse Fragen eine wesentliche Rolle. Die neue orthodox-kalvinistische Emanzipationsbewegung war eher der Vergangenheit zugewandt, die Katholiken dagegen, jahrhundertelang Bürger zweiter Klasse, feierten das Heute: Überall wurden neue Kirchen und Klöster gebaut, immer mehr junge Männer fühlten sich zum Priesteramt berufen, die Missionstätigkeit erreichte einen nie dagewesenen Umfang. Besonders im Süden des Landes erlebte die Mutterkirche eine zweite Jugend.

Doch alle Versuche, ein nationales Gemeinschaftsgefühl zu wecken, mussten scheitern, wenn man nicht bald ein drückendes Problem löste, das die Gesellschaft spaltete: die so genannte soziale Frage.

Mitte des 19. Jahrhunderts hatten die Niederlande gut drei Millionen Einwohner. Einige hunderttausend von ihnen – genaue Zahlen sind nicht bekannt – lebten in extremer Armut. Die Ärmsten konnten ohne Verfahren aus den großen Städten in die Bettlerkolonie Ommerschans in Overijssel deportiert werden, das Sibirien der damaligen Niederlande: Familien und Ehepaare wurden auseinander gerissen, Eltern sahen ihre Kinder niemals wieder; wer nicht hart arbeiten konnte, bekam immer weniger zu essen und wurde zusehends schwächer, ein Teufelskreis, aus dem es kein Entkommen gab.

Hunger war für Hunderttausende von Niederländern ein reales Problem. Die Kartoffel hatte im 18. Jahrhundert das Roggenbrot als Volksnahrung ersetzt, in vielen Familien kam praktisch nichts anderes auf den Tisch. Deshalb war es eine Katastrophe, als 1845 und in den Jahren danach die berüchtigte Kraut- und Knollenfäule zuschlug und gewaltige Ernteausfälle die Kartoffelpreise in die Höhe schnellen ließen. Douwes Dekker hat 1864 in wenigen Zeilen einen Einblick in das Leben eines großen Teils der niederländischen Arbeiter gegeben. Er zitiert dafür einfach ein Haushaltsbuch, nämlich das des Amsterdamer Sägemühlenarbeiters Klaas Ris. Die Nahrung für Mann, Frau und drei Kinder – hauptsächlich Brot und Kartoffeln – verschlang zwei Drittel des Budgets. Für Kleidung, Schuhe und eventuelle Arztkosten blieben der Familie genau 22½ Cent. Auf Douwes Dekkers Frage: «Geben Sie hin und wieder auch etwas aus, um sich selbst, Ihrer Frau oder Ihren Kindern ein wenig Vergnügen zu bereiten?», antwortet Ris: «Ich weiß nicht, wovon ich das bezahlen soll.»

Es ist allerdings fraglich, ob Haushaltsbücher wie das von Klaas Ris in jener Zeit noch die Norm waren. Nicht wenigen Niederländern ging es tatsächlich viel schlechter als früher, was aber vor allem damit zusammenhing, dass vielerorts die Kassen der Armenfürsorge erschöpft waren; in der Zeit der Batavischen Republik waren alte Institutionen wie die Gilden aufgelöst worden, die auch soziale Auffangnetze geboten hatten. Die steigenden Nahrungsmittelpreise bereiteten große Probleme. Andererseits gab es in den Niederlanden fast keine übervölkerten Industriestädte, in denen die Arbeiter nicht nur unmenschliche Arbeitsbedingungen ertragen mussten, sondern auch unter den erbärmlichsten Umständen in elenden Massenquartieren hausten, wie es etwa in England im 19. Jahrhundert der Normalfall war. Nach 1850 vollzog sich eindeutig eine Wende zum Besseren. Die Entwicklung im großen deutschen Hinterland brachte auch die niederländische Wirtschaft in Schwung. Mit den Profiten aus dem Zwangsanbausystem in Ostindien konnten die erdrückenden Staatsschulden auf ein normales Maß reduziert werden. Der für europäische Verhältnisse späte Aufbau des Eisenbahnnetzes machte Fortschritte: 1856 wurde Amsterdam mit dem Rheinland verbunden; 1872 wurde mit der riesigen Moerdijk-Eisenbahnbrücke über das Hollands Diep die Verbindung zwischen den nördlichen und südlichen Provinzen hergestellt, 1874 auch der Norden erschlossen. Befestigte Landstraßen beendeten die winterliche Isolation vieler Dörfer und Städte. Das Telegraphennetz brachte neue Dynamik in das Wirtschaftsleben. Die Einwohnerzahl der Hauptstadt verdoppelte sich innerhalb von Jahrzehnten, von gut 200 000 im Jahr 1840 auf über eine halbe Million im Jahr 1900.

Noch 1849 hieß es in einer Zeitschrift, die Niederlande lägen «wie in einen Todesschlaf versunken»; nicht einmal zehn Jahre später stellte das Fachblatt *De Economist* fest, dass es in vielen niederländischen Städten schon fünf, sechs oder mehr Postzustellungen täglich gab, eine nach jeder Zugankunft. «Wurde früher vielleicht über Langsamkeit geklagt, heute ist in unseren Handelsstädten manches Mal die Klage zu hören, dass man wegen des häufigen Empfangs von Briefen, beinahe zu jeder Stunde des Tages, niemals mehr Ruhe habe.» Diese wirtschaftliche Dynamik wirkte sich natürlich auf das Leben großer Teile der Bevölkerung aus, wie auch die Statistiken zeigen: Zwischen 1850 und 1880 verdoppelten sich die Arbeiterlöhne, es kam zu einem beträchtlichen Anstieg des Fleischkonsums, was auf wachsenden Wohlstand hindeutet, und von 1855 an nahm die Durchschnittsgröße von Rekruten mit jedem Jahr zu – ein wichtiger Indikator für eine Verbesserung der Ernährungslage und der Gesundheit der Bevölkerung.

Gerade diese ersten Verbesserungen erhöhten allerdings auch die Sensibilität für extreme soziale Gegensätze. In den Jahren um 1870 wurden die ersten Gewerkschaften gegründet. Ein charismatischer ehemaliger Pfarrer, Ferdinand Domela Nieuwenhuis, zog unermüdlich durch das Land und verkündete in Hunderten kleiner Säle die Heilsbotschaft des Sozialismus. Seine Zeitschrift *Recht voor Allen* (Recht für alle) ging von Hand zu Hand. Ûs Ferlosser, Unser Erlöser, nannten ihn die bettelarmen friesischen Arbeiter. In Paris erhoben sich 1871 die Kommunarden. Im Amsterdamer Jordaan-Viertel wurden 1886 während des so genannten Aal-Aufstands bei Straßenschlachten zwischen Arbeitern und Militär fünfundzwanzig Menschen erschossen und mindestens hundert verletzt. Sogar in Maastricht kam es zu Streiks.

Allmählich erkannte man allgemein die Dringlichkeit der sozialen Frage. 1887 wurde mit den Stimmen fast aller Abgeordneten der Zweiten Kammer eine Untersuchung der Arbeitsbedingungen in den Fabriken beschlossen. Sämtliche Befragungen wurden veröffentlicht, und jeder neue Untersuchungsbericht, der in der Presse erschien, erschütterte das Land. Die Arbeiter einer Zuckerfabrik mussten die Fensterscheiben zertrümmern, um überhaupt etwas frische Luft zu bekommen, keiner von ihnen wurde älter als fünfzig Jahre. In den Maastrichter Regout-Fabriken verbreiteten die Öfen so hohe Temperaturen, dass ein früherer Arbeiter die Frage stellte, wie Gott so etwas zulassen könne: «Arbeiter müssen in einen Backofen, in den der Fabrikant seinen Jagdhund oder sein Pferd nicht hineinlassen würde.»

Nach dieser Untersuchung wurde eine Reihe von Arbeitsschutzgesetzen verabschiedet, und die sozialistische Bewegung erhielt Auftrieb. 1894 wurde in Zwolle die Sociaal Democratische Arbeiders Partij (SDAP) gegründet, die Vorläuferin der heutigen Partij van de Arbeid (PvdA), mit dem engagierten Rechtsanwalt Pieter Jelles Troelstra als Galionsfigur. Der 1881 gegründete Sociaal-Democratische Bond von Domela Nieuwenhuis war in den Augen vieler Sozialisten zu anarchistisch und antibürgerlich. Troelstra und seine Anhänger strebten wie die Sozialdemokraten in anderen europäischen Ländern nach der Regierungsmacht. Domela Nieuwenhuis wurde schon 1888 in die Zweite Kammer gewählt, 1897 eroberte auch die SDAP ihre ersten Parlamentssitze, 1914 hielten die Sozialdemokraten Einzug in den Magistrat von Amsterdam, aber erst im Jahr 1939, nachdem sie den Klassenkampf aus ihrem Programm gestrichen hatten, wurden sie an der Regierung beteiligt.

Der fast religiöse Gehalt des sozialistischen Ideals war auch für die katholische Geistlichkeit Grund genug, sich der sozialen Frage zu stellen. In Limburg zum Beispiel regte der Almosenier Henri Poels die Gründung – sehr obrigkeitstreuer – örtlicher Bergbau- und Eisenbahnergewerkschaften an; er selbst gründete nach sozialistischem Vorbild Konsumgenossenschaften wie Ons Dagelijksch Brood (Unser Täglich Brot), und auch die Entstehung katholischer Wohnungsbaugenossenschaften geht auf ihn zurück. Er hatte es eilig mit seinen sozialen Projekten: «Wenn es nicht schnell genug geht, ist in der sozialen Küche der Pfannkuchen bald angebrannt, und man bekommt ihn nicht mehr aus der Pfanne!»

Auch bei den Protestanten tat sich etwas. Parallel zu den sozialistischen Organisationen gründeten sie eigene Gewerkschaften, eigene Schulen, eigene Zeitungen, eigene Krankenkassen. So kam es, dass die Niederlande immer weniger eine «Staatsnation» wie beispielsweise Frankreich waren, eine Nation, wie sie auch Wilhelm I. im Jahr 1813 gewollt hatte. Stattdessen entwickelten sie sich zu einer Nation aus mehreren mehr oder weniger geschlossenen religiösen und weltanschaulichen Gemeinschaften.

Bemerkenswert war vor allem, wie der charismatische Pfarrer Abraham Kuyper die gärende Unzufriedenheit im Milieu der orthodoxen Kalvinisten in politische Aktion umsetzte und seine Anhängerschaft in einer straff geführten Massenorganisation vereinte. Alles begann 1872 mit einer eigenen Tageszeitung, *De Standaard*. Im Jahr 1879 wurde Kuyper der erste Vorsitzende des «Zentralkomitees der antirevolutionären Wählervereinigungen», praktisch also der Antirevolutionaire Partij (ARP). 1880 gründete er die orthodox-kalvinistische Freie Universität Amsterdam. 1886 schließlich brach er mit der Niederländisch-Reformierten Staatskirche und rief eine eigene Kirchengemeinschaft ins Leben, die Gereformeerde Kerken. Diese vereinigten sich später mit der durch die Abspaltung von 1834 entstandenen Kirche; beide Bewegungen gingen ja aus jenem kalvinistischen Milieu hervor, das die säkularen Ideale der Aufklärung ablehnte. Überall gründeten Kuypers Anhänger eigene Schulen als Alternative zu dem in ihren Augen gottlosen öffentlichen Schulwesen. Jahrzehntelang sollte der Streit über die geforderte staatliche Finanzierung dieser Konfessionsschulen immer wieder zu politischen Krisen führen.

Die verschiedenen Emanzipationsbewegungen, vor allem die sozialistische, orthodox-protestantische und katholische, schufen so allmählich die Grundlagen für einen spezifisch niederländischen

Partikularismus, bei dem jede weltanschauliche Gruppe, einschließlich einer so genannten neutralen, eine eigene gesellschaftliche «Säule» bildete; man spricht deshalb von der «Versäulung» der Niederlande.

Die Anhänger Abraham Kuypers hatten um die Jahrhundertwende einen Anteil von nur etwa 7 Prozent an der Gesamtbevölkerung, aber sie waren hervorragend organisiert. Zusammen mit den Katholiken errangen sie 1901 einen gewaltigen Wahlsieg; ihr ideenreicher Anführer brachte es sogar zum Ministerpräsidenten.

Nun hat die Emanzipationsbewegung des Abraham Kuyper einiges Widersprüchliche an sich. Sie nannte sich ausdrücklich «antirevolutionär». Kuypers Anhänger wollten das Gedankengut ihrer «Vorväter» aus dem 17. Jahrhundert wieder zu Ehren bringen, wetterten gegen die angebliche Rekatholisierung der Niederlande, lehnten Liberalismus und Sozialismus ab, verwarfen nach eigenen Worten den «Zeitgeist», und doch war ihre Bewegung in mancher Hinsicht auch modern: Sie zögerte nicht, die neuen Techniken und Kommunikationsmöglichkeiten der zweiten Hälfte des 19. Jahrhunderts für ihre Zwecke zu nutzen. Dank des stark verbesserten Postdienstes erreichte Kuypers Zeitung *De Standaard*, mit der er seine eigene «vorgestellte Gemeinschaft» schuf, sämtliche Winkel des Landes. Das neue Eisenbahnnetz und später auch das Fahrrad machten es möglich, an fast jedem Ort Prediger und Propagandisten einzusetzen und Massenveranstaltungen zu organisieren, bei denen Kuyper oder andere prominente Parteileute persönlich sprachen. Telegraf und Telefon erlaubten schnellen Informationsaustausch über weite Entfernungen und über Grenzen hinweg, und entsprechend rasche Entscheidungen.

Kuypers Antirevolutionaire Partij gilt allgemein als die erste moderne Partei der Niederlande; ein halbes Jahrhundert früher wäre eine solche Organisation allein schon aus praktischen Gründen nicht möglich gewesen. Andererseits hatte sie eine antimoderne Ideologie, sie orientierte sich geistig vor allem am 17. Jahrhundert, nur der Nationalismus des 19. war neu. Vielleicht ist der Vergleich mit dem wilhelminischen Deutschland nicht ganz abwegig. Einerseits war man von all den Möglichkeiten fasziniert, die sich in dieser Epoche plötzlich eröffneten, andererseits machte die Geschwindigkeit der Veränderungen vielen auch Angst, weshalb sie sich an eine mehr oder weniger imaginäre Vergangenheit klammerten. Gerade die orthodox-protestantischen Bewegungen gaben diesen widersprüchlichen Gefühlen Ausdruck. Sie führten ihre Anhängerschaft in die moderne Welt, gleichzeitig aber, und das war vielleicht noch wichtiger, zogen sie dabei ständig die Bremse an. Sie machten vorsichtig mit Neuem vertraut, vor allem aber boten sie Sicherheit.

Die «versäulten» Niederlande, die im 19. Jahrhundert entstanden, waren politisch und unpolitisch zugleich. Zwar wurden gegen Ende des Jahrhunderts schwerwiegende politische Konflikte ausgetragen: um die Konfessionsschulen, um die soziale Frage, um die Machtverteilung zwischen Regierung und Zweiter Kammer, um das Streikrecht – 1903 wurde ein von den sozialistischen Gewerkschaften ausgerufener allgemeiner Eisenbahnerstreik von den «christlichen» Gewerkschaftlern Kuypers gebrochen – und um das Wahlrecht, das nach und nach auf neue Gruppen erweitert wurde.

Dennoch hatte dieses System der mehr oder weniger geschlossenen Gemeinschaften in gewissem Sinn etwas Unpolitisches. Säule neben Säule neben Säule – so lebte man zumindest in politischer Hinsicht weitgehend aneinander vorbei. Die großen Diskussionen fanden innerhalb der eigenen Gruppe statt, anschließend wurden in der Regierung, in der Zweiten Kammer, in den Gemeinderäten und anderen Gremien Kompromisse ausgehandelt und Knoten durchgehackt, das alles unter dem Motto: «offen an der Spitze, geschlossen am Fuß» (der einzelnen Säulen). So entwickelte sich eine Art nationales Arbeitsprinzip, das auf Kooperation und Konsens beruhte und an dem man während eines großen Teils des 20. Jahrhunderts festhielt: auf der internationalen Ebene Neutralität, um das Land aus den machtpolitischen Konflikten des unruhigen Kontinents herauszuhalten, und im Inneren Frieden über alles.

Dieses System konnte auch deshalb lange funktionieren, weil eines der Ereignisse, die im 20. Jahrhundert die Welt am stärksten erschüttern sollten, für die Niederlande ein Nicht-Ereignis war: der Erste Weltkrieg – eine Katastrophe, die das Nachbarland Belgien, 1914 eines der am weitesten entwickelten Länder Europas, fast irreparabel beschädigte. Durch eine späte Änderung in den deutschen Kriegsplänen ging dieses Unglück an den Niederlanden vorbei. Aber auch ein Nicht-Ereignis kann den Lauf der Geschichte beeinflussen: Den Niederlanden fehlte eine Erfahrung, die das übrige Europa tiefgreifend veränderte, und dadurch gerieten sie in gewisser Weise noch mehr in eine Außenseiterposition.

Den Krieg ganz auszusperren war nicht möglich, denn Hunderttausende Flüchtlinge aus Belgien, das zum Hauptschlachtfeld geworden war, strömten über die Grenzen. Einige blieben während des gesamten Krieges; in mehreren Städten wurde das Stromnetz von Elektrikern aus Belgien angelegt, wo man auf diesem Gebiet schon ein Stück weiter war. 1915 wurden die Niederlande auch buchstäblich vom Rest des europäischen Kontinents isoliert: Die Deutschen errichteten entlang der niederländisch-belgischen Grenze einen elektrischen Zaun, zweihundert Kilometer lang, zwei Meter hoch, mit einer Spannung von zweitausend Volt. An dieser Absperrung, Den Draad genannt, kamen zwischen 500 und 3000 Flüchtlinge und Schmuggler ums Leben.

Im Inneren brachte der Krieg eine große Versöhnung zustande. Ein «Nationales Krisenkomitee» wurde eingesetzt, in dem so gut wie alle Religionen und Ideologien vertreten waren. 1917 wagte man noch einen Schritt weiterzugehen. Rechts und Links beendeten mit einer Art Tauschgeschäft zwei langwierige Kontroversen: Die Konfessionellen bekamen die rechtliche Gleichstellung ihrer Schulen, die

Sozialisten dafür das allgemeine und gleiche Wahlrecht für Männer – das Frauenstimmrecht folgte wenig später. Außerdem wurden neue Sozialgesetze auf den Weg gebracht, um Unruhe am unteren Rand der Gesellschaft zu vermeiden. Mit dieser so genannten Pazifikation wurden die Versäulung und die weltanschauliche Diversität endgültig akzeptiert. Die Niederlande sollten ein Land der «Einheit in Vielfalt» werden.

Ganz kurz sah es so aus, als drohe diesem neuen inneren Frieden Gefahr. Am Ende des Ersten Weltkriegs brachen vor allem in den unterlegenen Staaten Meutereien, Streiks und Straßenkämpfe aus. Mindestens ein Dutzend Monarchien, darunter zwei jahrhundertealte Imperien, brachen zusammen; Deutschland schien einem Bürgerkrieg entgegenzutaumeln.

Etwas von dieser Unruhe erfasste auch die Niederlande. Es gab ein paar Streiks und kleinere Krawalle, und in einigen Kasernen herrschte eine explosive Stimmung. Als der deutsche Kaiser am Grenzübergang Eijsden um politisches Asyl gebeten hatte, glaubte SDAP-Chef Pieter Jelles Troelstra, nun sei auch in den Niederlanden die Zeit reif für eine sozialistische Revolution. In einer emotionalen Rede in der Zweiten Kammer verkündete er, unter den gegebenen Umständen repräsentiere die Regierung nicht mehr das niederländische Volk. Das Wort «Staatsstreich» fiel zwar nicht, aber es war jedem klar, was Troelstra meinte. Er musste allerdings feststellen, dass er praktisch allein stand.

Seine linken Mitstreiter hielten nichts von einem Umsturz. Mehr noch: Die Volksbewegung, auf die er gesetzt hatte, kam von rechts. Vor allem die konfessionellen Parteien reagierten rasch, stellten Bürgerwehren auf und organisierten antirevolutionäre Massenkundgebungen; den Höhepunkt bildete eine große Demonstration auf dem Haager Malieveld, wo eine gewaltige Menschenmenge der königlichen Familie zujubelte. Das Signal war deutlich: Anderswo in Europa mochte eine Dynastie nach der anderen fallen, in den Niederlanden würde dergleichen nicht geschehen.

Troelstra musste in der Zweiten Kammer einen höchst peinlichen Rückzieher machen. Er erklärte, dass er niemals, niemals das Wort «Staatsstreich» in den Mund genommen habe. Die größte niederländische Arbeiterpartei war endgültig bürgerlich geworden. Was auch immer das unberechenbare Europa sonst an Neuem bringen mochte, die Revolution jedenfalls ließ man nicht ins Land.

9

VOLENDAM IM KRIEG

Das niederländische Fest schlechthin ist eine häusliche Angelegenheit: Sinterklaas. Es ist das Kinderfest am 5. Dezember, dem Vorabend des Namenstages des Heiligen Nikolaus, des Schutzpatrons der Seefahrer, reisenden Kaufleute und Kinder. Der Legende zufolge – und fast jedes niederländische Kind glaubt daran – kommt er auf einem großen, mit Päckchen beladenen Dampfer aus Spanien, begleitet von zahllosen schwarzen Knechten, den so genannten Zwarte Pieten. Dann reitet er auf seinem Schimmel über die Dächer, horcht durch die Schornsteine ins Innere der Häuser, ob die Kinder auch brav sind, und wirft durch die Schlote Pfeffernüsse und Geschenke hinunter, die wundersamerweise am nächsten Morgen vor den Heizkörpern ausliegen. Aber auch die Vorstellung der Gerechtigkeit und Strafe gehört dazu: Wenn Kinder allzu ungezogen waren – was in einem großen Buch festgehalten ist –, werden sie in den leeren Geschenksack gestopft und auf dem Rückweg nach Spanien mitgenommen, wo sie das ganze Jahr über in riesigen Spielzeugfabriken schuften müssen.

Es ist ein altes Fest, zu dem seit jeher das Schenken gehörte – wir haben es schon in einem früheren Kapitel erwähnt – und dem im Lauf der Zeit immer mehr Zutaten beigefügt wurden, zum Beispiel im 19. Jahrhundert das Dampfschiff. Manche Kritiker glaubten in den schwarzen Knechten Überbleibsel der niederländischen Sklavenhalter-Vergangenheit zu erkennen, aber das ist ein Irrtum: Die schwarzen Gestalten um den Heiligen stammen aus dem späten

Mittelalter; ursprünglich waren sie vom Höllenfeuer geschwärzte Teufelchen, die am Rande der Sinterklaas-Prozession herumsprangen, um Kinder zu erschrecken.

Jedes Sinterklaas-Fest beginnt mit der Ankunft des Heiligen, im Idealfall auf einem richtigen Dampfer, und nirgendwo kann man es schöner feiern als in Volendam, einem traditionsreichen ehemaligen Fischerdorf am Deich der früheren Zuiderzee, etwa fünfzehn Kilometer nördlich von Amsterdam. Das Ritual spielt sich in der Abenddämmerung ab, das ganze Dorf scheint dann im letzten Tageslicht zum Hafen zu ziehen, aufgeregte Kinder mit ihren Eltern, aber auch coole Disco-Mädchen und die dynamischen Jungunternehmer der Feriensiedlung Marinapark. Sämtliche Fenster der kleinen Häuser an der Deichstraße bieten Einblicke ins holländische bürgerliche Leben, man versteckt sich hier nicht hinter Gardinen: eine Familie am Tisch – sie isst ungewöhnlich früh; ein gähnender Mann auf einem Sofa, der im Fernsehen einen anderen Sinterklaas-Einzug verfolgt; ein Junge am Computer; eine ganze Familie vor dem Fernseher; ein Kind, das mit Legosteinen spielt; eine Frau mit einem Buch ... nichts darf verborgen bleiben.

Dann kommt das Warten auf dem überfüllten Kai, bis sich, fast schon im Dunkeln, das Boot nähert, Dutzende von Zwarte Pieten jubeln und swingen zu lauter Musik, Sinterklaas winkt, es ist wahrhaftig ein Schimmel an Bord, und der falsche Schornstein des Schiffchens spuckt Rauchwolken, der ganze Kai singt, Feuerwerkskörper knallen – das ist Sinterklaas, und das ist Volendam.

Mit seinen alten Holzhäusern und Trachten und seinen vor allem für Touristen am Leben erhaltenen Bräuchen ist Volendam heute ein bekannter Fremdenverkehrsort; außerdem ist es Standort etlicher Bau- und Internetunternehmen, ein Paradies für den Liebhaber des so genannten Aalsounds – die zahlreichen Volendamer Sänger und Rockbands sind in Holland berühmt – und die Heimat des Fußball-Erstligisten FC Volendam. Es geht hier in mancher Hinsicht recht wild zu, der Alkohol- und Drogenkonsum unter Jugendlichen ist besorgniserregend. Und immer war Volendam als katholische Dorfgemeinschaft ein Außenseiter im ansonsten so kalvinistischen Herzen von Holland.

Obwohl es ein Küstenort ist, war Volendam im Grunde immer eine Insel. Jahrhundertelang war das Dorf nur vom Meer aus zu erreichen. An der Landseite lagen Sumpfgebiete, und der einzige Weg ins Hinterland, mit vierundzwanzig Brettern über vierundzwanzig Gräben, war meistens unbegehbar. Nicht zufällig wurde das Dorf schon Ende des 19. Jahrhunderts vom frühen Tourismus als eine Art Ur-Holland entdeckt, wo die alten Trachten mit ihren typischen Mützen und Hauben, Wollhemden, Pluderhosen und Klompen noch im Alltag getragen wurden, wo folkloristische Rituale noch lebendig waren und man den unverfälschten Dialekt von Waterland sprach.

Auch diese Abgeschlossenheit ist Volendam. Und in diesem Sinn sind die Niederlande ein Volendam im Großen: offen zum Meer hin, modern und manchmal entschlossen progressiv, aber gleichzeitig voller Misstrauen gegenüber dem Kontinent und all den unbekannten Gefahren, die von dort kommen; und immer auch geneigt, sich in sich selbst zurückzuziehen, weil in der großen Welt dort draußen so ein kleines Dorf, zumindest in politischer Hinsicht, ohnehin nicht mehr zählt.

Schon 1839 waren für die Niederlande alle europäischen Machtträume endgültig ausgeträumt; außenpolitisch war das Land in seiner Handlungsfähigkeit seitdem stark eingeschränkt. Es war wirtschaftlich in hohem Maße von Deutschland abhängig, während England praktisch seine Sicherheit garantieren musste. Denn aus britischer Sicht wäre es nicht hinnehmbar gewesen, wenn die Mündungsgebiete von Rhein, Maas und Schelde in französische oder deutsche Hände gefallen wären. Dies zu verhindern war schon seit Jahrhunderten ein wichtiges Ziel britischer Politik auf dem Kontinent, und allein schon deshalb sollte Großbritannien 1914, als Belgien von Deutschland überrannt wurde, intervenieren.

Andererseits lauerte dieser natürliche europäische «Verbündete» auf den reichen niederländischen Kolonialbesitz wie eine Katze auf die Maus. Seit dem letzten Seekrieg gegen England im späten 18. Jahrhundert besaßen die Niederlande keine Marine mehr, die eine gewaltsame Übernahme der Kolonien hätte verhindern können. Mehr noch: Nur die britische Herrschaft über die Meere sicherte die gefährdeten Verbindungswege zu den Kolonien, von denen die Niederlande in so hohem Maße abhängig waren. Doch mit dem Krieg gegen die Buren, die südafrikanischen Geistes- und Sprachverwandten der Niederländer, zeigten die Briten auch, dass sie sich keinerlei Zurückhaltung auferlegten, wenn es um ihr Empire ging. Und der östliche Nachbar, das unruhige Deutschland mit seinen neuen europäischen Ambitionen, wurde immer bedrohlicher. Kurz und gut, die niederländische Diplomatie hatte einen schwierigen Balanceakt zu bewältigen, damit das Land nicht zwischen den Großmächten zerdrückt wurde.

Seit der Mitte des 19. Jahrhunderts hatten sich die Niederlande, was die Beziehungen zur übrigen Welt angeht, vor allem auf ihre ostindischen Kolonien konzentriert; auf dem eigenen Kontinent hatten sie sich in einen Kokon aus Neutralität eingesponnen. Im Notfall hoffte man, sich mit dem alten Feind Wasser verbünden zu können: Dank eines raffinierten Systems aus Deichen, Schleusen und Befestigungen, der so genannten Holländischen Wasserlinie, konnte die Randstad in eine Insel oder zumindest eine Art Volendam verwandelt werden, umgeben von überflutetem Land. Ja, ein wenig von der Isolation und Unverletzlichkeit Großbritanniens hätten auch die Niederlande gern gehabt.

Der Neutralitätsgedanke machte im Lauf der Zeit eine Veränderung durch. Neutralität wurde von einer Notwendigkeit zu einer Tugend, wie auch Machtlosigkeit auf der internationalen Ebene irgendwann nicht mehr als Problem, sondern als Prinzip gesehen wurde: Schwäche war doch etwas Edles, Macht bedeutete immer auch schmutzige Hände. So fand dieses Land der Millionen Schulmeister, Pfarrer, Propheten, Kolumnisten und anderer hochmoralischer Rechthaber langsam wieder einen eigenen Weg.

In der Praxis erwies sich die Neutralitätspolitik als erfolgreich, obwohl das Land 1914 nur knapp dem großen europäischen Krieg entging. Ursprünglich hatte die Strategie des deutschen Generalstabs, der Schlieffen-Plan, die Umgehung der französischen Festungen durch den Vorstoß nicht nur über belgisches, sondern auch über niederländisches Gebiet vorgesehen, aber in den letzten Jahren vor dem Krieg hatte man sich dafür entschieden, die Niederlande zu verschonen; im Fall einer Blockade konnten sie als neutrale «Luftröhre» noch sehr nützlich werden.

Allerdings erinnerte der europäische Krieg das Land wieder an seine Schwäche und Verletzlichkeit. Bei der Nahrungsmittelversorgung waren die Niederlande vom Ausland abhängig, vor allem von den Vereinigten Staaten; Kohle, Eisen und andere Rohstoffe kamen aus Deutschland; der Nachschub aus den Kolonien war gefährdet, weil Großbritannien willkürlich Verbindungslinien blockierte. Nahrungsmittel wurden knapp, hier und da kam es zu Unruhen, aber im Großen und Ganzen sollte das Land diese Katastrophenjahre relativ gut überstehen.

Und während sich das übrige Europa in den Jahren nach 1918 nur mühsam erholte, erlebte die niederländische Wirtschaft sogar ein beispielloses Wachstum. Die Nachfrage nach Investitionsgütern war groß, und die unversehrte niederländische Industrie konnte wie kaum eine andere in Europa dank des Gummis, des Öls und anderer Einfuhren aus Ostindien alles liefern, was damals besonders begehrt war.

Diese neue Dynamik veränderte auch die Landschaft. Im Jahr 1918 wurde beschlossen, die Zuiderzee in ein Binnengewässer zu verwandeln. Die große Meeresbucht war seit jeher ein tückischer Feind –

noch 1916 waren während eines heftigen Sturms an mehreren Stellen die Deiche gebrochen und große Teile Nordhollands überflutet worden. Außerdem hatte sich in den Jahren 1914 bis 1918 mehr als deutlich gezeigt, dass die Niederlande nur dann aus eigener Kraft überleben konnten, wenn sie selbst ausreichend Nahrungsmittel produzierten, was eine erhebliche Vergrößerung der Anbaufläche, das heißt Landgewinnung in großem Maßstab als notwendig erscheinen ließ. Es kam noch hinzu, dass man nun über Techniken verfügte, die auch die größten wasserbaulichen Projekte ermöglichten.

Der erste Schritt war eine Verkürzung der Küstenlinie durch einen gewaltigen Abschlussdamm zwischen Nordholland und Friesland. Durch die Abriegelung gegenüber dem Meer und den Zustrom von Flusswasser musste sich die Salzwasserbucht in einen Süßwassersee verwandeln, was der Versalzung der Küstengebiete ein Ende bereiten würde. Anschließend sollten in diesem neuen Gewässer, dem IJsselmeer, mit niedrigeren Binnendeichen fünf große Polder angelegt werden.

Abschlussdamm (Afsluitdijk), 1930er Jahre

Die Verwirklichung des gigantischen Projekts begann am Mittag des 29. Juni 1920 mit der feierlichen Ausschüttung des ersten Kübels Erde im Amsteldiep zwischen Nordholland und der damaligen Insel Wieringen, wo das erste Teilstück des Abschlussdamms entstand. In den folgenden zwölf Jahren waren Tausende von Arbeitern fünfundfünfzig Stunden pro Woche im Einsatz; anderthalb Millionen Senkstücke, aus Weiden-Flechtwerk gefertigt, dreizehn Millionen Kubikmeter Geschiebelehm, der vor Ort mit Schwimmbaggern abgebaut wurde, und dreiundzwanzig Millionen Kubikmeter Sand bildeten das Fundament des zweiunddreißig Kilometer langen Damms, das man mit Matten aus Weidenruten und ungefähr anderthalb Millionen Basaltblöcken verstärkte. Am 25. Mai 1932 wurde die letzte Lücke im Damm geschlossen.

Etwa sechzig Jahre später waren die Zuiderzeewerke – vorläufig – vollendet. Vier gewaltige Polder waren geschaffen worden; auf die Anlage des fünften wurde in den neunziger Jahren definitiv verzichtet, wobei ökologische Gründe und die sinkende Nachfrage nach landwirtschaftlichen Nutzflächen den Ausschlag gaben. Auf den Poldern, zwei bis fünf Meter unter dem Meeresspiegel, waren neue Städte gegründet worden – das rasch wachsende Almere im Südlichen Flevoland hat inzwischen 180 000 Einwohner –, und über den Abschlussdamm flutet vierspurig der Verkehr, als wäre das die normalste Sache der Welt.

Ein neuer Geist hatte nach dem Ersten Weltkrieg von dem bis dahin eher stillen Land Besitz ergriffen. Der Konsum nahm rasch zu, in Kinos, Tanzlokalen und anderen großstädtischen Vergnügungsstätten herrschte Hochbetrieb; Literatur, Theater und Bildende Kunst experimentierten mit neuen Formen; die Arbeiter forderten und erhielten höhere Löhne und mehr Freizeit. Gleichzeitig empfand ein großer Teil der Bevölkerung dieses moderne Leben als etwas höchst Fragwürdiges. Im Land meiner Großeltern, sagen wir den Niederlanden der Jahre 1885 bis 1965, beherrschte immer wieder ein großes

Thema die Diskussion – mehr als anderswo in Europa: das Ringen eines im Grunde traditionalistischen, religiös geprägten Landes mit dem Phänomen der Moderne.

Das Säulensystem regelte weiterhin die Beziehungen zwischen den verschiedenen gesellschaftlichen Gruppen, selbst in den Siedlungen auf dem gerade gewonnenen Neuland: Bei der Auswahl der ersten Polderbewohner in den zwanziger und dreißiger Jahren wurde sorgfältig darauf geachtet, dass die Konfessionen und Weltanschauungen gleichmäßig vertreten waren. So gab es in jedem neuen Polderdorf ab einer gewissen Größe auch mindestens drei verschiedene Schulen: eine katholische, eine orthodox-kalvinistische und eine staatliche.

Innerhalb der konfessionellen Gruppen wurden in jenen Jahren die Zügel sogar noch straffer angezogen. Denn nun waren es nicht mehr nur die Andersdenkenden, vor denen die eigene Herde geschützt werden musste, sondern auch die Versuchungen des Wohlstands und des modernen Lebens allgemein. So wurde zum Beispiel im streng kalvinistischen Milieu meiner Eltern heftig darüber diskutiert, ob Frauen «fleischfarbene» Strümpfe tragen dürften oder nicht. «Da war das schlechte Buch; da war das Kino; da war das Theater», schrieb die wichtigste Illustrierte der konservativen Kalvinisten, *De Spiegel*. «Alles gleichermaßen verderblich; gotteslästerlich, den Menschen, der doch Gottes Ebenbild ist, erniedrigend ...» Ein ähnliches Blättchen, *Onze Eeuw* (Unser Zeitalter), meinte: «Man spricht von einem neuen Leben, aber woher soll dies kommen in einer Zeit, die in Auto- und Motorrad-Gerase und im Abklappern von Kinos Erfüllung ihrer unersättlichen Gier nach Sensationen sucht?»

Ein großes Problem war hier das Aufkommen des Radios. Unliebsame Bücher und Zeitungen konnte man von der Familie fern halten, den Besuch von Theatern, Tanzsälen, Kinos oder politischen Veranstaltungen des Gegners durch soziale Kontrolle innerhalb der Säulen verhindern, aber der Rundfunk überwand alle Hindernisse. «Man hat hier eine Sprache vernommen, die man nicht hören sollte», schrieb ein Kommentator des erwähnten *Spiegel*. «Man hat die Klänge der weltlichen Musik gehört, die die Gedanken im Tanzsaal verweilen ließen.» Das Radio habe in den christlichen Familien «schon so manches Unheil gestiftet».

Unablässig versuchte man die Angehörigen der eigenen Säule, ob orthodoxe Kalvinisten, Katholiken, Sozialisten oder Kommunisten – für die Auseinandersetzung mit dem Fremden, dem Anderen zu mobilisieren: durch Predigten und Zeitungsartikel, aber auch durch Massenveranstaltungen, die erst mit dem Aufkommen des Fernsehens und durch die Säkularisierung und langsame «Entsäulung» in der zweiten Jahrhunderthälfte allmählich an Bedeutung verloren.

Die Institutionen der Säulen dienten allerdings immer zwei verschiedenen und manchmal gegensätzlichen Zwecken: Einerseits waren sie ein Mittel der Disziplinierung und auch der Befriedung in diesem weltanschaulich so zersplitterten Land. Andererseits boten sie Hunderttausenden einfacher Menschen, ob sie nun Sozialisten oder konservative Kalvinisten waren, die Möglichkeit, sich zu bilden, mehr zu hören, zu sehen, zu lernen – und dabei auch über die Grenzen des eigenen Milieus hinauszublicken. So spielte auch der «verderbliche» Rundfunk in den dreißiger Jahren eine Doppelrolle. Einerseits konnte dieses Medium die eigenen Leute auf Vordermann bringen, andererseits waren seine täglichen virtuellen Massenkundgebungen auch dazu geeignet, Andersdenkende zu überzeugen. Der erste niederländische Politiker, der eine Ansprache über das Radio hielt, war im Jahr 1924 ausgerechnet der Anführer der konservativen «kleinen Leute», der ARP-Vorsitzende Hendrikus Colijn. Und auch die erste Rundfunkgesellschaft wurde von dieser konfessionell-weltanschaulichen Gruppe ins Leben gerufen: Die Nederlandse Christelijke Radio-Vereniging (NCRV).

Die anderen Säulen folgten, was natürlich heißt, dass jede ihre eigene Rundfunkgesellschaft gründete. So entstanden die «neutrale» Algemene Vereniging Radio Omroep (AVRO), die rote Vereniging van Arbeiders Radio Amateurs (VARA), der Katholieke Radio Omroep

(KRO) und der liberal-protestantische, später ausgesprochen libertäre Vrijzinnig Protestantse Radio Omroep (VPRO). Auch das öffentlich-rechtliche Rundfunksystem spiegelte also die weltanschauliche Zersplitterung wieder: Jede Gesellschaft erhielt auf der Grundlage ihrer Mitgliederzahl, die regelmäßig ermittelt wurde, einen bestimmten Anteil an der Sendezeit, und jede sah das Tagesgeschehen durch ihre Brille, mehr oder weniger stark gefärbt.

Das Fernsehen wurde ab den fünfziger Jahren auf die gleiche Weise verteilt: Im einzigen Fernsehkanal – später kamen zwei weitere hinzu – hatten an einem Abend die Sozialdemokraten das Sagen und am nächsten Tag die orthodoxen Kalvinisten, wobei es geschehen konnte, dass auf deren Sendungen mitten am Abend ein «schockierender» Beitrag des libertären VPRO folgte. Die Zulassung kommerzieller Sender wurde bis in die achtziger Jahre hinein erfolgreich verhindert, und so hat dieses merkwürdige, aber mächtige System konfessioneller und weltanschaulicher Sender als letztes Überbleibsel der Versäulung fast bis zum Ende des 20. Jahrhunderts überlebt.

Zwischen 1918 und 1939 hatten die Niederlande ihre eigene Variante des Phänomens «starker Mann», den schon erwähnten Hendrikus Colijn. Bei der Linken wegen seiner strengen Sparpolitik verhasst, besaß er doch die Achtung großer Teile der Bevölkerung. «Gehen Sie ruhig schlafen, die Regierung wacht» – mit diesen Worten beendete er eine Rundfunkansprache während einer der ernstesten wirtschaftlichen Krisen, und die meisten Niederländer vertrauten ihm.

Colijn war ein typisches Produkt des Polders, aufgewachsen als Bauernsohn im damals gerade erst trockengelegten Haarlemmermeer-Gebiet, dazu erzogen, fest zuzupacken und jede Wildnis nach seinem Willen zu formen, zur Not mit Gewalt. Wie viele Bauernsöhne ging er zur Armee und kam 1894 als Leutnant nach Niederländisch-Indien, wo er an der berüchtigten Lombok-Expedition teilnahm. In einem Brief an seine Frau berichtete er, er habe Frauen und Kinder, obwohl sie um Gnade flehten, zusammen mit aufständischen Männern erschießen lassen. «Es war eine unangenehme Aufgabe, aber es ging nicht anders. Die Soldaten haben ihnen mit Freuden ihre Bajonette in den Leib gerammt.»

In den zwanziger und dreißiger Jahren schienen solche Kriege im fernen Ostindien endgültig Vergangenheit zu sein. Die Kolonie gehörte zu den niederländischen Selbstverständlichkeiten. Im letzten Vorkriegsjahr machten direkte oder indirekte Einkünfte aus Ostindien ungefähr ein Siebtel des Nationaleinkommens aus, und in Amsterdam beispielsweise bildeten die Betriebe, die Kolonialprodukte wie Kaffee, Tee, Zucker, Tabak und Gummi verarbeiteten, das Rückgrat der Wirtschaft. Doch auch in dieser Hinsicht war man verletzlich. Die niederländische Marine hätte die Verbindungswege zwischen Kolonie und Mutterland im Ernstfall nicht sichern können, und auf dem indonesischen Archipel waren die Niederländer mit einer Kolonialarmee von gerade einmal 35 000 Mann für potenzielle Invasoren kaum ein ernstzunehmender Gegner.

Die meisten Politiker und Meinungsführer hatten im Grunde keine Vorstellung von diesem indonesischen Reich, das formal unter niederländischer Herrschaft stand – auf die europäische Landkarte projiziert ein Gebiet von Irland bis zum Kaukasus. Außerdem waren sie sich nicht darüber im Klaren, auf wie wenige Europäer sich das Kolonialregime stützte: nicht viel mehr als 100 000 bei einer Gesamtbevölkerung von siebzig Millionen. Auch in dieser Frage war Abraham Kuyper seiner Zeit voraus. Schon 1914 bezeichnete er das niederländisch-indische Königreich als Fiktion oder zumindest künstliche Konstruktion, deren Ende auf die eine oder andere Weise in absehbarer Zeit kommen werde. Der einzige triftige Grund für die weitere Anwesenheit der Niederländer sei die Aufgabe, «das ostindische Volk zur Selbständigkeit zu erziehen.»

Diese Auffassung – im Grunde eine «orientalistische» Variante des Bürgerideals aus der Zeit der Aufklärung – sollte sich in den folgenden Jahrzehnten in der so genannten «ethischen Richtung» der Kolonialpolitik niederschlagen: Die Niederlande folgten auf dem indonesischen Archipel ihrer «moralischen Berufung» als «christliche Macht». Tatsächlich wurden in jener Zeit zahllose Dorfschulen und Krankenhäuser gegründet; Indonesier konnten zunächst im Mutterland und später auch in Niederländisch-Indien selbst studieren; große Teile des Landes wurden von Grund auf modernisiert. Außerdem setzte sich in den Niederlanden nun allgemein die Erkenntnis durch, dass die Kolonialherrschaft irgendwann ein Ende nehmen würde, allerdings verlegte man dieses Ende gern in eine ferne Zukunft. Von der aufkommenden nationalistischen Bewegung, deren führende Repräsentanten Mohammad Hatta und Ahmed Sukarno waren, nahmen nur wenige Notiz. Hinter der Fassade der schönen zivilisatorischen Ideale verdiente man schließlich sehr viel Geld an der Kolonie, immer noch.

Ins Mutterland zurückgekehrt, wurde Colijn einer der wenigen internationalen Unternehmer der Niederlande in der Zeit vor dem Zweiten Weltkrieg. Jahrelang war er Direktor der Bataafsche Petroleummaatschappij, die später in der Royal Dutch Shell aufging. 1922 wurde er Nachfolger Abraham Kuypers als Vorsitzender der Antirevolutionären, von 1923 bis 1926 war er Finanzminister, 1925/1926 und von 1933 bis 1939 Ministerpräsident. Vor allem er war es, der in den Krisenjahren die niederländische Politik prägte.

In den schlimmsten Jahren der Wirtschaftskrise war die Arbeitslosigkeit in den Niederlanden zwar immerhin niedriger als beispielsweise in Großbritannien, Deutschland oder den Vereinigten Staaten. Dennoch war die Krise für viele Niederländer besonders traumatisch, weil sie in diesem Land so lange anhielt. Noch im Winter 1936, als unter anderem die deutsche und französische Wirtschaft längst wieder aufgeblüht waren, erreichte die Arbeitslosenzahl in den Niederlanden mit einer halben Million, das waren 15,5 Prozent, einen neuen Höchststand.

Ein Hauptgrund für das lange Ausbleiben der wirtschaftlichen Erholung war die Weigerung der Regierung Colijn, den Gulden abzuwerten, während fast alle anderen Länder eine Abwertung ihrer Währung vorgenommen hatten. Niederländische Exporteure konnten deshalb nicht mit der billigeren europäischen Konkurrenz Schritt halten. Doch die Regierung war der Ansicht, den Interessen des Landes – in diesem Fall bedeutete das: dem niederländischen Handel – sei vor allem mit einem zuverlässigen Wechselkurs gedient. Bezeichnend ist, dass man diese Politik mit einem moralischen Imperativ begründete, dass also auch hier die Grenze zwischen Kaufmann und Prediger verschwamm: «Wir sind keine Falschmünzer», lautete die vom Direktor der Zentralbank geprägte Formel.

Doch schließlich mussten auch die Niederlande den Goldstandard aufgeben. Als selbst die Schweiz ihre Währung abwertete, am 26. September 1936, war der «ganze Gulden» die einzige noch unabgewertete Währung der Welt. Einen Tag später kapitulierte die Regierung Colijn vor der wirtschaftlichen Realität. Der Gulden verlor ein Fünftel seines Wertes, aber die niederländische Wirtschaft blühte praktisch sofort auf. Psychologisch sollte die Krise allerdings noch lange nachwirken. Eine ganze Generation von Entscheidungsträgern, die in der Epoche der Weltwirtschaftskrise Kinder oder Jugendliche waren, wurde durch diese Erfahrung geprägt, und bis in die achtziger Jahre hinein war eine Vielzahl mehr oder weniger sinnvoller staatlicher Maßnahmen auf dem Gebiet der Wirtschaft nicht zuletzt der tiefsitzenden Furcht vor Arbeitslosigkeit geschuldet.

Das extreme finanzpolitische Autonomiestreben der Regierung Colijn ist vermutlich auch dadurch zu erklären, dass die Niederlande in Europa in vieler Hinsicht allein standen, aber ökonomisch und vor allem militärisch vollkommen von anderen abhängig waren. Die Entwicklungen in Deutschland in den dreißiger Jahren bereiteten auch dem niederländischen Nachbarn Sorgen, zumindest der politischen Elite. Spätestens nach dem Debakel von München erkannte man, dass die kleinen Länder keinerlei Einfluss auf das neue europäische Machtspiel hatten; was der Tschechoslowakei geschah, konnte morgen den Niederlanden geschehen. Im Fall einer militärischen Konfrontation hoffte man, sich einige Zeit hinter der Holländischen Wasserlinie halten zu können, aber dann musste sehr schnell Hilfe aus Frankreich und vor allem aus England kommen. Die britische Öffentlichkeit hielt jedoch wenig von dem Gedanken, dass ein Expeditionskorps, ähnlich wie im Ersten Weltkrieg, für die Franzosen, Belgier und Niederländer unter großen Opfern die Kastanien aus dem Feuer holen könnte.

Einer niederländischen Regierung blieb unter diesen Umständen kaum etwas anderes übrig, als auf dem schwankenden Seil der Neutralitätspolitik zu balancieren. Man versuchte, soweit das möglich war, zu allen Parteien gute Beziehungen zu unterhalten. Colijn und seine Parteifreunde hatten persönlich keine Sympathie für den Nationalsozialismus, dennoch taten sie alles, um Kritik am Naziregime zu unterdrücken. Es kam vor, dass niederländische Hitler-Gegner wegen «Beleidigung eines befreundeten Staatsoberhauptes» angeklagt und verurteilt wurden; deutsche Oppositionelle wie der junge Herbert Frahm, der spätere Willy Brandt, wurden ausgewiesen, einige sogar direkt an die Gestapo ausgeliefert. Im Januar 1940 warf Churchill in einer Rede vor dem Unterhaus den Niederlanden ihre grenzenlose Nachgiebigkeit vor: «Jedes Land hofft, dass es, wenn es dem Krokodil genug zu fressen gibt, als letztes aufgefressen wird. Und alle hoffen, dass der Sturm vorüber ist, bevor sie an der Reihe sind, verschlungen zu werden.» In den niederländischen Zeitungen erschienen wütende Kommentare.

Zugleich übte das «Moderne» und Dynamische des Nationalsozialismus auf manche Niederländer eine gewisse Anziehungskraft aus, nicht zuletzt auf junge Menschen, die sich mehr und mehr von der geistigen Enge der Säulenstruktur abgestoßen fühlten. Dies gilt zum Beispiel für den jungen Joop den Uyl, den späteren Sozialdemokraten, der in den siebziger Jahren Ministerpräsident wurde. Schulaufsätze und Tagebuchnotizen, die seine Biographin entdeckt hat, offenbaren einen für damalige Jugendliche aus seinem Milieu –

den Uyl stammte aus einer orthodox-kalvinistischen Familie – charakteristischen Zwiespalt. Trotz aller Schattenseiten, die er mit den Stichworten «Rassenlehre, Judenverfolgung, Kirche und Staat» umschreibt, konnte er dem Nationalsozialismus auch einiges abgewinnen. In Hitlers Deutschland sah er «ein wiedergeborenes, selbstbewusstes Volk, in Eintracht um den Führer geschart».

Überhaupt wünschten sich in bürgerlichen Kreisen nicht wenige die Ruhe und Ordnung, die der Nationalsozialismus und die anderen neuen rechten Bewegungen versprachen. Mit den Nazis teilte man bis zu einem gewissen Grad die Abneigung gegen «Bolschewisten», Briten, «jüdische» Schriftsteller, moderne Kunst und manche Zeiterscheinung, die als Verwilderung der Sitten empfunden wurde, und bis zuletzt setzte man seine Hoffnungen in die Neutralität. Meine Mutter schrieb am 22. April 1940 aus Ostindien an ihre Eltern in den Niederlanden: «Ihr habt tüchtig vom Leder gezogen gegen unsere östlichen Nachbarn. Sollten wir nicht die gleiche Verabredung treffen wie mit den Kindern und in unseren Briefen nur neutral über Krieg und Politik sprechen? Wenn man als Volk neutral sein will, muss man doch auch bei sich selbst anfangen und nicht die Neutralität der Regierung überlassen und in seinen eigenen Äußerungen drauflosschlagen.»

Nicht einmal sechs Wochen später schrieb ihr mein ältester Bruder, der zusammen mit einer Schwester in den Niederlanden geblieben war, um zu studieren: «Rotterdam ist in einem schrecklichen Zustand. Die ganze Innenstadt besteht nur noch aus Trümmern.» Meine älteste Schwester erinnerte sich an den Einzug deutscher Truppen in Zeist: stramm marschierende, strohblonde Soldaten, mit dem modernsten Material ausgestattet. «Alle, die am Straßenrand standen, waren bedrückt ... Einen Mann gab es, der seinen Arm schräg nach oben hielt. Ich traute meinen Augen nicht. Das war niemand anderes als mein eigener Pflegevater. Er war nicht mal NSB-Mitglied oder so was, er fand nur einfach großartig, was er da sah, diese Ordnung, das Stramme, Moderne.»

Am 10. Mai 1940 begann als Teiloperation des Westfeldzugs der Angriff deutscher Truppen auf die Niederlande. Wie sich schnell zeigte, war die alte Wasserlinie dem modernen Bewegungskrieg in keiner Hinsicht gewachsen, und mit umfangreichen Luftlandungen hinter der Linie hatte auf niederländischer Seite einfach niemand gerechnet.

Schon am Morgen des 13. Mai setzten sich die königliche Familie und die Regierung nach London ab, wo eine Exilregierung gebildet wurde; von dort aus wandte sich Königin Wilhelmina bald mit den ersten ihrer berühmten Rundfunkansprachen an die Niederländer, mahnte zur Eintracht, spornte zum Widerstand an und spielte damit eine ähnliche Rolle wie später de Gaulle für Frankreich. Einen Tag nach der Flucht der Regierung wurde Rotterdam bombardiert. Als das deutsche Oberkommando damit drohte, auch Utrecht zu zerstören, kapitulierten die niederländischen Streitkräfte. Die Kriegshandlungen hatten genau fünf Tage gedauert.

Die Ereignisse des Mai 1940 hatten tiefgreifende gesellschaftliche und psychologische Folgen. Das in sich gekehrte Land, das sich als Insel der Neutralität gesehen hatte, war plötzlich schutzlos fremder Gewalt ausgeliefert und zum Opfer des europäischen Machtkampfs geworden. «Vielleicht», schrieb der niederländisch-amerikanische Autor Jan de Hartog, «können nur diejenigen, deren Land von einem Feind besetzt wurde, sich das in jenen Tagen weitverbreitete apokalyptische Gefühl vorstellen; die Erfahrung des Untergangs einer Kultur.»

Hunderte nahmen sich in diesen Maitagen das Leben – jüdische Emigranten aus Deutschland, die keinen Ausweg aus der Falle mehr sahen, auch niederländische Prominente wie der sozialistische Kriminologe Willem Adriaan Bonger und der Schriftsteller Menno ter Braak –, aber der Durchschnittsniederländer fand sich, wenn auch murrend, mit der Situation ab.

Zunächst herrschte Erleichterung über das «korrekte» Verhalten der Wehrmacht. Im Gegensatz zu den meisten anderen überfallenen

Ländern wurden die Niederlande, weil ihre Bewohner in den Augen der Nazis ein «germanisches Brudervolk» waren, einer Zivilverwaltung unterstellt, an deren Spitze als «Reichskommissar» der Österreicher Arthur Seyß-Inquart stand. 1940 rechnete man in Deutschland noch mit einer relativ schnellen Beendigung des Krieges im Westen, und so verfolgte Seyß-Inquart zu Anfang eine doppelte Strategie: Einerseits wurden die Niederlande wirtschaftlich und militärisch eng an das Reich gebunden, andererseits wurden sie, soweit das überhaupt möglich war, als mehr oder weniger unabhängiges Land behandelt. Dabei spielte auch der Gedanke eine Rolle, dass man gerne Ansprüche auf Niederländisch-Indien erheben würde, falls es einmal zu Friedensverhandlungen kommen sollte; die Kolonie wurde allerdings Anfang 1942 von Japan besetzt.

Die unter deutscher Aufsicht gebildete Zivilverwaltung bestand im Wesentlichen aus den höchsten Beamten der verschiedenen Ministerien, den Mitgliedern des «Rats der Staatssekretäre». Die niederländischen Nazis, in der Nationaal-Socialistische Beweging (NSB) organisiert, erhielten anders als die norwegischen nie die Gelegenheit, eine eigene Regierung zu bilden.

Die ökonomische Anbindung an Deutschland wurde noch dadurch forciert, dass die niederländische Wirtschaft – wegen ihrer Abhängigkeit von den Kolonien und vom Handel mit dem Rest der Welt – nach der Besetzung praktisch zusammenbrach: Im Juni 1940 zählte man mehr Arbeitslose als auf dem Höhepunkt der Krise. Als die neuen Machthaber damit drohten, die niederländischen Erwerbslosen als Arbeitskräfte nach Deutschland zu holen, entschlossen sich die maßgebenden Herren in den Ministerien und der Wirtschaft zur Zusammenarbeit; bald war fast die gesamte niederländische Industrie ein Teil der deutschen Kriegsmaschinerie. Schon im Spätsommer 1940 war die Krise überwunden, und danach blühte die Wirtschaft wie in den zwanziger Jahren. Einige der von den Besatzern eingeführten Neuerungen wie das Kindergeld und die Umstellung auf die Mitteleuropäische Zeit wurden auch nach dem Krieg beibehalten.

«Es war Krieg», notierte Joop den Uyl in seinem Tagebuch. «Am Ende von fünf Tagen Bestürzung ein paar einfache Feststellungen. Die wichtigste ist die, dass es im Leben offensichtlich nicht auf das Denken, sondern auf das Tun ankommt ... Denken ist hier natürlich nicht ‹seinen Verstand gebrauchen›, sondern die Dialektik, das Zweifeln, das prinzipiell kritische, das fragende Denken – die Suche nach Wahrheit und Sinn. Was Tun ist [sic!] das Bajonett, das Maschinengewehr, die Verdunkelungskontrolle.»

So begann eine Art «Honeymoon», der einige Monate dauerte. Im denkenden Teil der Nation herrschte große Verwirrung. Colijn veröffentlichte einen Aufsatz, in dem er sich dafür aussprach, «die Tatsachen anzuerkennen, wie sie sich uns darbieten»: «Wenn nicht wirklich Wunder geschehen, ... wird der europäische Kontinent in Zukunft unter deutscher Vorherrschaft stehen.»

Die «Schwäche» der Demokratie als Ursache der Niederlage – das große europäische Gesprächsthema im Sommer 1940 – war in den Augen vieler Niederländer vor allem das Versagen des Säulensystems. Einige Prominente wollten mit einer neuen Bewegung, der Nederlandse Unie, die «Kleinkariertheit» der Säulen überwinden und eine Alternative zur NSB schaffen. Die Nederlandse Unie – die übrigens schon Ende 1941 verboten wurde – war bereit, die deutsche Vorherrschaft und die Beseitigung der Demokratie zu akzeptieren, wenn die Niederlande nur die Niederlande bleiben durften und sofern Grundwerte wie Religionsfreiheit geachtet würden. Auf dem Höhepunkt ihrer Popularität zählte sie immerhin 800 000 Mitglieder. Symptomatisch für die allgemeine Ratlosigkeit war auch die Diskussion in der Juni-Ausgabe der Studentenzeitschrift *Libertas ex Veritate*, an der auch Joop den Uyl mitarbeitete. Während der Chefredakteur die parlamentarische Demokratie für tot erklärte – ein autoritäres Regime mit einer Gruppe starker Männer an der Spitze sei unter den gegebenen Umständen unvermeidlich –, vollzog den Uyl eine Wende: Die Besetzung, schrieb er, «bedeutete grundsätzlich die Beseitigung unserer Freiheit, nicht jeglicher Freiheit, aber doch der

«Honeymoon» 1940

kostbarsten». Sein Zorn über die Invasion war groß, all seine Sympathien für Deutschland hatten sich verflüchtigt, und aus der Aversion wurde Feindschaft, als im Januar 1943 seine jüdische Freundin Leonie Norden, Krankenschwester in einer jüdischen psychiatrischen Klinik, zusammen mit ihren Patienten nach Auschwitz deportiert wurde. In seinem Tagebuch rechnete er einige Tage später in fünfundzwanzig Thesen mit seinem kalvinistischen Glauben ab. Er wurde von einem Denker zu einem Mann der Tat, er ging in den Widerstand, und nach dem Krieg setzte er seinen Kampf in der Politik fort.

Damals war er dreiundzwanzig. Aber Leonie Nordens Deportation ins Vernichtungslager war nach den Worten seiner Biographin ein Ereignis, über das er nie mehr hinwegkommen sollte, Ursache eines ewigen Schuldgefühls, eine Wunde, die nicht mehr heilte.

10

DAS GOLDENE VIERTELJAHRHUNDERT

Die Besetzung gehörte zu den traumatischsten Ereignissen der niederländischen Geschichte. Plötzlich war der Alptraum jedes kleinen Landes Wirklichkeit geworden: in die Klauen eines übermächtigen Nachbarn zu geraten. Am 10. Mai 1940 gingen alle militärischen und machtpolitischen Illusionen in Scherben. Die alte Scheu vor dem Kontinent wurde zu einer nur schwer überwindbaren Furcht vor Deutschland, stärker und hartnäckiger als in vielen anderen europäischen Ländern.

Die Studentengeneration meiner Mutter (Jahrgang 1901) kannte Gedichte von Heine und Rilke auswendig, die ihrer Kinder beherrschte das Deutsche noch recht gut, aber in der Enkel- und Urenkelgeneration sind, von Ausnahmen abgesehen, Kenntnisse der deutschen Sprache oder gar Literatur kaum vorhanden.

Die Stärke der antideutschen Gefühle, über mehrere Generationen hinweg, erklärt sich auch dadurch, dass die Ereignisse jener Zeit das niederländische Selbstbild grundsätzlich in Frage stellten. Die meisten europäischen Länder haben eine lange militärische Tradition und konnten Besetzung und Widerstand noch irgendwie in ein als sinnvoll erfahrenes historisches Kontinuum einordnen. Den Niederländern fiel das nach Jahrhunderten relativer Sicherheit in der Nordwestecke des Kontinents nicht so leicht. Ohnmacht und Demütigung sind viel schwerer zu verkraften als eine bloße Niederlage im Kampf; auch dies dürfte eine Erklärung für die Schwere des Traumas sein.

Doch das war nicht alles. Der Massenmord an den Juden war nicht nur eine deutsche Schandtat, er beschädigte auch das Bild, das sich die Niederländer von sich selbst gemacht hatten. Von den gut 140 000 Juden, die in den Niederlanden lebten, hatten bis Kriegsende nicht weniger als 105 000 das Schicksal Leonie Nordens geteilt. In diesem Land der Freiheitsliebe und Toleranz hatten Juden im Vergleich zu manchen anderen besetzten Ländern auffällig geringe Chancen, den Holocaust zu überleben: Insgesamt entkamen nur etwa 25 Prozent. In Belgien dagegen wurden mehr als doppelt so viele gerettet, 60 Prozent, in Frankreich 75, in Norwegen 60 und in Dänemark 98 Prozent. Im europäischen Durchschnitt überlebten nur 20 Prozent, in Polen sogar nur 2 Prozent der Juden, aber was Westeuropa angeht, war der niederländische Anteil der Überlebenden mit Abstand am niedrigsten.

Wie ist das zu erklären? Eine heikle Frage, die bis heute die Niederländer beschäftigt. Mitentscheidend war vermutlich der Umstand, dass die Niederlande unter «ziviler» Verwaltung standen. Das bedeutete, dass die Wehrmacht nur eine vergleichsweise geringe Rolle spielte und dass anders als in den meisten westeuropäischen Ländern die SS und die Gestapo praktisch ungehindert ihren fanatischen Verfolgungseifer ausleben konnten. Es kam hinzu, dass es in den übervölkerten und übersichtlichen Niederlanden viel weniger Möglichkeiten gab, Menschen zu verstecken, als etwa in Frankreich mit seinen dünn besiedelten und unzugänglichen Regionen vor allem im Süden; und im Gegensatz zu Norwegen, Dänemark und Frankreich grenzten die Niederlande nirgendwo an unbesetztes Gebiet.

Antisemitismus gab es gewiss auch hier, aber er war nicht ausgeprägter oder weiter verbreitet als anderswo, eher im Gegenteil. Frankreich zum Beispiel kannte bis weit ins 20. Jahrhundert hinein einen viel heftigeren, häufig gewalttätigen Antisemitismus. Das erste Parteiprogramm der NSB basierte zum großen Teil auf dem Gedankengut der Schwesterpartei NSDAP, aber ohne die antisemitischen Elemente – die würden auf den niederländischen Wähler nur abschreckend wirken, meinte NSB-Führer Anton Mussert. Als im Februar 1941 in Amsterdam die erste große Razzia auf Juden stattfand, wurde in der Stadt und ihrem Umland in kürzester Zeit ein Generalstreik organisiert, eine der ganz wenigen Massenaktionen gegen die Judenverfolgung im besetzten Europa. Sie wurde von einem deutschen Polizeibataillon und zwei Totenkopf-SS-Regimentern rasch und blutig niedergeschlagen. Der «Honeymoon» war endgültig vorbei.

Viele Juden wurden allerdings Opfer eines passiven Antisemitismus, der Xenophobie, der Bequemlichkeit und Gleichgültigkeit. Charakteristisch ist die Haltung der niederländischen Exilregierung und Königin Wilhelminas im Besonderen. In ihren Rundfunkansprachen ging sie nur dreimal überhaupt auf die Judenverfolgung ein, obwohl sie wusste, dass jeder zehnte Einwohner ihrer Hauptstadt deportiert wurde. Erst nach 1943 erreichte der Widerstand seinen Höhepunkt, als etwa 300 000 nichtjüdische Niederländer untertauchten, um der Zwangsarbeit in Deutschland zu entgehen. Bis dahin waren die meisten Juden schon deportiert.

Schließlich dürfte auch ein bestimmter Aspekt der niederländischen Mentalität eine wichtige Rolle gespielt haben: Nach Jahrhunderten relativ vernünftiger bürgerlicher Herrschaft mussten die Niederländer – einschließlich der niederländischen Juden – so etwas wie Widerstand erst einmal neu für sich «erfinden». Während in Belgien und Frankreich die angestrebten Deportationszahlen dank einer eher widerstrebenden einheimischen Bürokratie bald nach unten korrigiert werden mussten, vor allem in dem von den Italienern besetzten Teil Frankreichs, liefen die Deportationen in den Niederlanden nach Adolf Eichmanns Worten «wie am Schnürchen». Im Amsterdamer Widerstandsmuseum hängt als Symbol dieser Fügsamkeit die berüchtigte «Punktkarte», der Stadtplan, auf dem – zur Vorbereitung von Razzien – exakt die Verteilung der jüdischen Bevölkerung auf die verschiedenen Stadtteile eingezeichnet ist, auf deutschen Wunsch von niederländischen Verwaltungsleuten angefertigt. Sie waren keine Nazis und auch keine Antisemiten, nur brave Beamte des Amsterdamer Einwohnermeldeamts, die innerhalb weniger Tage gewissenhaft die ihnen übertragene Aufgabe erledigten.

Je mehr militärische Rückschläge die Deutschen ab Dezember 1941 hinnehmen mussten, desto stärker wurde der Druck auf die Bevölkerungen der besetzten Gebiete, und desto mehr Widerstand regte sich. Auch in den Niederlanden wurde die Ernährungslage kritisch; was von irgendeinem ökonomischen Nutzen sein konnte, wurde in großem Umfang nach Deutschland verschleppt, von Fahrrädern und Kirchenglocken bis hin zu ganzen Industrieanlagen; wichtige Polder wurden unter Wasser gesetzt; immer häufiger führten die Besatzer Verhaftungen und Geiselerschießungen als Repressalien durch. Anfang 1943 gab es höchstens einige tausend meist im Untergrund lebende Menschen, die ihre gesamte Zeit und Energie dem Widerstand widmeten; im September 1944 waren es schätzungsweise 25 000, mehr nicht. Ungefähr 6000 von ihnen sollten ihre Widerstandstätigkeit mit dem Leben bezahlen. Gleichzeitig kämpften etwa 20 000 niederländische Freiwillige auf deutscher Seite an der Ostfront, hauptsächlich in der Waffen-SS. Allerdings konnte der Nationalsozialismus in den Niederlanden nie richtig Fuß fassen; zu Anfang der Besetzung hatte die Mitgliederzahl der NSB mit ungefähr 80 000, etwas mehr als einem Prozent der damaligen Bevölkerung, schon ihren Höhepunkt erreicht. Die große Mehrheit der Niederländer unterstützte auf irgendeine Weise, und sei es nur indirekt, den Widerstand: mit Spenden, kleinen Hilfsdiensten und nicht zuletzt durch Schweigen.

Es fällt auf, dass gerade die beiden Gruppen, die – von der kleinen Minderheit der Nazis abgesehen – die politischen Extreme der Vorkriegszeit darstellten, nämlich die orthodoxen Kalvinisten und die Kommunisten, die äußerste Rechte und die äußerste Linke, im Widerstand besonders aktiv waren, oft sogar in brüderlicher Zusammenarbeit. Die Kommunisten organisierten zum Beispiel den Februarstreik von 1941; in der Untergrundpresse spielten viele Menschen aus dem streng kalvinistischen Milieu eine herausragende Rolle. Beide Gruppen waren vor dem Krieg hervorragend organisiert, was eine Erklärung sein könnte. Bei den Kommunisten kam noch hinzu, dass in der sozialistischen und kommunistischen Bewegung relativ viele Juden aktiv waren; die linken Widerstandskämpfer kannten deshalb zahlreiche verfolgte Juden persönlich, als Genossen und Kampfgefährten und deren Angehörige. Zu den Motiven der konservativen Kalvinisten zählte neben ihrem starken Patriotismus, ihrer Liebe zum «Land der Väter», eine eher religiöse Art der Identifikation mit den Opfern: So fremd die Juden ihnen auch waren, sie empfanden es ganz einfach als religiöse Pflicht, in diesen schweren Zeiten an der Seite des Volkes der Bibel zu stehen.

Vor einigen Jahren ist eine umfangreiche historische Studie zu einer eher zufälligen Auswahl niederländischer Widerstandskämpfer erschienen; sie erzählt die Geschichten der 372 Erschossenen, deren sterbliche Überreste auf einen Ehrenfriedhof in den Dünen von Overveen bei Haarlem umgebettet worden sind. Ein Beispiel aus dem lexikonartig angelegten Werk: Fall 49 – Reihe K, Feld 34, zehn junge Männer, zum Teil aus dem studentischen Widerstand, nach Verrat verhaftet, am 6. Januar 1945 an einer Landstraße bei Alkmaar erschossen. In jenem Winter herrschte in der Randstad eine Hungersnot, und viele Städter zogen auf der Suche nach käuflichen oder eintauschbaren Nahrungsmitteln über Land; auch auf der Landstraße bei Alkmaar waren an diesem Januartag etliche Menschen unterwegs, und sie wurden gezwungen, bei der Exekution zuzusehen. Die Fehlschüsse des Erschießungskommandos, das Wimmern zweier Opfer, die um einen Gnadenschuss flehten, hinterher das Feilschen des örtlichen Bürgermeisters mit dem Bestatter um die Begräbniskosten, kein Detail wird dem Leser erspart.

Diese Sammlung großer und kleiner Dramen lässt Beziehungsgeflechte erkennen – zum Teil waren es Gruppen von Freunden und Verwandten, die gemeinsam den Besatzern trotzten –, aber auch die soziale Heterogenität des Widerstands. Als die bei Alkmaar erschossenen Männer später umgebettet wurden, konnte man am Zustand ihrer Gebisse die Klassenunterschiede ablesen: Einige hatten goldene Füllungen und Kronen, andere dagegen «unregelmäßige und kariöse Zähne», einem fehlten sogar fast alle Oberzähne. Zuschauer und Passanten spielen in diesem Lexikon des Widerstands ebenfalls eine wichtige Rolle. Überall stößt man auf Verrat und häufiger noch auf das Wegschauen, auf Passivität und geradezu kriminelle Bravheit. Bei den niederländischen Eisenbahnern zum Beispiel, die von ihrem Kollegen Jaap Hamelink – auch er wurde später erschossen – schon im Juli 1942 dazu aufgerufen worden waren, Transporte ins «Durchgangslager» Westerbork zu sabotieren, aber noch zwei weitere Jahre für den reibungslosen Ablauf der Deportationen sorgten. Oder bei den Bewohnern des friesischen Dorfes Echtenerbrug, die brav die Polizei auf den Marineoffizier und Geheimagenten Lodo van Hamel und seine Helfer aufmerksam machten, nachdem das Wasserflugzeug, das die Gruppe abholen und nach England bringen sollte, auf dem nahegelegenen Tjeukermeer nicht hatte landen können – ein Weg am Seeufer heißt heute Lodo van Hamelpad, ich glaube allerdings nicht, dass man in Echtenerbrug die dazugehörige Geschichte erzählt.

Vor allem aber berichtet das Buch von Mut. Vom Mut junger Männer und Frauen – wie jung waren doch viele von ihnen, neunzehn, einundzwanzig, dreiundzwanzig. Vom Mut gewöhnlicher Bürger; die meisten sind schließlich nur deshalb auf diesem Ehrenfriedhof begraben worden, weil man ihre Leichen im dortigen Dünengebiet gefunden hatte: Junge und Alte; ein Bankier, ein Tagelöhner, ein Gerichtspräsident, ein Drogist, ein Bildhauer, ein Knecht; ein Kommunist, ein strenger Kalvinist. Vom ganz persönlichen Mut eines Willem Arondeus, aktiv in künstlerischen Widerstandskreisen, der sich offen zu seiner Homosexualität bekannte, denn alle sollten sehen, dass Homosexuelle nicht feige oder weibisch oder dekadent waren. Vom Mut seiner Kameraden, mit denen er in seinen letzten Wochen immer zusammen war und die in ihrer Gemeinschaftszelle endlos diskutierten, die Bibel lasen, scherzten und, wie einer von ihnen es ausdrückte, eine Zeit der Freude und des Glücks erlebten. Vom Mut der dreizehn zum Tode verurteilten Mitarbeiter der Untergrundzeitung *Vrij Nederland*, die nach den Worten eines ihrer Mithäftlinge jeden Tag auf den so genannten Sportplatz rannten, «als hätten sie keine Sorgen und würden schon morgen freikommen».

Auch das alles gab es in den besetzten Niederlanden.

Im Herbst 1945 – das Land war ausgezehrt, hatte aber den ganzen Sommer ausgelassen und auch hemmungslos die Befreiung gefeiert – holte der schon erwähnte Jan de Hartog seine Mutter von einem Schiff ab, das Rücksiedler aus Ostindien nach Europa gebracht hatte. Fast alle in der Kolonie lebenden Niederländer, etwa 100 000, hatten mehr als drei Jahre in japanischen Internierungslagern verbracht. Unmittelbar nach der Kapitulation Japans hatten die indonesischen Nationalisten die Republik Indonesien ausgerufen; der Unabhängigkeitskrieg begann.

Wie vermutlich jeder Niederländer hatte de Hartog das Schiff gut gekannt. Vor dem Ausbruch des Zweiten Weltkriegs hatte er es mehrmals aus- und einlaufen sehen, über die Toppen geflaggt und mit Papierschlangen verziert, an den Relingen fröhliche Passagiere, auf dem Achterdeck dichtgedrängt javanisches Dienstpersonal. Es war das stolze Symbol des niederländischen Kolonialreichs, und in diesem Reich schien es niemanden zu verwundern, «dass ein Land mit nicht einmal zehn Millionen Einwohnern, die in der schlammigsten Ecke Europas ein amphibisches Dasein fristeten, über einen tropischen Archipel von der Größe eines Kontinents und mit einer Bevölkerung herrschte, die seine eigene Einwohnerzahl um sechzig Millionen überstieg.»

Aber als man das Schiff an jenem Herbstabend 1945 am Kai vertäute, wurde dem Autor bewusst, dass das niederländische Kolonialreich untergegangen war. «Was einmal die Königin der Handelsflotte gewesen war, sah nun aus wie ein Trampschiff. Seine Farbe blätterte ab, seine Rettungsboote waren schmutzig, seine Flagge eingerissen. Auf seinen Promenadendecks, auf denen ich so oft die weißen Beherrscher des Smaragdgürtels hatte stehen sehen, drängten sich nun hohläugige Frauen und Kinder, Überlebende der japanischen Konzentrationslager.» Nur zögernd ging er an Bord, er scheute «die Konfrontation mit den verbitterten Gesichtern, den ausgemergelten Körpern, den ängstlichen Blicken der Frauen, der fiebrigen, fragilen Ausgelassenheit der mageren Kinder, die auf den Decks nervös Verstecken spielten, wo ihre Väter einst in strotzender Gesundheit auf und ab geschlendert waren.»

War das, was sich in den Jahren 1940 bis 1945 ereignet hatte, ein Zwischenfall? Ein schrecklicher Zwischenfall, gewiss, aber letztlich doch nur eine vorübergehende Abweichung von der Normalität? Oder doch ein Bruch in der niederländischen Geschichte?

An dieser Frage schieden sich nach 1945 die Geister; hier prallten sehr unterschiedliche Erfahrungen aufeinander. Hunderttausende waren persönlich betroffen, hatten Verwandte, Hab und Gut und oft auch ihre Lebensfreude verloren; für sie war nichts mehr wie früher. Fast alle jüdischen Einwohner Amsterdams waren ums Leben gekommen, und sie hinterließen auf vielen Gebieten, vor allem Kultur und Politik, eine gewaltige Lücke. Andererseits hatten viele Niederländer in all dem Chaos auch eine neue Freiheit gekostet: Freiheit von einer überlebten Moral, sexuelle Freiheit und vor allem – dies galt besonders für Widerstandskreise – die Befreiung von den Beschränkungen des Säulensystems.

In der Linken setzte sich mit vielen anderen Joop den Uyl, zunächst Redakteur bei *Vrij Nederland*, für einen politischen «Durchbruch» ein. Die alte sozialdemokratische SDAP sollte sich politisch für Gläubige aller Konfessionen öffnen und wurde als Partij van de Arbeid (PvdA) neu gegründet. Auf konservativ-liberaler Seite unternahm man einen ähnlichen Versuch mit der Gründung der Volkspartij voor Vrijheid en Democratie (VVD). Andere wollten nach den

Erfahrungen des Krieges vor allem die nationalen Grenzen überwinden und einen europäischen «Durchbruch» erreichen: Sicco Mansholt, Max Kohnstamm, Ernst van der Beugel, Johan Willem Beyen ... es ist kein Zufall, dass kurz nach dem Krieg eine ganze Reihe von Pionieren der europäischen Einigung aus den Niederlanden kam.

Max Kohnstamm, schon 1940 im studentischen Widerstand aktiv und dann jahrelang in Geisellagern inhaftiert, hat über seine damaligen Empfindungen einmal gesagt, seine Generation habe «am eigenen Leibe erfahren ... was internationale Unsicherheit und Instabilität bedeuteten und wie wichtig Begriffe wie Freiheit, Zivilisation und Rechtsordnung sein konnten.» Im Sommer 1947 war er zum ersten Mal wieder durch Deutschland gereist und hatte «eine Wüste» vorgefunden – in den Städten sah er nichts als Schutthaufen –, und er wusste, dass dies nicht nur ein deutsches, sondern auch ein niederländisches Problem war: «Es war unmöglich, das Land wieder richtig aufzubauen, solange unser deutsches Hinterland in Trümmern lag, das war uns allen klar. Aber wie konnten wir verhindern, dass sich die Geschichte wiederholte und im Ruhrgebiet wieder die Bomben für die Zerstörung von Rotterdam hergestellt würden?»

Für die Niederlande war der Schumanplan, auf den der Vertrag zur Gründung der Europäischen Gemeinschaft für Kohle und Stahl zurückging – der erste Schritt auf dem Weg zur Europäischen Wirtschaftsgemeinschaft –, eine revolutionäre Lösung für das von Kohnstamm formulierte Dilemma: Er machte das Problem der westeuropäischen Kohle- und Stahlproduktion zu einer Frage, die gemeinsam geregelt werden konnte und musste. Ein naheliegender Schritt, aber für die Niederlande auch ein Kurswechsel. Ihre Machtzentren Amsterdam und Den Haag hatten sich ja, vor allem nach 1830, immer zum Meer und den Kolonien hin orientiert. Erstmals verbanden sich die Niederlande jetzt wieder mit dem europäischen Festland, nachdrücklich und aus freiem Willen.

Noch etwas anderes machte diesen Schritt notwendig. Der drohende Verlust der indonesischen Kolonie galt allgemein als wirtschaftliche Katastrophe, die um jeden Preis verhindert werden musste. Dreimal versuchten die Niederlande in den Jahren 1947 bis 1949 mit so genannten «Polizeiaktionen» – in Wirklichkeit großangelegte Militäreinsätze –, das Blatt zu wenden; nicht zufällig hatte die erste dieser Operationen den Decknamen Product. Mehr als 100 000 Soldaten schickte die erschöpfte Kolonialmacht ans andere Ende der Welt, auf niederländischer Seite fielen 5000 Mann, auf indonesischer gab es schätzungsweise 150 000 Todesopfer, und alles für nichts: 1949 wurde im Königlichen Palast am Dam die Souveränität auf die unhabhängige Republik Indonesien übertragen. Vom niederländischen Kolonialreich blieben nur noch die Westhälfte Neuguineas, die 1962 an die Vereinten Nationen und ein Jahr darauf von diesen an Indonesien übergeben wurde, Surinam, das 1975 unabhängig wurde, und die Niederländischen Antillen, die 1954 innerhalb des Königreichs der Niederlande weitgehende Autonomie erhielten.

Wie es bei erzwungenen Entscheidungen kaum anders sein kann, rief all dies höchst zwiespältige Empfindungen hervor. Einerseits waren die Niederländer und ihre intellektuelle und politische Elite nüchtern und realistisch genug zu erkennen, dass ihre Zukunft nun in Europa lag. Andererseits lockten auch weiterhin die Ozeane, die Ferne, wenn auch nicht mehr der indonesische Smaragdgürtel, sondern Wallstreet, Hollywood und Capitol Hill. Die wirtschaftliche Verflechtung zwischen den Niederlanden und Deutschland nahm stark zu; der frühere Zentralbank-Präsident Willem Duisenberg behauptete einmal, «die wirtschaftliche Souveränität der Niederlande, das ist nur noch die Viertelstunde, die mir bleibt, um deutsche Zinsanpassungen an die niederländischen Banken durchzugeben.» Dennoch schien es manchmal, als führten auf der geistigen Weltkarte der Niederländer Eisenbahnlinien und Autobahnen nach New York und Washington, im Osten aber, an der Grenze zu Deutschland, läge eine Dünenreihe, ein Strand und dann nur noch offene See.

Auch innenpolitisch waren die Nachkriegsjahre eine Zeit der widerstreitenden Empfindungen und alter und neuer Gegensätze. Veränderungen waren notwendig, und es gab durchaus ein Bedürfnis nach Reformen, aber wie im übrigen Europa bei einem großen Teil der Bevölkerung auch den starken Wunsch, so schnell wie möglich zur Normalität, das heißt zum Gewohnten zurückzukehren. Viele wollten die Ereignisse der Kriegsjahre eben doch nur als Zwischenfall sehen, aus dem weiter keine Konsequenzen zu ziehen waren.

«Das Vergangene begraben, nach vorn blicken», war die Devise des großen Schweigens, mit dem in zahllosen Familien, auch wenn sie sehr gelitten hatten, die Jahre der Besetzung zugedeckt wurden. Trotz des Rufs nach Reformen und trotz der Tatsache, dass sich die internationale Situation völlig verändert hatte, war diese Einstellung in der niederländischen Politik und Gesellschaft der fünfziger Jahre vorherrschend und blieb es bis weit in die Sechziger hinein. Ein paar im Untergrund entstandene Zeitungen – *Trouw, Het Parool, Vrij Nederland, De Waarheid* – und auch einige Organisationen, die aus dem Widerstand hervorgegangen waren, hatten zwar einen gewissen Einfluss, aber die entscheidenden Positionen wurden ab 1945 ganz schnell wieder von den Institutionen und Gruppen der Vorkriegszeit erobert. Der politische «Durchbruch», für den sich jüngere Politiker wie den Uyl und viele andere mit so viel Verve einsetzten, blieb aus; der Kalte Krieg und die Furcht vor einer Invasion aus dem Osten ließen die frisch geknüpften Kontakte zwischen den politischen und weltanschaulichen Lagern abreißen, und innerhalb kürzester Zeit war das Land wieder in niederländisch-reformierte, katholische, sozialistische, kommunistische, orthodox-kalvinistische, humanistische und libertäre Lebenswelten aufgeteilt.

Die Niederlande des Lehrers Schmal und der Christelijke Koningin Wilhelminaschool, der obligatorischen Kirchenlieder und der eigenen «christlichen» Geschichtsbücher, die Niederlande meines Onkels Petrus und seiner eigenen «roten» Bäckerei, seiner eigenen «roten» Zeitung und seines eigenen «roten» Radiosenders, die Niederlande unserer «neutralen» Nachbarn, die ihre Kinder in eine «neutrale» Schule schickten, die Niederlande der katholischen Familie, die hinter uns wohnte, die «katholisch» roch und deren Töchter eine in unseren Augen «katholische» Sanftheit besaßen, die Niederlande der «eigenen» Lebensmittelhändler und Wissenschaftler, der «eigenen» Prinzipien, Parteien, Korbballklubs und Ziegenzüchtervereine – diese Niederlande blühten, als wäre nichts geschehen.

Wieder dominierten die Eliten der Säulen Politik und Gesellschaft. Mit seiner schwerfälligen Verhandlungs- und Kompromisskultur blieb das Land ein Sonderfall im damaligen Europa. Wie mir ein früherer Wirtschaftsminister viel später einmal anvertraut hat, wurden die meisten wirtschaftspolitischen Entscheidungen jener Jahre bei Gesprächen im engsten Kreis getroffen, in seinem Wohnzimmer in der gutbürgerlichen Jan Luykenstraat in Amsterdam-Zuid, wo einmal pro Woche die wichtigsten Vertreter von Industrie und Banken, Arbeitgebern, Arbeitnehmern, Regierung und politischen Parteien zusammenkamen. «Im Grunde waren wir uns immer einig. Wenn Tinbergen von der Zentralen Planungsbehörde und Holtrop von der Niederländischen Bank sagten, wir sollten am besten einen bestimmten Weg einschlagen, dann geschah das auch. Dann verkauften die Führer der Arbeitgeber und der Arbeitnehmer das ihrer Basis.»

So wurden um der wirtschaftlichen Erholung willen die Löhne systematisch auf einem – im Vergleich zu vielen anderen westeuropäischen Ländern – niedrigen Niveau gehalten. Weil die Arbeitskosten viel langsamer anstiegen als die Produktivität, waren die Gewinnspannen hoch; dadurch wurden erhebliche Mittel für die Modernisierung der Industrie frei. Auch in späteren Jahrzehnten war Lohnzurückhaltung ein allgemein akzeptiertes Steuerungsmittel.

Auf diese Weise wurde die Grundlage für die soziale, physische und technologisch-wissenschaftliche Infrastruktur der Niederlande in der zweiten Hälfte des 20. Jahrhunderts geschaffen. Mit der jahrhundertelangen Dominanz von Landwirtschaft und Handel war es nun endgültig vorbei, und das war nicht nur eine Frage des Investierens, hier vollzog sich auch ein Mentalitätswandel.

Die Industrialisierungspolitik der fünfziger Jahre beruhte natürlich wie überall auf bestimmten Prognosen und Zukunftserwartungen, war aber auch eine Propagandaschlacht. Die Niederlande sollten in hohem Tempo «industriereif» gemacht und von Grund auf modernisiert werden. In unserer Königin-Wilhelmina-Schule hingen neben Wandbildern Wilhelms von Oranien und der Überwinterung des Willem Barents und seiner Gefährten auf Nowaja Semlja auch Bilder von den Deltawerken, Schiphol und der Arnheimer Kunstseidenfabrik Enkalon. Philips, die KLM, Hoogovens, Fokker, der Schiffbau – all das erfüllte uns in den fünfziger Jahren mit Stolz und gehörte einfach zur niederländischen Identität.

Die niederländische Wirtschaftspolitik der Nachkriegszeit – und das gilt bis zu einem gewissen Grad auch für den Aufbau des Sozialstaats – hatte allerdings nichts von dem nationalen Idealismus und Elan, die zum Beispiel für die Anfänge des britischen Welfare State charakteristisch waren. «Was wir Planung nannten», schrieb ein beteiligter Soziologe später, «war in erster Linie eine buchhalterische Operation. Planung stand für die Überwachung von Verfahren und Regelungen. Nur selten war sie die Umsetzung eines mutigen und phantasievollen Konzepts, das man sich begeistert zu eigen gemacht hatte.» Sie war, mit anderen Worten, immer ein Produkt der Jan Luykenstraat.

Die Fraktionsvorsitzenden in der Zweiten Kammer waren oft gleichzeitig Chefredakteure der Zeitungen ihrer jeweiligen Säule. So genügte zum Beispiel ein Satz in einem Leitartikel der orthodox-kalvinistischen Tageszeitung *Trouw*, um Freund und Feind wissen zu lassen, wo diese Säule in einer bestimmten Frage stand. War das Land im 17. und 18. Jahrhundert vor allem die Summe kleinerer und größerer städtischer Gesellschaften gewesen, im 20. Jahrhundert prägten die – überwiegend auf religiöser Basis gebildeten – kleinen und großen Säulengemeinschaften die niederländische Gesellschaft. Man sollte meinen, dass sich ein solch geschlossenes System in einer Phase der Europäisierung und Globalisierung, wie sie auch die fünfziger Jahre schon waren, rasch hätte öffnen müssen, aber noch geschah nichts dergleichen, im Gegenteil: Die zahlreichen neuen Institutionen der Nachkriegszeit wurden vor allem von den Säulen geschaffen, die Geldströme des entstehenden Sozialstaats zum größten Teil über die Säulen verteilt, so dass ihr Einfluss eher zu- als abnahm. So wurde etwa der rasche Ausbau des Hochschulwesens nicht zuletzt durch die Erweiterung des «versäulten» Angebots an Fachhochschulen und Universitäten ermöglicht, und Ähnliches geschah im versäulten Gesundheitswesen, im versäulten Rundfunksystem, im versäulten genossenschaftlichen Wohnungsbau, im versäulten Sozialwesen. Ein letztes Mal diente das Säulensystem in dem weltanschaulich zersplitterten Land als höchst effektive Befriedungsmaschine, ohne dass dadurch eine wirkliche nationale Gemeinschaft entstand, trotz der Kriegserfahrungen. Von außen wirkten die Niederlande wesentlich toleranter, als sie in Wirklichkeit waren. Die Niederländer waren nur sehr gut im Wegschauen, im Nicht-zur-Kenntnis-Nehmen des anderen, wenn man dadurch den inneren Frieden bewahren konnte.

Ein Blick auf die Landkarte genügt häufig schon, um die geopolitischen Möglichkeiten und Grenzen eines Landes zu erkennen. Das gilt auch und gerade für die Niederlande, wenn es auch ihren Bewohnern oft schwerfällt, den ernüchternden Tatsachen ins Auge zu blicken.

Dem Säulensystem und seiner Kompromiss- und Befriedungskultur verdankte die niederländische Gesellschaft der Vorkriegszeit über Jahrzehnte hinweg ihre Stabilität, und auch das machte die erneute Versäulung während der schwierigen Wiederaufbauphase so anziehend. Andererseits gehörte zu diesem System auch eine nicht geringe Schwerfälligkeit und – wegen der Geschlossenheit der gegeneinander abgeschotteten Gruppen – eine ausgeprägte Beharrungsneigung. Deshalb waren und sind die Niederlande bis zu einem gewissen Grad ein konservatives Land.

Gleichzeitig sind sie jedoch eine moderne Handels- und Industrienation, die wegen ihrer geringen Größe stark vom Ausland abhängig ist. Ein solches Land kann sich zumindest langfristig keinen Isolationismus und Konservatismus erlauben. Die Niederlande verändern sich also mit dem Rest der Welt, aber die Veränderungen vollziehen sich oft nicht allmählich, sondern eher stoßweise, wobei das sonst so gemäßigte Land die Extreme nicht scheut. Was das angeht, sind die niederländischen Eliten würdige Erben der Amsterdamer Regenten in der Zeit der Französischen Revolution und Nachfolger König Wilhelms II. während der Umwälzungen von 1848: Lange Zeit gelingt es ihnen, Veränderungen aufzuhalten, aber sie haben ein feines Gespür dafür, wann Reformen unvermeidlich werden, und erweisen sich dann als sehr geschmeidig.

So war es auch in den berühmten Sechzigern. Es gibt einen Dokumentarfilm von dem Regisseur Bert Haanstra aus dem Jahr 1963, *Alleman* (deutscher Verleihtitel *Zwölf Millionen*), über das niederländische Alltagsleben jener Zeit. Wenn man von den Autos und den flotten Frisuren einiger Mädchen absieht, hätten viele Szenen auch in den dreißiger Jahren aufgenommen worden sein können: Herren mit Hüten und Aktentaschen, Arbeiter in Overalls, Damen mit dezenten Kopfbedeckungen und schwarzen Kleidern, grüblerisch dreinschauende Schüler in Tweedjacketts, das waren die Menschen, die das Straßenbild beherrschten. Besondere Heiterkeit lösen heute die Strandszenen aus, in denen Badegäste die seltsamsten Verrenkungen vollführen, um sich «anständig» umziehen zu können, von verschämt zur Seite blickenden Angehörigen mit hochgehaltenen Handtüchern abgeschirmt. Kaum fünf Jahre später konnte man viele junge Leute nackt am Strand liegen sehen, der Minirock beherrschte die städtische Mode, Studenten, Provos und abtrünnige Priester stellten die Säulen auf den Kopf, das braunschwarzgraue Einerlei war von Orange und Apfelgrün verdrängt worden.

Eine ähnliche Erschütterung erlebte das Land in den neunziger Jahren. Die Niederlande, eines der Länder, in denen der öffentliche und öffentlich-rechtliche Sektor seit jeher besonders stark waren, trieben den «Rückzug des Staates» mit besonderem Eifer voran, trotz des abschreckenden Beispiels von Thatchers Großbritannien. Während man im übrigen Europa eher vorsichtig und zurückhaltend blieb, waren niederländische Entscheidungsträger plötzlich nicht mehr zu bremsen: Was nur irgendwie privatisiert oder «ausgegliedert» werden konnte, von den Eisenbahnen bis hin zu Schulkantinen, das wurde auch privatisiert oder auf andere Weise dem Markt ausgeliefert. In den sechziger Jahren wurden in den Niederlanden rascher als anderswo moralische Hemmungen über Bord geworfen; dreißig Jahre später verabschiedete man sich mit ebensolcher Radikalität in der Wirtschafts- und Ordnungspolitik von allem bis dahin Gültigen. Diese stoßweisen Veränderungen waren Symptome des langsamen Zerfalls der Säulenstruktur. Der Zerfallsprozess begann schleichend in den fünfziger Jahren, nahm in den Sechzigern dramatische Formen an, schritt in den siebziger und achtziger Jahren stetig fort, ging während einer vorübergehenden Befriedungsphase in den Neunzigern, unter linksliberalen Vorzeichen, fast unmerklich weiter und beschleunigte sich im ersten Jahrzehnt des 21. Jahrhunderts explosionsartig in einer populistischen Revolte wütender Wähler.

«Der Zeitgeist will uns locken / Zu Mammons Hochaltar», sangen wir in den fünfziger Jahren in unserem christlichen Knabenverein, und wir wussten gar nicht, wie Recht wir hatten. Mammon war schließlich der Gott des Geldes, und tatsächlich war es der schnell wachsende Wohlstand, der die erste Bresche in die Bastionen des niederländischen Partikularismus schlug. Ganz Westeuropa geriet in den fünfziger Jahren in den Bann des Wirtschaftswunders, die Niederlande bildeten da keine Ausnahme. Hinterher sprach man, in Anlehnung an das Goldene Zeitalter des 17. Jahrhunderts, von einem «Goldenen Vierteljahrhundert». Zweiundzwanzig Jahre lang, zwischen

1951 und 1973, wuchs die Wirtschaft ununterbrochen um durchschnittlich fünf Prozent jährlich. Das Pro-Kopf-Einkommen verdoppelte sich in dieser Zeit; die Anzahl der Autos verzwanzigfachte sich.

Am Ende der fünfziger Jahre begannen die während eines Jahrzehnts bewusst niedrig gehaltenen Einkommen rasant zu steigen. Für viele niederländische Familien bedeutete das einen ziemlich plötzlichen Sprung auf ein vorher undenkbares Wohlstands- und Konsumniveau. Zwischen 1948 und 1968 erhöhte sich das Durchschnittseinkommen inflationsbereinigt um fast 75 Prozent. Die durchschnittliche Wochenarbeitszeit wurde von achtundvierzig auf vierzig Stunden herabgesetzt, die Zahl der Urlaubstage stieg von achtzehn auf achtundzwanzig und mehr.

Die Macht der Säulen, in kargen Zeiten noch akzeptiert, begann zu schwinden, und wegen der neuen Mobilität und der Vermehrung der Freizeit verloren auch die säuleneigenen Systeme der sozialen Kontrolle an Einfluss. 1960 besuchten fast 90 Prozent der Katholiken die sonntägliche Messe; 1973 waren es nur noch 53 Prozent. Während 1960 dreihundertsechzehn Priesterweihen stattfanden, waren es 1970 noch achtundvierzig. Bei den Protestanten vollzogen sich, wenn auch mit einiger Verzögerung, ähnliche Entwicklungen. Sogar bei den prinzipientreuen orthodoxen Kalvinisten ging der Kirchenbesuch in diesem Zeitraum um ein Drittel zurück.

In einer nächtlichen Sitzung der Zweiten Kammer am 14. Oktober 1966 wurde das Kabinett eines katholischen Ministerpräsidenten, Jo Cals, von den Abgeordneten der Katholieke Volkspartij (KVP) unter ihrem Fraktionsvorsitzenden Norbert Schmelzer zu Fall gebracht. Diese so genannte «Schmelzer-Nacht» war ein historischer Moment; zum ersten Mal zeigte sich, dass die mächtige katholische Säule nicht mehr so fest gefügt war, wie man geglaubt hatte. Auch die PvdA war gespalten: in Sozialdemokraten alter Schule und eine Gruppe überwiegend jüngerer Politiker, die bald unter dem Namen «Nieuw Links» die Bastionen der etablierten Parteien belagern sollte. Die Wahlergebnisse zeigten, wie schnell sich plötzlich die traditionelle Verflechtung von Religion und Politik, die Grundlage des Säulensystems, auflöste: 1963 kam die KVP bei den Wahlen zur Zweiten Kammer noch auf 31,8 Prozent, was im Bereich ihres üblichen Stimmenanteils lag. 1967 erzielte sie noch 26,5 Prozent, 1972 waren es nur noch 17,7. Ganz offensichtlich waren die (früheren) Katholiken dabei, sich politisch umzuorientieren.

In den folgenden Jahrzehnten beschleunigte sich die Säkularisierung: 1958 gehörte weniger als ein Viertel der Niederländer nach eigenen Angaben keiner Konfession an, 2020 werden es voraussichtlich drei Viertel sein. Nur 1,2 Prozent der Bevölkerung nimmt sonntags an katholischen Gottesdiensten teil – die Zahl der Moscheebesucher ist inzwischen höher. Die Mitgliederzahl der großen protestantischen Kirchen, das heißt der kalvinistischen Hervormde Kerk, der orthodox-kalvinistischen Gereformeerde Kerken und der lutherischen Kirche der Niederlande, die sich 2004 zur Protestantse Kerk in Nederland zusammengeschlossen haben, ist seit 1958 um zwei Drittel von 31 auf 11 Prozent der Gesamtbevölkerung gesunken.

Zeitgleich mit der Entkonfessionalisierung vollzog sich – wie im übrigen Westeuropa – auch auf anderen Ebenen eine allmähliche Auflösung alter Bindungen; in der Politik galt das besonders für die Linke. Dass Arbeiter, sofern sie nicht konfessionell gebunden waren, überwiegend sozialdemokratisch wählten, war nach den fünfziger Jahren keine Selbstverständlichkeit mehr. In Amsterdam-Noord, wo in den Siebzigern noch an jeder Ecke Plakate der Kommunisten hingen, war in den neunziger Jahren die populistische Rechte überraschend erfolgreich. Seit den siebziger Jahren haben sich etliche alte Parteien aufgelöst, andere haben fusioniert: Die drei großen konfessionellen Parteien, eine von ihnen katholisch, die beiden anderen protestantisch, schlossen sich zum Christen Democratisch Appèl (CDA) zusammen, die Kommunisten, zwei pazifistisch-sozialistisch-ökologisch ausgerichtete Parteien und eine linke christliche Partei verbanden sich zu Groen Links (Grüne Linke). Schon in den Sechzigern war eine neue linksliberale Partei gegründet worden, Democraten 66 (D66). Welche Folgen die Säkularisierung und «Entsäulung» für die politische Kultur insgesamt haben sollten, offenbarte sich aber erst am Ende des 20. Jahrhunderts. Plötzlich waren die niederländischen Politiker gezwungen, ihre Politik von Grund auf neu auszurichten; vielleicht lernen sie sogar erst jetzt, was es eigentlich bedeutet, Politik zu machen.

Die «Revolution» der sechziger Jahre war in den Niederlanden – wie in England, aber im Unterschied zu Deutschland und Italien – von eher spielerischem Charakter. In den Jahren 1965 bis 1967 gab die so genannte Provo-Bewegung den Ton an, eine lockere Verbindung von Künstlern, Studenten und jungen Arbeitern, die gegen die bürgerliche Einheitskultur der Jan Luykenstraat aufbegehrten und vor allem mit Happenings und anderen halb kulturellen, halb politischen Straßenaktionen in Erscheinung traten. In vieler Hinsicht erinnerte Provo an die Berliner Dada-Bewegung der Zeit um 1920. Bei ihren Demonstrationen trugen die Provos oft weiße, unbeschriftete Transparente, was die Polizei allerdings nicht davon abhielt, wild auf die Demonstranten einzuprügeln.

Intuitiv traf diese Bewegung die niederländische Gesellschaft an zwei empfindlichen Stellen. Einerseits spotteten die Provos gern über die bängliche Krisenmentalität und Moral der älteren Generationen, die zu dem neuen Wohlstand und den Freiheiten der sechziger Jahre nicht mehr so recht passen wollten. Gleichzeitig nahmen sie auch den zunehmenden Materialismus aufs Korn. Einer ihrer Anführer, der «Anti-Rauch-Magier» Robert Jasper Grootveld, hielt Woche für Woche auf dem Amsterdamer Spui Predigten gegen den Kaufwahn des «süchtigen Konsumenten» – womit er in der sehr niederländischen Tradition des erhobenen Zeigefingers stand: «In Westeuropa haben wir alles: Fernseher, Schneebesen und Mopeds. Wenn man in China noch keine Schneebesen hat, kennt man nur das eine Ziel, möglichst schnell auch welche zu besitzen.»

Wenig später sollten wie in anderen europäischen Ländern Hippies und Studenten die Fackel der Revolte weitertragen. Doch auch in Holland erstarrte die Studentenbewegung in marxistischem Dogmatismus, die Hippies zogen sich weitgehend in ihre eigenen Enklaven zurück. Aus heutiger Sicht ist es eigentlich die Frauenbewegung, die in jenen Jahren die konkretesten Erfolge verbuchen konnte. Wobei man fragen kann, ob der Pharma-Konzern Organon mit seiner «Pille» und die biedere katholische Ministerin Marga Klompé mit ihrem Sozialhilfegesetz, das erstmals auch geschiedene Frauen und ihre Kinder absicherte, nicht noch viel mehr zur Emanzipation der niederländischen Frau beigetragen haben.

Dennoch waren diese Jahre eine bedeutsame Phase, denn sämtliche Säulen bekamen damals Risse, eine nach der anderen. In der niederländischen Elite vollzog sich ein Generationswechsel, und so wurde in den Sechzigern gewissermaßen die aufgeschobene Revolution von 1945 nachgeholt. Erstmals wurden wieder – bisweilen höchst unangenehme – Fragen über die Besatzungszeit gestellt, zum einen, weil die nachgewachsene Generation nach überzeugenderen Antworten verlangte, zum anderen auch, weil die Widerstandsgeneration, die schon während des Krieges und kurz danach von einer neuen, «entsäulten» niederländischen Gesellschaft geträumt hatte, nun ihre Chance erkannte und nutzte. Die Ereignisse der Besatzungszeit wurden endlich zu einem Teil des nationalen Selbstbildes, zu einem ganz wesentlichen sogar, ging es hier doch um die Frage nach Gut und Böse.

Zum ersten Mal seit langer Zeit war auch der Ruf nach Wiedereinführung der Republik zu hören. Als Kronprinzessin Beatrix im März 1966 einen freundlichen deutschen Diplomaten namens Claus von Amsberg heiratete, herrschte in Teilen der Gesellschaft große Empörung, nicht zuletzt in den Kreisen des Widerstands. Die Provos, die sich keine Gelegenheit zur Verdeutlichung ihrer Standpunkte entgehen ließen, gaben sich alle Mühe, die Feierlichkeiten zu stören – die Bilder von ihrer Rauchbombe neben der Hochzeitskutsche gingen um die Welt. Doch auch in einer etablierten Partei wie der PvdA wurde ernsthaft darüber diskutiert, ob man die Monarchie nicht wieder abschaffen solle.

So weit kam es nicht, obwohl das Königshaus in den siebziger Jahren durch den Lockheed-Skandal, in den auch der früher so populäre Prinz Bernhard verwickelt war, in die Schusslinie geriet. Trotz der Annahme von Bestechungsgeldern im Zusammenhang mit der Anschaffung von Kampfflugzeugen für die niederländische Luftwaffe wurde der Ehemann Königin Julianas nicht strafrechtlich verfolgt, allerdings verurteilte die Regierung sein Verhalten scharf und zwang ihn, als Generalinspekteur der Streitkräfte zurückzutreten und auch die meisten anderen öffentlichen Ämter niederzulegen. Und doch ging die Monarchie aus der Affäre sogar gestärkt hervor; als sich diese Gelegenheit bot, die Königin zu entthronen, schreckten nämlich viele Republikaner davor zurück. Eine «Königsfrage», wie sie Belgien unmittelbar nach dem Krieg jahrelang gelähmt hatte, war ihnen das republikanische Prinzip dann doch nicht wert.

Die Popularität der Monarchie und die Milde ihrer Gegner erklären sich vor allem durch die persönlichen Qualitäten der drei Frauen, die im 20. Jahrhundert die Königinnenwürde innehatten. Trotz mancher Versäumnisse hatte sich Königin Wilhelmina während des Zweiten Weltkriegs als Kopf der Londoner Exilregierung mehr als bewährt; Churchill meinte, sie sei «der einzige Mann im niederländischen Kabinett». In der Regierungszeit ihrer sanftmütigen Tochter Juliana gab es einige eher chaotische Phasen; Julianas pazifistische Ideen stießen mitten im Kalten Krieg bei den regierenden Politikern nicht immer auf Verständnis, und ihr Gatte, dieser Show-Prinz, war schon damals in allerlei Affären verwickelt. Aber wegen ihrer Persönlichkeit war sie allgemein beliebt, selbst die Provos hatten eine Schwäche für sie.

Königin Beatrix – 1980 inthronisiert, als die Hauptstadt, diesmal wegen der geplanten Stationierung atomarer Mittelstreckenwaffen auch in den Niederlanden, erneut ziemlich unruhig war – zog die

Zügel wieder straffer an; es ist bezeichnend, dass sie Wert auf die Anrede «Majestät» legt, während ihre Mutter nur mit dem schlichten *mevrouw* angeredet werden wollte. Sie erwarb sich Respekt durch die besondere Gewissenhaftigkeit und Professionalität, mit der sie das Amt des Staatsoberhaupts versieht; auch viele Antimonarchisten meinen, dass sie eine ausgezeichnete Präsidentin wäre. Ihr 2002 verstorbener Ehemann Claus war wegen seiner Intelligenz und seines sozialen Engagements bald schon eines der populärsten Mitglieder des Königshauses, beliebt nicht zuletzt bei denen, die ihn 1966 geschmäht hatten.

Dass die Monarchie wieder an Bedeutung gewinnen konnte, hängt mit der konstitutionellen Position der Monarchin zusammen. Anders als etwa das schwedische hat das niederländische Staatsoberhaupt keine rein formale und repräsentativ-zeremonielle Funktion. Die Monarchin spielt auch eine politische Rolle, wenn auch auf eher indirekte Weise. Zwar genießt sie «Immunität», während die Minister die gesamte Verantwortung tragen, aber es ist «ihre» Regierung, die das Land führt, was im Ritual der jährlichen Thronansprache zum Ausdruck kommt. Außerdem ist sie formal Präsidentin des Staatsrates, eines Verfassungsorgans zur Beratung der Regierung, dessen Mitglieder von der Krone, das heißt der Königin und den Ministern, ernannt werden und dem jeder Gesetzentwurf unterbreitet werden muss, bevor er dem Parlament vorgelegt wird – der Vizepräsident und eigentliche Vorsitzende dieses höchsten Beratungsgremiums wird auch gern «Vizekönig der Niederlande» genannt.

Eine politische Rolle spielt sie aber vor allem in der Phase der Regierungsbildung, wenn es darum geht, eine Koalition zu schmieden, was wegen der relativ hohen Zahl der – teilweise nur mit ein, zwei oder drei Sitzen – in der Zweiten Kammer vertretenen Parteien nicht ganz einfach und durch die Entsäulung auch immer schwieriger und langwieriger geworden ist. Die Königin ernennt zunächst einen so genannten Informateur, der Möglichkeiten der Regierungsbildung ausloten soll; dabei handelt es sich meistens um einen erfahrenen

Politiker aus dem Umfeld der vermutlich in Frage kommenden Parteien, der selbst nicht mehr politisch aktiv ist, und mit der Ernennung kann sie den Prozess der Regierungsbildung durchaus in eine bestimmte Richtung lenken.

So gab Königin Juliana 1973 hinter den Kulissen ganz bewusst grünes Licht für die Bildung der ziemlich weit links stehenden Regierung den Uyl, einer bunten Mischung aus «progressiven» und «progressiv-konfessionellen» Kräften, die den Ideen der neuen Zeit politisch Gestalt geben sollte: Verteilung von Wohlstand, Wissen und Macht auf möglichst breite Bevölkerungskreise, Demokratisierung des Bildungswesens, Frauenemanzipation, Umweltschutz, mehr Kontrolle des Staates über Bodennutzung und Bodenschätze, Beseitigung der Wohnungsnot, Hilfe für die Dritte Welt.

Es fällt auf, dass in allen öffentlichen Diskussionen über den Kurs dieses Kabinetts die internationale Position der Niederlande kaum eine Rolle spielte. Den großen machtpolitischen Fragen konnte das Land aus dem Weg gehen; seit einem Vierteljahrhundert lag es wieder sicher an der europäischen Peripherie, klein, aber reich und auch in anderer Hinsicht in einer bequemen Situation.

Und moralisch vorbildlich, so sah man sich in jenen Jahren besonders gern, was für die Politiker wie für die breite Öffentlichkeit gilt. Dieses Selbstbild bestimmte auch das Verhältnis zur Migration aus dem Mittelmeerraum, die in den sechziger Jahren allmählich in Gang kam und ab den Siebzigern zur dauerhaften Niederlassung einer großen Zahl von Familien vor allem marokkanischer und türkischer Herkunft führen sollte. Hatte man in der Nachkriegszeit nicht Hunderttausende von Niederländern indonesischer Herkunft, die nach der Unabhängigkeit der Kolonie ins «Mutterland» kamen, ohne größere Probleme aufgenommen?

Gut, es hatte Schwierigkeiten mit den 12 500 Ambonesen gegeben, ehemaligen Soldaten der niederländischen Kolonialarmee und ihren Angehörigen, die 1951 nach Militäraktionen Indonesiens gegen ambonesische Separatisten in die Niederlande kamen und jahre-

Die Dorfkapelle heißt die ersten Gastarbeiter willkommen, H. Bolland

lang in Auffanglagern leben mussten. Ihr Aufenthalt galt als vorübergehender, ihre Integration in die niederländische Gesellschaft wurde zunächst gar nicht angestrebt. Viele von ihnen hielten an dem Glauben an eine Rückkehr in eine eigene, von Indonesien unabhängige Republik fest, und der niederländische Staat ließ ihnen diese Illusionen. Als die Südmolukker ihren Irrtum erkannten, entlud sich die wachsende Verbitterung in den Jahren 1975 und 1977 in einigen Terroraktionen militanter junger Männer – Geiselnahmen in zwei Zügen, im indonesischen Generalkonsulat in Amsterdam, in einem Verwaltungsgebäude und einer Grundschule –, mit denen die Niederlande gezwungen werden sollten, sich für die Schaffung einer unabhängigen Republik der Südmolukken einzusetzen; bei den meisten dieser Geiselnahmen und bei Befreiungsaktionen gab es Todesopfer. Doch selbst diese aufsehenerregenden Terrorakte störten den inneren Frieden nur vorübergehend. Warum sollte also die Integration der neuen Zuwanderer nicht gelingen, trotz erster Spannungen zwischen Einheimischen und Neuankömmlingen in manchen Problemvierteln?

Was die wirtschaftliche Situation anging, fand das niederländische Revolutionsspiel der sechziger und frühen siebziger Jahre unter einem fast wolkenlosen Himmel statt. 1960 war den Niederlanden ein unerwarteter Gewinn in den Schoß gefallen: Unter Groningen wurde eines der größten Erdgasvorkommen der Welt entdeckt. Später fand man ein weiteres im niederländischen Teil der Nordsee. Mit den Erträgen aus der Gasförderung konnten unter anderem die Deltawerke finanziert und das Sozialversicherungssystem großzügig ausgebaut werden, und sie erleichterten dem Staat die Schlichtung gesellschaftlicher Konflikte.

So erlebten die Niederlande eine Art Kuwaitisierung, wie man die seltsamen Kapriolen eines Landes nennt, das dank fossiler Energiequellen plötzlich über zu viel Geld verfügt. Die Wirtschaft wollte ältere Arbeitnehmer abstoßen – kein Problem, sie wurden durch die im internationalen Vergleich großzügige Arbeitsunfähigkeitsversicherung aufgefangen; die Leistungen aus dieser Versicherung erfüllten über viele Jahre auch die Funktion einer Art Frührente, mit der die Betroffenen ihren Lebensstandard erhalten konnten. Eine Regierung drohte über die Pläne zum Abschluss der Oosterschelde zu stürzen – kein Problem, statt eines festen Damms, der den Meeresarm von der Nordsee abgeschnitten hätte, was schwerwiegende Folgen für seine Flora und Fauna erwarten ließ, wurde ein außerordentlich kostspieliges Sturmflutwehr mit beweglichen Tafelschützen gebaut, das Sicherheit garantiert, aber ökologisch weniger bedenklich ist. Die Erhaltung des inneren Friedens war nach wie vor höchstes Gebot, aber es waren jetzt nicht mehr die Säulen, die befriedend wirkten, sondern gewaltige Summen aus der Staatskasse.

Das Kabinett den Uyl war erst wenige Monate im Amt, als sich das wirtschaftliche Klima schlagartig veränderte. Im Oktober 1973 brach der Jom-Kippur-Krieg zwischen Israel und den Nachbarstaaten Syrien und Ägypten aus. Die führenden OPEC-Mitgliedsstaaten verhängten vorübergehend ein Öl-Embargo über die beiden wichtigsten Verbündeten Israels, die Vereinigten Staaten und die Niederlande. Der Ölpreis stieg um bis zu 300 Prozent.

Am 1. Dezember 1973 kündigte ein sichtlich bedrückter den Uyl eine Reihe harter Sparmaßnahmen an. «So gesehen», erklärte er, «wird die Welt nie mehr die gleiche sein wie vor der Ölkrise.» Es war das abrupte Ende des Goldenen Vierteljahrhunderts.

Im Gebäude des niederländischen Sozialstaats, das in den fünfziger und sechziger Jahren errichtet worden war und als dessen Krönung die gesetzliche Altersrente galt, zeigten sich beunruhigende Risse. Das System war eigentlich auf die Verhältnisse der fünfziger Jahre zugeschnitten: stabile Familien mit dem Mann als «Ernährer», ein langes Arbeitsleben, sichere Vollzeitarbeitsplätze, ein Gefühl der Verantwortung jedes Einzelnen für die Gemeinschaft. In den siebziger Jahren sah die Wirklichkeit schon ganz anders aus. Die Zahl der Scheidungen und damit der erwerbslosen Alleinerziehenden hatte rasch zugenommen; in der Arbeitswelt war Flexibilität das neue Zauberwort, und wer nicht mehr mitkam, wurde ausgestoßen. Von der Altersrente abgesehen, waren die sozialen Sicherungssysteme vor allem darauf ausgerichtet gewesen, vor den Folgen vorübergehender Erwerbslosigkeit oder Krankheit zu schützen; jetzt sollten dieselben Systeme die bleibenden sozialen Auswirkungen der Automatisierung und «Flexibilisierung» und der Scheidungswelle abfedern. Bald lebte fast eine Million Einwohner der Niederlande von einer Berufsunfähigkeitsrente – im Vergleich zu anderen Ländern eine extrem hohe Zahl –, und das, obwohl die meisten von ihnen kerngesund waren.

Auch mit den stolzen Symbolen des Wirtschaftswunders ging es bergab: Die großen Werften wurden geschlossen, Fokker machte bankrott, Hoogovens und Enkalon gingen in undurchsichtigen Firmenkonglomeraten auf. Die Erdgas-Gewinne retteten die Situation noch für einige Zeit, das Konsens- oder Poldermodell bewährte sich wieder, als Arbeitgeber und Arbeitnehmer sich 1982 im «Vertrag von Wassenaar» auf Lohnzurückhaltung im Ausgleich für Arbeitszeitverkürzung einigten, was zu einem Rückgang der Arbeitslosigkeit führte. Aber im September 1990 erklärte der damalige Ministerpräsident Ruud Lubbers mit dem Hinweis auf die Statistiken zum Arbeitsausfall durch Krankheit, zu Arbeitsunfähigkeit, Erwerbslosigkeit und Nichtteilnahme am Erwerbsleben, die Niederlande seien krank: «Unser Land ist in einem solchen Maße krank, dass man von einer neuen ‹sozialen Frage› sprechen könnte, und es muss betont werden, dass die Politik dieses Problem nicht allein lösen kann.»

Ebenso einmütig, wie man die Sozialsysteme aufgebaut hatte, ging man nun daran, sie zu sanieren. Sozialleistungen wurden gesenkt, ihre Bewilligung an immer strengere Anforderungen geknüpft. Allerdings spielte man in den oberen Etagen der Wirtschaft das Spiel diesmal nicht mehr mit, und das galt nicht zuletzt für die inzwischen privatisierten Institutionen des öffentlichen Sektors: Auf den Führungsebenen wurde es üblich, sich extrem hohe Gehälter zu genehmigen, die in keinem Verhältnis mehr zu den erbrachten Leistungen standen. So bildete sich innerhalb der Elite eine neue Raff-Kaste, deren Verhalten an die Exzesse der städtischen Regenten im 18. Jahrhundert erinnert.

Das soziale Grundvertrauen, das traditionelle Bindemittel der niederländischen Gesellschaft, Voraussetzung der Aufbauleistungen der Nachkriegszeit und auch solcher Kompromisse wie des Vertrags von Wassenaar, drohte verlorenzugehen. Die öffentliche Meinung suchte und fand natürlich Sündenböcke: die Ausländer, die «Sozialhilfebetrüger», ja die Empfänger von Sozialleistungen allgemein. Zwei bekannte Fernsehhumoristen gründeten als fiktive Haager Unterweltfiguren eine ebenso fiktive Partei: Die Gegenpartei («die Partei für alle Niederländer, die die Niederlande nicht mehr aushalten»), mit Parolen wie «Kein Geschwalle – Geld für alle!» und «Zusammen für uns selber!». Aber sie beendeten ihre Kampagne schleunigst wieder, als sie merkten, dass ihr platter Populismus, eigentlich als Persiflage auf die Demagogie einiger real existierender Parteien gedacht, beängstigend viel Anklang fand.

Der Traum, die Rolle des moralisch vorbildlichen «Vorreiterlandes» spielen zu können, zerbrach in dieser Zeit an den europäischen Realitäten. Ein Vertragsentwurf für die Gründung einer stark föderalistischen Europäischen Union, der unter niederländischer Federführung ausgearbeitet worden war, wurde am 30. September 1991 von fast allen anderen Mitgliedsstaaten vom Tisch gefegt. Die Hausaufgaben mussten noch einmal gemacht, die meisten hochgesteckten Ziele aufgegeben werden, damit am 7. Februar 1992 endlich der stark verschlankte Vertrag von Maastricht unterzeichnet werden konnte.

Das internationale Prestige der Niederlande litt besonders unter den Ereignissen in Bosnien im Juli 1995, als in der Gegend von Srebrenica bis zu 8000 Bosniaken von der Armee der Republika Srspska und serbischen Paramilitärs ermordet wurden. Wieder prallten die Illusionen der zugleich idealistischen und selbstzufriedenen Niederländer auf die harte Wirklichkeit außerhalb der eigenen kleinen Welt, diesmal mit blutigen Folgen. Eine niederländische Blauhelm-Truppe sollte für die Sicherheit der 40 000 Menschen in der UN-Schutzzone sorgen, aber die Dutchbat-Einheit war mit gerade einmal 600 Mann, nur ein Teil davon Kampftruppen, für diese Aufgabe viel zu klein, sie verfügte nicht über schwere Waffen, außerdem blieb die erbetene Luftunterstützung zunächst aus und wurde dann nach dem ersten Angriff von Kampfflugzeugen auf serbische Panzer rasch gestoppt, um von den Serben als Geiseln genommene Blauhelm-Soldaten nicht zu gefährden. Als die Serben die Stadt eingenommen hatten, mussten die Niederländer machtlos mit ansehen, wie die Männer und älteren Jungen von den Frauen und Kindern getrennt wurden. Später stellte sich heraus, dass fast alle abtransportierten männlichen Bosniaken in den umliegenden Bergen ermordet worden waren.

Während die Serben die Massaker vorbereiteten, prostete der ungeschickte niederländische Kommandeur vor serbischen Kameras dem General Ratko Mladić zu. Zehn Tage später bezeichnete er ihn als «Profi, der seine Sache versteht». In niederländischen Zeitungen konnte man unter Überschriften wie «Anstoßen auf die Freiheit» Fotos von fröhlich tanzenden «Dutchbatters» sehen, denen die Serben in Novi Sad nach Beendigung ihrer Geiselhaft ein Festessen spendiert hatten. Erst sieben Jahre später sollte die offizielle Untersuchung in den Niederlanden abgeschlossen sein. Nach der Veröffentlichung der Ergebnisse trat die Regierung Kok zurück.

Der mahnende Zeigefinger der Witwe Pels blieb lange erhoben. Als 1993 in Solingen durch einen Brandanschlag von Rechtsextremisten auf ein von türkischen Migranten bewohntes Haus zwei Frauen und drei Mädchen ums Leben kamen, organisierte ein Hilversumer Rundfunksender eine Protestaktion: Mehr als eine Million Niederländer schickten Postkarten mit der Aufschrift «Ich bin wütend» an Bundeskanzler Kohl. Noch im Jahr 2000 zeigten sich viele darüber empört, dass Königin Beatrix ausgerechnet in Jörg Haiders Österreich Winterurlaub machte.

2004 brannten auch in den Niederlanden Moscheen, und die Asyl- und Einwanderungspolitik der niederländischen Regierung hätte sicher den Beifall des Herrn Haider gefunden.

11

VORREITERLAND

«Es war einmal ein Land, das sich selbst Vorreiterland nannte. Die Menschen, die dort wohnten, waren der Ansicht, dass sie wegen ihres tugendsamen Lebens, ihrer Ordentlichkeit und Sauberkeit und ihres Reichtums ein Vorbild für die ganze Welt seien. Der Rest der Welt glaubte das auch, besuchte das Land, um zu sehen, wie die Vorreiter Probleme lösten, und dann wurden bewundernde oder gar neidische Artikel darüber geschrieben. Doch eines Tages meldete sich ein sprachgewandter Mann zu Wort, der erklärte, dass das Vorreiterland ein großer Schweinestall sei und dass er als Ministerpräsident richtig Ordnung schaffen werde. Er wurde ermordet. Anschließend wählte fast ein Drittel der Vorreiter seine Partei. So kamen Leute an die Macht, die man in der Dreigroschenoper rekrutiert hatte. Sie verschwanden wieder. Die neue Anführerin der Vorreiter predigte Normen und Werte. Daraufhin wurde mehr geschimpft, geflucht, beleidigt, gekränkt, gespuckt und geschlagen als vielleicht in allen Jahrhunderten seit dem Bildersturm. Das ist unser gutes Recht, riefen die Vorreiter, die davon überzeugt waren, dass sie nun erst wirklich für die Freiheit kämpften ...»

So beginnt die Parabel, die der Nestor des niederländischen Journalismus, Henk Hofland, im Juni 2006 über den Zustand seines Landes geschrieben hat. Er schildert, wie in jener Zeit der Auflösung und Orientierungslosigkeit eine einst aus Afrika gekommene

Dame zusammen mit einem prominenten Freiheitskämpfer einen Film drehte, um die unterdrückten muslimischen Frauen zu erlösen – «ob diesen Frauen damit geholfen war, weiß man nicht» –, und wie auch der Cineast ermordet wurde. «Darauf folgte wieder ein Jahr des Aufruhrs, und dann sollte die Dame das Vorreiterland verlassen, weil sie vierzehn Jahre zuvor, bei ihrer Ankunft aus Afrika, geschwindelt hatte. Erneut Aufruhr. Die Bewohner von Vorreiterland nützten ihre Freiheit voll und ganz aus, indem sie noch mehr schimpften, fluchten, beleidigten, kränkten, spuckten und schlugen.» Schließlich wurde für das Problem der Asylantragsschummelei nach alter vorreiterlicher Gewohnheit eine Lösung gefunden, aber die Freiheitskämpferin hatte schon beschlossen, ihre Mission fortan in Amerika zu erfüllen. Ihre Verbündeten blieben verwaist zurück.

Langsam wurde es etwas ruhiger in Vorreiterland – so kann man Hoflands Parabel fortschreiben. Bis ein anderer Freiheitskämpfer, diesmal einer aus Limburg, einen neuen Film drehte, der die Intoleranz des Islam anprangerte – seine Partei könnte den Umfragen zufolge bei den nächsten Wahlen zur Zweiten Kammer zwölf Sitze gewinnen, ebenso viele wie Groen Links. Wieder wurde im Namen der Aufklärung und der Freiheit der Meinungsäußerung nach Herzenslust gekränkt und beleidigt. Die forsche Brabanter Matrone, die, als sie noch Ministerin für Einwanderung und Integration war, der afrikanischen Dame ihre vorreiterliche Staatsbürgerschaft hatte aberkennen wollen, hatte sich inzwischen zu einer neuen Volksheldin gemausert. «Stolz auf Vorreiterland» hieß ihre neue Partei, die in den Umfragen bei mindestens zwanzig bis fünfundzwanzig Sitzen und damit deutlich vor den Sozialdemokraten lag.

Und so wartete eine Regierung der Mitte aus Christdemokraten, Sozialdemokraten und orthodoxen Kalvinisten, überwiegend solide Männer und Frauen, geführt von einem spröden Seeländer, mit Angst und Bangen auf die nächsten Wahlen.

Sechs Jahre niederländische Geschichte. Dass die Epoche eines von den «Säulen» getragenen sozialen Friedens endgültig Vergangenheit war, zeigte sich erst um die Jahrhundertwende in aller Deutlichkeit. Zwischen 1994 und 2002 hatten die Niederlande unter einer Koalition aus Sozialdemokraten, rechtsliberaler VVD und linksliberaler D66 noch relativ ruhige und glückliche Jahre erlebt. Aus heutiger Sicht war es die Ruhe vor dem Sturm. Kaum jemals dürften die Profile der verschiedenen Parteien so unklar gewesen sein wie vor den Wahlen des Jahres 2002. Linke Wähler, die im Internet den so genannten «Wahlweiser» zu Rate zogen, stellten zu ihrer Verwunderung fest, dass sie, wenn es um gesellschaftspolitische Fragen und Umweltschutz ging, der streng kalvinistischen Christen Unie zugeordnet wurden. Das war bezeichnend für das Verschwimmen der Grenzen, zeigte aber auch, dass diesen so gegensätzlichen gesellschaftlichen Gruppen etwas gemeinsam war; für beide hatten ethische Fragen einen hohen Stellenwert.

Inzwischen hatte ein neuer politischer Held die Bühne betreten, der an nationalistische Gefühle und ein Bedürfnis nach sozialer Gerechtigkeit und Moral appellierte und der seine Wähler mit einem Cocktail aus teilweise überholt wirkenden sozialdemokratischen Vorstellungen und extrem provozierenden «rechten» Ansichten vor allem über den Islam und die Einwanderung gewann: Pim Fortuyn. Eine schillernde Gestalt, nicht zuletzt durch seinen Narzissmus und seinen hedonistischen Lebensstil, trotz seiner Ablehnung der Immigration ein großer Liebhaber marokkanischer Jungen, woraus er auch keinen Hehl machte. Ob er sich als Ministerpräsident länger als ein Vierteljahr hätte halten können, ist mehr als fraglich. Nur ändert das nichts an der Tatsache, dass er Zigtausenden in dem verwirrten Land aus der Seele zu sprechen schien. Er mobilisierte ein Wählerpotenzial, das linksradikale, linksliberale und sozialdemokratische Intellektuelle immer ignoriert hatten und das auch bei christdemokratischen und rechtsliberalen Politikern Berührungsängste auslöste: verarmte Alte, Hausfrauen in trostlosen Problemvierteln, kleine Leute vom Typ mürrischer Taxifahrer, die 20 bis 30 Prozent Niederländer, die man als reaktionär oder verbittert bezeichnen könnte oder die sich einfach von «denen da oben» im Stich gelassen fühlen.

Ein Teil dieses Potenzials war seit vielen Jahren in dem hohen Anteil an Nichtwählern versteckt gewesen; andere Fortuyn-Anhänger hatten mangels Alternativen früher den Rechtsliberalen, zu denen immer auch eine starke konservativ-populistische Strömung gehörte, oder den Kommunisten ihre Stimme gegeben. Ihre Vorwürfe an die etablierten Parteien waren zum Teil berechtigt. Nicht wenige dieser Protestwähler sahen sich unmittelbar mit den negativen Auswirkungen von Entwicklungen konfrontiert, vor denen die «besonnene» niederländische Elite lieber die Augen verschloss. Das gilt in erster Linie für den Zustrom von einigen hunderttausend Immigranten vor allem aus dem ländlichen, traditionalistisch-muslimischen Anatolien und Marokko, hier besonders dem Rif-Gebirge; einen Zustrom, der in den sechziger Jahren als – wie man glaubte – zeitlich begrenzte Arbeitsmigration begonnen und sich ab den Siebzigern durch Familiennachzug und Heiratsmigration zu einer kleinen Völkerwanderung entwickelt hatte. Solche Migrationsbewegungen von einer alten agrarischen in eine moderne städtische Welt sind schon innerhalb eines Landes problematisch, erst recht aber, wenn sie über einen halben Kontinent in postmoderne Gesellschaften wie die niederländische führen. Die Blindheit gegenüber den hierdurch verursachten Problemen verübelte man der Elite, nicht ohne Grund.

Die niederländische Demokratie ist also nicht erst in eine Krise geraten, als Pim Fortuyn am 6. Mai 2002 von einem militanten Tierrechtsaktivisten erschossen wurde, nein, die Krise war längst da und wurde durch den Mord nur dramatisch zugespitzt. Seitdem beherrschten die Verbitterten die Debatte in den niederländischen Medien und in der Politik. Sie waren eine Minderheit, aber eine ziemlich laute Minderheit – das ist eine Parallele zu den Sechzigern –, und der Rest der Niederländer, an relativ gemäßigte, nicht allzu populistische Politiker gewöhnt, tat sich schwer mit einer angemessenen Reaktion.

Das Seltsame ist, dass sich all dies vor dem Hintergrund einer wirtschaftlichen Situation ereignete, die aus historischem Blickwinkel als geradezu blendend erscheint. Auf der OECD-Liste der reichsten Länder der Welt, gemessen am Bruttosozialeinkommen pro Kopf, standen die Niederlande Ende 2007 auf dem achten Platz. Bernhard Bot, ehemaliger Spitzendiplomat und Außenminister, hat das Land einmal als «pocket-sized medium power» bezeichnet. Im Verhältnis zu seiner Einwohnerzahl von sechzehn Millionen hat es erstaunlich viele multinationale Konzerne hervorgebracht. Niederländische Unternehmen gehören zu den größten Investoren in den Vereinigten Staaten, und umgekehrt. Wirtschaftlich haben sich die Niederlande sehr weit geöffnet, was für ein relativ kleines Land auch notwendig ist: Mehr als 60 Prozent der produzierten Güter sind für den Export bestimmt, knapp 60 Prozent der im Inland verbrauchten Waren werden importiert. Der Hafen von Rotterdam ist der größte Europas und der drittgrößte der Welt nach Singapur und Schanghai.

Die Lebensqualität ist hoch. In der UN-Rangliste der führenden Länder auf den Gebieten Einkommen, Lebenserwartung und Gesundheitswesen sind die Niederlande schon seit Jahren unter den ersten zehn von 117 Staaten. Mit ihrem neunten Platz schneiden sie sogar deutlich besser ab als Belgien (Rang 16) und Deutschland (22). Niederländer haben ungewöhnlich viel Freizeit: In den USA ist die durchschnittliche Arbeitszeit pro Jahr um 35 Prozent höher als in den Niederlanden, im übrigen Europa um 20 Prozent. Kompensiert wird das zum größten Teil durch hohe Produktivität. Das Bruttoinlandsprodukt ist das zweithöchste, die Arbeitslosigkeit im Moment die niedrigste Europas.

Und doch offenbaren Umfragen einen Mangel an Selbstvertrauen und eine tiefe Beunruhigung. Während die meisten Niederländer mit Recht sehr zufrieden mit ihrer sozialen Situation sind, meinen mehr als zwei Drittel, die Politiker verfügten nicht über die Eigenschaften und Fähigkeiten, die notwendig wären, um das Land zu führen.

Auch bei der Frage nach der idealen niederländischen Gesellschaft wird ein Dissens zwischen Elite und «Normalbevölkerung» sichtbar. Die große Mehrheit der politischen und gesellschaftlichen Elite hält eine Entwicklung hin zu einer postmodernen Gesellschaft und einem freien Markt nach angelsächsischem Modell für notwendig und sieht sich in dieser Auffassung von der EU bestärkt. Öffentliche Verkehrs- und Versorgungsbetriebe zum Beispiel sind in den letzten Jahren zum größten Teil privatisiert worden, und selbst als einer der ältesten und größten niederländischen Bankkonzerne, die ABN/AMRO, von einer ausländischen Gruppe geschluckt und aufgeteilt wurde, unternahm der niederländische Staat nichts dagegen: So etwas gehöre nun einmal zur freien Wirtschaft, hieß es, man müsse den Markt sich selbst überlassen. Die große Mehrheit der Bevölkerung dagegen hält wenig von einem solchen System. Man bevorzugt Gesellschaftsformen, die eher dem skandinavischen Modell ähneln, einen Kapitalismus mit starkem sozialen Einschlag.

In der Politik ist dieses Unbehagen deutlich spürbar. Seit Fortuyn lässt sich das Wählerverhalten kaum noch vorhersehen. Die klassischen politischen Grenzlinien des 20. Jahrhunderts verwischen sich und werden durch neue ersetzt, weil bestimmte Gegensätze, die es natürlich auch vorher gab, auf einmal stark an Bedeutung gewinnen: der zwischen Kosmopoliten und Patrioten zum Beispiel oder – quer durch diese Gruppen – zwischen Individualisten und denjenigen, die das Solidarische in den Vordergrund rücken, wie die immer stärkere linkspopulistische Socialistische Partij (SP).

Die Bewegungen des radikalen Anti-Islam-Ideologen Geert Wilders und vor allem der neuen populistischen Galionsfigur Rita Verdonk, der früheren VVD-Ministerin für Einwanderung und Integration, wirken enorm anziehend auf eine Gruppe von (potenziellen) Wählern, die von Soziologen und Demoskopen als «Außenseiter» bezeichnet werden. Damit sind Menschen gemeint, die kaum religiöse oder überhaupt ideelle Bindungen haben, die bei Wahlen häufig die Partei wechseln oder nicht wählen, die eine Aversion gegen Immigranten haben, die sich wenig oder gar nicht politisch oder in irgendeiner Weise gesellschaftlich engagieren, selbst aber sehr hohe Anforderungen an den Staat und die Gesellschaft stellen. Ihre Zahl wird auf mindestens vier Millionen geschätzt, ein Viertel bis ein Drittel der niederländischen Bevölkerung. Nach alldem kann man sagen, dass sich diese Gesellschaft innerhalb weniger Jahrzehnte von einer so genannten «hightrust society» in ein Gemeinwesen verwandelt hat, das zumindest schon einige Merkmale einer «lowtrust society» aufweist.

Natürlich musste die Auflösung der festgefügten religiösen und ideologischen Säulenordnung weitreichende Folgen haben, und die hier skizzierte Entwicklung ist eine davon. In der Politik entstand Raum für ein Phänomen, das andere europäische Länder schon länger kennen, die national-populistische Partei, die viele der «Außenseiter» hinter sich vereint. Die Massenattacke gegen die Eliten, die Pim Fortuyn organisiert hatte, wiederholte sich bei der Ablehnung der europäischen Verfassung im Jahr 2005, wobei allerdings auch die erstaunliche Untätigkeit der damaligen Regierung eine Rolle spielte, außerdem die Aufregung über den angeblich teuren Euro, Kritik an dem Mangel an Demokratie auf der europäischen Ebene und die Kompliziertheit der Verfassung selbst, die viele als undurchschaubar empfanden. Solche Massenattacken werden sich wiederholen, in unterschiedlicher Form, bis ein neues Gleichgewicht gefunden ist. Auch das ist ein Aspekt der gegenwärtigen Übergangszeit: Die Säulen mögen weitgehend verschwunden sein, die Eliten dieser Säulen oder ihre Nachfolger sind weiterhin an der Macht. Solide verankert ist diese Macht aber nicht mehr, und ihre Legitimation ist ebenfalls fraglich geworden; alles ist in Bewegung geraten.

Auch auf anderen Ebenen fielen alte Selbstverständlichkeiten fort. Das Verhältnis zwischen öffentlichem und privatem Sektor zum

Beispiel war weitgehend durch das Säulensystem geregelt. Heute herrscht auf diesem Gebiet ziemlich große Verwirrung, wie in einigen der früheren Ostblockländer. Das Verhältnis von Staat und Religion muss ebenfalls erst neu geregelt werden. Die politischen Parteien, aber auch Bürger und Entscheidungsträger versuchen noch, mit einer Welt ohne Glaubenswahrheiten zurechtzukommen. Neue Orientierungspunkte sind rar.

Angesichts dessen ist es für viele verlockend, sich wieder an alte Gewissheiten zu klammern, seien sie ideologischer oder religiöser Art. Vor allem durch die muslimischen Migranten hat die Religion in der niederländischen politischen Diskussion wieder an Bedeutung gewonnen, und gerade dies ist es, bemerkt der anglo-niederländische Schriftsteller Ian Buruma ganz richtig, was Pim Fortuyn und seine Anhänger so zornig machte, weil sie gerade erst mühevoll die Beschränkungen durch ihre eigene Religion überwunden hatten. Ein verwandter Konflikt bestimmt die Diskussionen um die Meinungsfreiheit; während die einen entschieden für die Freiheit auch solcher Äußerungen eintreten, die von anderen als verletzend empfunden werden können, fordern die anderen Respekt vor ihren religiösen Gefühlen. So prallen die in den sechziger und siebziger Jahren erkämpften Freiheiten auf die Normen und Werte, von denen viele annahmen, dass die Niederlande sie endlich hinter sich gelassen hätten, wenn man von den Rückzugsräumen des konservativen Christentums absieht. Es handelt sich also nicht einfach nur um einen Konflikt zwischen westlichen und islamischen Werten, sondern auch um den zwischen Säkularismus und Religiosität. Überall in Europa hat das Christentum im letzten halben Jahrhundert an Bedeutung verloren. Dadurch hat sich unsere Kultur grundlegend gewandelt. Für eine Gesellschaft wie die niederländische, die bis vor relativ kurzer Zeit noch so stark von religiösen Normen, Werten und Institutionen geprägt war, gilt dies noch mehr als für andere. Vielleicht sind die Niederlande in dieser Hinsicht tatsächlich wieder ein Vorreiterland, ob sie wollen oder nicht.

Zur Entsäulung kommen weitere tiefgreifende gesellschaftliche Veränderungen: die Globalisierung und vor allem die Internationalisierung der Großstädte. Gab es früher eine Großstadt, Amsterdam, und ansonsten Dutzende kleinerer und mittlerer Provinzstädte, deren Mentalität die des Landes insgesamt prägten, so vollzog sich im 20. Jahrhundert eine Entwicklung hin zum großstädtischen Ballungsraum. Die Kultur der Randstad, des Städtevierecks Amsterdam-Utrecht-Rotterdam-Den Haag, beherrscht immer stärker die Medien und die Politik. Bald wird mehr als die Hälfte der niederländischen Bevölkerung in dieser auch Deltametropole genannten städtischen Agglomeration leben, die schon heute nach Paris und London und vor dem Ruhrgebiet die drittgrößte Nordwesteuropas ist. Auf der von der Zeitschrift *Foreign Policy* aufgestellten Rangliste der am stärksten «globalisierten» Länder liegen die Niederlande auf dem siebten Platz. Kurz und gut, dieses früher doch ziemlich provinzielle Land – selbst die auf den ersten Blick mondäne Hauptstadt war in Wirklichkeit noch lange vom Geist der Provinz erfüllt – hat sich sehr schnell der Welt geöffnet.

Die Randstad, zu der auch Schiphol gehört – manche zählen sogar noch Teile Nordbrabants dazu –, ist also im Begriff, sich zu einem so genannten Metropolkomplex oder Metroplex zu entwickeln, einer Art Megastadt, die Teil eines internationalen Städtenetzwerks ist, in der Bevölkerungszusammensetzung durch Migration und wirtschaftlich durch Spitzentechnologie geprägt, und immer weniger in nationale Zusammenhänge eingebunden. Solche Metroplexe kommunizieren direkt miteinander, beeinflussen einander unmittelbar, ohne irgendwelche Zwischeninstanzen. Sie sind im Wortsinne kosmopolitisch.

Schon heute sind ein Viertel der Einwohner von Amsterdam-Centrum und -Zuid Immigranten aus hochindustrialisierten Ländern. Die Verkehrssprache beim Bäcker wechselt jährlich.

In diesen Zusammenhang gehört die dritte revolutionäre gesellschaftliche Veränderung, die umfangreiche Zuwanderung aus islamisch geprägten Kulturen. Die öffentliche Diskussion über diese Einwanderung vor allem aus Marokko und der Türkei erhielt durch den im Frühjahr 2000 veröffentlichten Essay *Das multikulturelle Drama* einen entscheidenden Anstoß. Sein Autor, der sozialdemokratische Publizist Paul Scheffer, vertritt die These, dass die Integrations- und Befriedungsmechanismen des alten niederländischen Säulenmodells gegenüber der Einwanderung aus islamischen Ländern versagen müssen. Die Integration der muslimischen Migranten drohe zu scheitern, so seine Warnung. Nach dem 11. September 2001 und den Anschlägen von Madrid und London wurde die Diskussion immer stärker durch die weltweit zunehmende Furcht vor islamistischem Terror gefärbt.

Die latenten Spannungen erreichten einen Höhepunkt, als am 2. November 2004 der für seine Lust am Provozieren bekannte Filmemacher Theo van Gogh – ein Spross der Künstlerfamilie – am hellichten Tag in einer Amsterdamer Geschäftsstraße von einem muslimischen Fanatiker abgeschlachtet wurde. Anlass war ein von manchen Muslimen als beleidigend empfundener Kurzfilm über die Unterdrückung und Misshandlung von Frauen im Namen des Islam, *Submission*, den er an einem Nachmittag nach einer Vorlage der VVD-Abgeordneten Ayaan Hirsi Ali gedreht hatte und mit dem er selbst hinterher nicht so recht zufrieden war, weil es darin «nichts zu lachen» gab. Der Mord löste vor allem in den Medien eine Art moralische Panik aus: Nicht nur die Ansichten, sondern auch die Anwesenheit bestimmter Minderheiten in den Niederlanden wurden zur Diskussion gestellt.

Inzwischen – ich schreibe die letzten Seiten dieser kurzen Geschichte im Sommer 2008 – hat sich der Sturm erst einmal wieder gelegt. Die scharfen und nicht selten von Provokationen und Beleidigungen geprägten Debatten haben die Niederländer muslimischer Herkunft zum Nachdenken und zur Diskussion im eigenen Milieu gezwungen, vor allem über das Verhältnis von Islam und Moderne. Die Mehrheit der autochthonen Niederländer wiederum ließ sich nicht so leicht irritieren; das alte Bürgerideal, zu dem die Bereitschaft zur Aufnahme neuer Gruppen gehört, erwies sich als immer noch sehr lebendig.

Außerdem ist die Situation nachweislich fast überall besser als vor einem Jahrzehnt. In den sozialen Brennpunkten arbeitet man mit großem Einsatz an einer Lösung der Probleme besonders im schulischen Bereich, und allmählich gewinnt eine neue, «moderne» Generation aus den muslimischen Migrantengruppen an Einfluss.

Sako Musterd vom Institut für Großstadtstudien der Universität Amsterdam, einer der wichtigsten niederländischen Experten auf dem Gebiet der Integration von Migranten, meint dazu: «Natürlich gibt es in manchen Städten und Stadtvierteln auch heute noch große Probleme in den Schulen und mit einer bestimmten Altersgruppe, niemand wird das leugnen. Aber ist das die Regel oder die Ausnahme? Darum geht es. Und die Antwort lautet, dass man in dieser Hinsicht auf der Grundlage des verfügbaren wissenschaftlichen Materials für die Niederlande doch sehr viel eher ein positives als ein negatives Bild entwerfen kann.»

Von einem «Drama» kann man also kaum noch sprechen, zumindest nicht, was die Niederlande insgesamt angeht. Ein paar Fakten: Im Augenblick leben in den Niederlanden gut 800 000 Muslime, etwa 5 Prozent der Bevölkerung. Die Behauptung, das Land werde von Muslimen überschwemmt, ist Unsinn: Unter gleichbleibenden Voraussetzungen wird der Anteil der Muslime an der niederländischen Bevölkerung um 2050 bei 8 Prozent liegen. Dabei ist zu beachten, dass in den Statistiken der Begriff «Muslim» sehr weit gefasst und für alle Migranten aus muslimischen Ländern und deren Nachkommen gebraucht wird. In Wirklichkeit ist höchstens ein Drittel dieser Minderheit noch in nennenswertem Umfang religiös aktiv. Wie im übrigen Europa existiert «der Muslim» für viele Menschen hauptsächlich in der Theorie, als ein Phänomen, über das sich nach Herzenslust phantasieren lässt.

Etwas anders ist die Situation in den Großstädten, und dort besonders in bestimmten Stadtteilen. Der Anteil der Migranten an der Gesamtbevölkerung liegt nämlich in den Großstädten nicht bei 5 oder 10, sondern teilweise bei 50 Prozent und mehr. Doch auch hier gibt es große Unterschiede: Amsterdam hat von den vier größten Städten der Randstad die wenigsten Probleme, Rotterdam die meisten; Utrecht kommt hin und wieder wegen eines einzigen Stadtviertels, Kanaleneiland, in die Schlagzeilen; in Rotterdam und Amsterdam bereiten vor allem bestimmte Gruppen von jungen türkischen und marokkanischen Migranten Schwierigkeiten, in Dordrecht, Tilburg, Gouda und Arnheim dagegen hauptsächlich Jugendliche antillanischer und marokkanischer Herkunft.

Aus den Zahlen ergibt sich ein ganz anderes Bild als das gängige. Unter den gut 740 000 Einwohnern Amsterdams etwa sind nicht einmal 120 000 Migranten aus muslimischen Ländern. Die große Mehrheit der Einwanderer, über 250 000, stammt anderswoher: aus Surinam, den Antillen, Deutschland, Großbritannien, den USA, dem früheren Ostblock, dem übrigen Europa, Ostasien und anderen nicht-islamischen Teilen der Welt. Es gibt mehr Immigranten aus hochindustrialisierten Ländern als beispielsweise aus Marokko: gut 70 000 gegenüber etwas mehr als 60 000. Ja, Amsterdam «entholländischt» sich, wie Rotterdam, schnell und tiefgreifend. Aber wir sehen hier keine muslimische Stadt entstehen, sondern eher einen kosmopolitischen Metroplex. Wer mit niederländischen Schülern oder Studenten spricht, oder mit Endzwanzigern oder jungen Dreißigern, stellt fest, dass die ganze Integrationsdiskussion in diesen Altersgruppen kaum noch jemanden bewegt. Fast niemand spricht hier noch von der multikulturellen Gesellschaft – sie ist für die meisten schon ihr Leben lang eine Selbstverständlichkeit. Nichts Wunderbares, aber auch keine Katastrophe.

Nach Erkenntnissen des Amsterdamer Instituts für Großstadtstudien nimmt die Segregation nichtwestlicher Migranten – im Vergleich zur Ghettobildung in anderen europäischen und vor allem amerikanischen Städten ohnehin auf keinem beunruhigenden Niveau – inzwischen nachweislich ab. Regelrechte Ghettos von nennenswertem Umfang gibt es nirgendwo mehr. Die Konzentration türkischstämmiger Migranten auf bestimmte Teile Amsterdams geht rasch zurück, was angesichts des Drucks, der seit einigen Jahren auf muslimischen Migrantengruppen lastet, eigentlich verwunderlich ist, und das gleiche gilt für die Marokkaner, wenn man die jüngste Generation hier geborener Kinder außer Acht lässt. Zu verdanken ist diese günstige Entwicklung unter anderem der Tatsache, dass die meisten Problemviertel in niederländischen Städten noch in relativ gutem Zustand sind; solider sozialer Wohnungsbau, über ein System von Genossenschaften organisiert, hatte jahrzehntelang für alle Säulen höchste Priorität.

Auch was das Heiratsalter und die Kinderzahl angeht, nähern sich die jüngeren Generationen «muslimischer» Migranten den autochthonen Niederländern immer weiter an; der Rückgang der Geburtenrate ist geradezu spektakulär, von mehr als acht bei der ersten auf weniger als vier bei der zweiten Generation. Das durchschnittliche Bildungsniveau der gesamten Gruppe bleibt scheinbar zu niedrig, weil die analphabetischen Eltern- und Großelterngenerationen noch mitgezählt werden, was das Bild verzerrt. Doch ein Blick auf die Daten zu den jüngeren Generationen lehrt, dass sich die Bildungssituation erheblich verbessert hat. Besonders auffällig ist die Emanzipation vieler Frauen marokkanischer Herkunft – ein Sprung vom Analphabetismus zum Universitätsabschluss innerhalb einer einzigen Generation ist keine seltene Ausnahme. In die wohlhabenderen Außenbezirke ziehen in den letzten Jahren häufiger Menschen türkischer Herkunft, ein Indiz dafür, dass diese Gruppe in die gehobene Mittelschicht vorzudringen beginnt.

Allerdings hat selbst eine verhältnismäßig gut funktionierende Integrations- und Emanzipationsmaschine wie Amsterdam lange Zeit nicht in jeder Hinsicht befriedigend gearbeitet. Seit Jahrzehnten gab es einige auffallende Unterschiede zwischen der Situation in den Niederlanden und in einer Reihe anderer Aufnahmeländer. John Mollenkopf, Politologe, Soziologe und Direktor des Center for Urban Research an der City University of New York, hat im Jahr 1998 eine umfangreiche Vergleichsstudie zur Integration von Immigranten in Amsterdam und New York erstellt. Die Ergebnisse waren bestürzend. Der durchschnittliche Migrant fand in New York eine bessere Stelle und stieg auf der sozialen Leiter höher hinauf als in einem längeren Zeitraum Migranten mit den gleichen Voraussetzungen in Amsterdam. In New York hatten Kinder von Migranten nach zehn Jahren größeren schulischen Erfolg und absolvierten häufiger ein Hochschulstudium als Nachkommen von Migranten in Amsterdam nach fünfundzwanzig Jahren. Die Kriminalitätsrate war in bestimmten Gruppen junger Migranten in Amsterdam auffällig hoch, und es gab deutlich weniger Kontakte zwischen alteingesessener Bevölkerung und Zuwanderern. Wie war all dies zu erklären?

John Mollenkopf meint, gerade die sozialen Einrichtungen der Niederlande hätten dazu beigetragen, dass die Integration umfangreicher Migrantengruppen hier viel langsamer vorankam. Arbeit ist immer noch das beste Integrationsmittel. Anders als in den Vereinigten Staaten waren aber Migranten in den Niederlanden nicht gezwungen, am Arbeitsleben teilzunehmen. Anders gesagt, der niederländische Sozialstaat hat lange allzu viele Möglichkeiten geboten, sich der Teilnahme am Arbeitsleben und damit der Integration zu entziehen. Zweifellos spielt auch die Herkunft der Migranten eine entscheidende Rolle: Ein großer Teil der muslimischen Migranten in den Niederlanden stammt aus kleinen, bitterarmen, in archaischen Traditionen verwurzelten Dorfgemeinschaften im hinteren Anatolien und im Rif-Gebirge. Viele von ihnen waren Analphabeten und beherrschten keine Fremdsprache, und man hatte sie zunächst nur ins Land geholt, um kurzfristig dem Arbeitskräftemangel abzuhelfen. An Integration waren sie nicht so interessiert, da sie ohnehin bald heimkehren wollten.

Ich habe vor nicht allzu langer Zeit einmal Studenten türkischer Herkunft gefragt, wann ihre Eltern beschlossen hätten, für immer in den Niederlanden zu bleiben. Meine Gesprächspartner waren hier zur Welt gekommen und aufgewachsen, und ich vermutete, dass die Entscheidung irgendwann Anfang der neunziger Jahre gefallen sei. Nein, sie lag erst wenige Jahre zurück. Mindestens ein Vierteljahrhundert hatten diese Familien mit dem «Mythos der aufgeschobenen Rückkehr» gelebt, wie die Illusion eines doch zeitlich begrenzten Lebens in der Fremde einmal genannt wurde. Beide Seiten, Alteingesessene und Zuwanderer, hatten Gründe, daran zu glauben; beide wollten die Immigration eigentlich nicht. Die Atmosphäre fröhlicher Toleranz, die in den siebziger und achtziger Jahren herrschte, trug dazu bei, dass man an der Illusion festhielt, Immigration sei ohnehin nur eine vorübergehende Erscheinung. Und später, als niederländische Politiker verkündeten, mit «harten Maßnahmen» das selbstgeschaffene Problem «lösen» zu wollen, gingen auch sie im Grunde von den gleichen irrigen Vorstellungen aus: Immigration muss eigentlich nicht sein, auch nicht in einer modernen «Transit»-Gesellschaft wie der niederländischen; wir schließen einfach soweit wie möglich unsere Grenzen. Nur den relativ wenigen Einheimischen, die regelmäßig mit den kaum integrierten Migranten in Kontakt kamen – Nachbarn, Polizisten, Sozialarbeitern, ein paar Journalisten –, war bewusst, dass hier eine Zeitbombe tickte.

Die niederländischen Probleme mit einem Teil der türkisch- und marokkanischstämmigen Bevölkerung liegen also hauptsächlich auf einer ganz anderen Ebene als der religiös-weltanschaulichen, wie es das simplifizierende Bild des Gegensatzes von Islam und Aufklärung suggeriert. Sie sind teils kleiner, teils größer als in dieser verzerrten Darstellung. Und sie sind mit Sicherheit komplizierter. Wenn man all diese Probleme auf religiöse und weltanschauliche Fragen reduziert, drückt man damit im Grunde aus, dass muslimische Migranten und ihre Nachkommen sich zu einer Art aufgeklärtem Säkularismus bekehren müssten, um ihren Platz in der westlichen Gesellschaft zu finden. Für den – wahrscheinlichen – Fall, dass sie dies nicht tun, spricht man ihnen die Möglichkeit der Integration ab. In einer Stadt wie Amsterdam würde man damit praktisch ein Sechstel der Bevölkerung abschreiben und ausschließen. Die einzig denkbare Folge wäre eine Eskalation der jetzt schon gärenden Konflikte. Eine auf die Religion fixierte Politik führt zu nichts. Der Nestor der Amsterdamer Soziologen, Abram de Swaan, hat dazu bemerkt: «Das am wenigsten Interessante an unseren Islamisten ist der Islam.»

Die Debatte über Immigration und Integration sagt allerdings auch viel über die niederländische Gesellschaft selbst, über unsere Hoffnungen, über das Vertrauen in uns selbst und andere – und über das Gegenteil, die Angst, die vor allem die älteren Generationen der autochthonen Bevölkerung erfasst hat. Zu unseren Illusionen gehört auch die Vorstellung, die niederländische Gesellschaft sei etwas mehr oder weniger Statisches und die Integration von Einwanderern so etwas Ähnliches wie die Beigabe von ein paar Farb- und Geschmacksstoffen in langsam reifenden Joghurt. Wenn die Mischung stimmt und der Joghurt noch nach Joghurt schmeckt, ist alles in Ordnung, sonst haben wir ein Problem. Auf dieser Vorstellung beruhte die so genannte Einbürgerungspolitik der Ministerin Verdonk.

Nichts könnte weiter von der Wirklichkeit entfernt sein. Wir lügen uns vor, dass wir uns eigentlich nicht verändern, dass nur die anderen, die Fremden uns heute dazu zwingen. Vor kurzem habe ich mit einem Regisseur gesprochen; er sollte einen Film drehen, der 1979 in Amsterdam spielt, suchte verzweifelt nach geeigneten Drehorten und konnte kaum einen finden. «Ein Kostümfilm, der im 18. Jahrhundert spielt», rief er, «ist heute einfacher zu drehen als einer, der vor einem Vierteljahrhundert in Amsterdam angesiedelt ist.» Schon in diesem kurzen Zeitraum ist offenbar nur wenig unverändert geblieben. Darum ist es realistischer, die heutige Gesellschaft als einen fahrenden Zug zu sehen, auf den Neuankömmlinge, ob

Jugendliche oder Einwanderer, irgendwie aufspringen müssen. Vielleicht sogar als einen Zug aus der magischen Welt des Harry Potter, der sich im Fahren unablässig verwandelt.

Es ist eine historische Gesetzmäßigkeit, an die wir Niederländer uns wieder gewöhnen müssen – und das wird nach der langen Epoche des Fortschrittsglaubens nicht einfach sein –, dass sich die Dinge durchaus auch zum Schlechteren wenden können, dass man sich manchmal wieder mit weniger zufrieden geben muss, dass Errungenschaften verloren gehen können, und zwar nicht nur vorübergehend, sondern auf Dauer. Die heutige Krise der niederländischen Gesellschaft ist zum Teil auch Trauer über solche Verluste.

Ich habe einen Freund, mit dem ich oft über die niederländische Kultur des 17. Jahrhunderts spreche, was uns beiden Vergnügen bereitet; er ist als Historiker auf dieses Zeitalter spezialisiert, mich fasziniert es. Dieser Freund hat mich auf ein bemerkenswertes Phänomen aufmerksam gemacht: Um 1780, fast ein Jahrhundert nach Coenraad van Beuningen, war noch jeder gebildete Bürger Amsterdams mit den Umgangsformen, mit der verborgenen Symbolik in der Malerei einschließlich der religiösen Anspielungen, überhaupt mit dem geistigen Horizont der urbanen Amsterdamer Kultur des 17. Jahrhunderts vollkommen vertraut. Ein halbes Jahrhundert oder zwei Generationen später, um 1830, war dieses Wissen untergegangen. Das «Goldene Zeitalter» war zur Projektionsfläche für nationalistische Fiktionen und zum Gegenstand schwülstiger Verherrlichung geworden, und erst seit der zweiten Hälfte des 20. Jahrhunderts unternehmen Historiker den mühsamen Versuch, etwas von der damaligen Vorstellungswelt zu rekonstruieren. Ganz langsam kommt uns van Beuningen wieder näher.

Vieles scheint mir darauf hinzudeuten, dass auch wir in einer Epoche leben, in der eine überlieferte Vorstellungswelt allmählich verblasst. Während eines großen Teils des vorigen Jahrhunderts war die vorherrschende Mentalität in den Niederlanden von einer jüdisch-humanistisch-christlichen Kultur geprägt, einer fruchtbaren Verbindung von Sozialismus und Liberalismus, verwurzelt im Gedankengut der Aufklärung – oder anders gesagt: von dem alten Bürgerideal, zu dem die Offenheit für neue Gruppen gehörte, einem Ideal, das sich am Ende des 18. Jahrhunderts herausbildete und dann mindestens zwei Jahrhunderte lang zu den Grundlagen der niederländischen Gesellschaft gehörte.

Die älteren Niederländer sind in diese Kultur hineingewachsen, den jüngeren Generationen sind ihre Werte und Symbole mehr oder weniger vertraut, aber ob das auch noch für deren Kinder und Enkel gelten wird, in einem halben Jahrhundert, ist sehr fraglich. Schon findet eine Mehrheit der Niederländer, dass nicht das Wilhelmus-Lied, die Nationalhymne, das «niederländische Lebensgefühl» am besten ausdrückt, sondern der Fußballhit «Wir lieben Oranje» von dem populären Sänger André Hazes. Ein eher exklusives Bürgerideal, bei dem Abgrenzung und Ausschluss eine größere Rolle spielen, ist im Kommen.

«Ein halbes Jahrhundert weiter, und es werden viele Menschen aus der Vergangenheit einsam sein», hat Kees Fens in diesem Zusammenhang geschrieben, «wenn ihre Seelen auch bei Gott sein mögen.»

Und doch bleiben wir alte und neue Niederländer Erben dieser Seelen, ihrer Träume und Ambitionen, ihrer Heuchelei und ihres Mutes, ihrer Torheit und ihrer Größe, ihrer Frömmigkeit und ihres Fleißes, ihres Strebens nach göttlicher Ordnung und ihrer Angst, wie brennendes Stroh zu enden.

Wir haben dieses Land, das zu einem nicht geringen Teil etliche Meter unterhalb des Meeresspiegels liegt, von ihnen geerbt, und der physische Fortbestand der Küstenprovinzen ist alles andere als eine Selbstverständlichkeit. Die Niederlande sind nun einmal eine Art Bangladesch. Ein reiches, hochentwickeltes, modernes, im Küstenschutz erfahrenes Bangladesch, aber grundsätzlich nicht weniger gefährdet. Die Randstad wird wohl zu den ersten städtischen Ballungsräumen der Welt gehören, die vom Ansteigen des Meeresspiegels und einer Häufung schwerer Stürme betroffen sein werden. Noch wahrscheinlicher ist, dass die Flüsse regelmäßig über die Ufer treten werden. Küstenschutz- und Wasserbauexperten berücksichtigen solche Entwicklungen schon längst; in den kommenden Jahrzehnten werden in diesen Bereichen wieder gewaltige Anstrengungen zu unternehmen sein, hier und dort wird kaum noch oder gar nicht mehr gebaut werden können, vielleicht muss in einigen Regionen sogar Land, das nicht mehr zu halten ist, dem Wasser zurückgegeben werden, aber ins Bewusstsein der breiten Öffentlichkeit scheinen diese Probleme immer noch nicht vorgedrungen zu sein.

Wir haben den Kalvinismus geerbt, und den kalvinistisch beeinflussten Katholizismus, auch die ursprünglich jüdische Lese- und Denkkultur, und die eigentümliche holländische Aufklärung, dazu noch diesen ewigen Moralismus, die Schroffheit, die Neigung, zugunsten des Inhalts alle Form zu vergessen, aber auch, als andere Seite der Medaille, eine starke Dosis Nüchternheit und eine Vorliebe für klare Worte. Wir haben die außerordentliche Zähigkeit, Ordnungsliebe und Stabilität geerbt, durch die sich die niederländische Bürgerkultur auszeichnet, auch heute noch, nur oberflächlich verdeckt von der gegenwärtigen Hysterie und Turbulenz. Diese Gesellschaft besitzt so viele offenkundige Vorzüge, dass die große Mehrheit der Immigranten und ihrer Kinder trotz aller Probleme ein Teil von ihr werden möchte.

Im Grunde sind die Niederlande immer eine Republik geblieben. Es fällt auf, wie verschieden bei Staatsbesuchen das französische und das niederländische Staatsoberhaupt auftreten. Für Frankreich schreitet zu Trompetengeschmetter der Präsident einer Monarchie über die Bühne; für die Niederlande, hin und wieder grüßend, die Königin einer Republik.

Bis heute legt man hierzulande großen Wert auf Gleichheit. Von Vorgesetzten wird erwartet, dass sie ihre Autorität durch Kompetenz rechtfertigen, es wird extrem viel konferiert, und die kollektive Entscheidung gilt als die beste Entscheidung. Auch im Umgang des Staates mit dem Bürger darf ein Augenzwinkern nicht fehlen. Wer in Schiphol ankommt, bekommt ein fröhliches Filmchen zu sehen, mit dem der Zoll vor Bußgeldern und Beschlagnahmung nichtverzollter Waren warnt. Das Motto: «Angenehmer können wir es Ihnen nicht machen, aber einfacher.» Dergleichen ist und bleibt allerdings Theater. Die Niederländer sind keineswegs Anarchisten; trotz aller Nörgelei haben sie – anders als etwa Italiener und Osteuropäer – Vertrauen zum Staat, und vor allem lieben sie Ruhe und Ordnung.

In der Machtpolitik agieren Niederländer bis heute amateurhaft – die meisten können nicht einmal in machtpolitischen Kategorien denken. Außenpolitisch folgt man hier fast blind den Vereinigten Staaten, wie auf dem Höhepunkt des Kalten Krieges. Das Warum und Wie der niederländischen Beteiligung am Irakkrieg wird im Parlament immer noch nicht diskutiert, als würde hier ein Tabu berührt. Die Niederländer stellen brauchbare Friedenstruppen, sie gehören in dieser Hinsicht zu den verlässlichsten NATO-Mitgliedern, aber große Kämpfer wie zum Beispiel die Briten sind sie gewiss nicht. Und wenn niederländische Truppen tatsächlich mitkämpfen – was sie öfter tun, als die Öffentlichkeit wissen möchte –, hängt man das gewöhnlich nicht an die große Glocke. Andererseits haben sich die Niederländer im Lauf der Geschichte gerade dank der Machtlosigkeit ihres Landes, der Kompliziertheit ihres Staatsgebildes und natürlich auch dank ihrer Kaufmannstradition zu guten Unterhändlern und Vermittlern entwickelt – Eigenschaften, die im heutigen Europa Gold wert sind.

Schließlich haben wir von unseren Vorgängern auch die subtilen Formen der Machtausübung und der Aufrechterhaltung von Ordnung geerbt, die sich in den relativ geschlossenen Städten herausgebildet haben und zu denen die Toleranz und das Dulden von eigentlich Verbotenem gehören. Innerhalb der kleinen abgeschlossenen Welten erfüllten sie ihren Zweck, aber in der Zeit der Europäisierung und Globalisierung werden wir uns zumindest teilweise von ihnen verabschieden müssen. Mit der Öffnung kommt auch eine gewisse Verhärtung.

Zugleich vollzieht sich direkt vor unserer Tür der wichtigste europäische Modernisierungsprozess seit Napoleon. Und dabei können vielleicht ein paar andere ererbte Qualitäten endlich wieder zu ihrem Recht kommen. Ich denke hier an die paradoxen Phänomene «Macht durch Ohnmacht» und «Ordnung durch Chaos» und die Fähigkeit, sie hervorzubringen. Im Grunde war die Republik noch zu Zeiten der Witwe Pels eine Deichgenossenschaft im Großen. Johan Huizinga sprach in diesem Zusammenhang von einer schwachen Zentralgewalt, die vom gemeinsamen Interesse der städtischen Oligarchien abhängig war. Die Biographie des ersten wirklichen niederländischen Staatsmanns, Johan van Oldenbarnevelt, ist in dieser Hinsicht immer noch lehrreich. Der diplomatische Kraftakt, durch den dieser brillante Politiker die sieben aufständischen Provinzen zur Republik der Vereinigten Niederlande zusammenschmiedete, die Unmöglichkeit dieser Konstruktion, die dennoch zwei Jahrhunderte lang funktionierte, der schwerfällige, wenn nicht lähmende Föderalismus, der doch ein «Goldenes Zeitalter» ermöglichte, die unglaubliche Zerstrittenheit, die allen Erwartungen zum Trotz so etwas wie Einheit brachte – all das sind Beispiele für «Macht durch Ohnmacht» und «Ordnung durch Chaos».

Aus der Geschichte des späten Mittelalters, schreibt der britische Historiker George Holmes, könnten wir unter anderem lernen, dass Verfall von Macht und Reichtum auch außergewöhnliche Kraft und Kreativität freisetzen könne. Und er fügt hinzu, dass «die politisch am stärksten zersplitterten Gebiete, wie die Toskana, die Niederlande und das Rheinland, vielleicht die kreativsten waren».

Europa erinnert mich manchmal mehr an die merkwürdige niederländische Republik, als mir lieb ist. Es ist ein reiches, kompliziertes Erbe.

Noch einmal drehe ich mich um.

«Westersingel 38, Leeuwarden, Niederlande, Europa, Erde, Milchstraße, Weltall ...»

Nach einem halben Jahrhundert wohne und arbeite ich nun wieder in der grünen Ebene, in der ich aufgewachsen bin, in diesem oft von Stürmen heimgesuchten Delta, das immer mein Land bleiben wird. In der Ferne sehe ich denselben roten Backsteinturm – ja, den katholischen –, den ich vom Schlafzimmer meiner Eltern aus sah. Das gibt mir ein angenehmes Gefühl, wenn ich auch nicht genau weiß warum. Im Jahr 2008 kann ich die Landschaft um mich herum immer noch lesen wie ein Geschichtsbuch: die sich windenden Gräben und Priele des Schwemmlandes, die kleinen Hauswarften, die größeren Dorfwarften, die riesigen Hügel an den Stellen, wo das Meer besonders hoch stieg. Die Dorfnamen sind uralt: Funs, vielleicht vom lateinischen «Fons», Brunnen. Leons, wahrscheinlich von einem Leonidas, der im 2. oder 3. Jahrhundert hier gelebt haben könnte. Doch die Niederlande hasten immer weiter, auch die Landschaft, alles wird immer wieder aufs Neue erschaffen und geformt, so schnell, dass es einem den Atem raubt.

Als im Jahre 960 der isländische Wikinger Egil durch diese Gegend reiste – sein Bericht darüber ist ein einmaliges Zeugnis aus einer nebelhaften Zeit –, da beschrieb er ein flaches Land, durchzogen von Gräben, die voller Wasser standen und die Felder und Wiesen begrenzten. Über Planken pflegten die Bewohner die Gräben zu überqueren, notierte er. So muss es hier jahrhundertelang ausgesehen haben, und bis weit ins 20. Jahrhundert war dies noch immer das übliche Bild.

Wer die ursprüngliche Kulturlandschaft der Niederlande noch sehen will, muss sich beeilen. Im vorigen Herbst fuhren plötzlich riesige Bagger über das Land der Nachbarn. Der moderne Ackerbau forderte neues Land, glatt wie ein Billardtisch, und so wurde ein Graben nach dem anderen zugeschaufelt, die sanft gewölbten Weiden eingeebnet, und weg waren die uralten Entwässerungsanlagen, die

Frucht jahrhundertelanger Graberei und Plackerei auf dem nackten Schwemmland. Verschwunden der alte, als Viehtränke dienende Teich, der dort seit Menschengedenken lag. Verschwunden auf einmal auch der sanfte Hügel und der rechtwinklige Graben, an denen man erkennen konnte, dass sich an dieser Stelle eine Hauswarft erhoben hatte. Und da verschwand ein gewundener Wasserlauf, den es wahrscheinlich schon gab, als Plinius der Ältere hier eine «unendliche Ebene» erblickte, zweimal täglich vom Meer überspült, weder Wasser noch Land. «Das Schicksal verschont manche, um sie zu strafen ...» Zweitausend Jahre, und nach einer Woche war nichts mehr davon zu sehen.

Aber die schwarzen Winternächte, in denen die Stürme wüten und die Bauernhöfe noch Inseln sind in einem wilden, grünen Meer, draußen der peitschende Regen und drinnen dieselbe Wärme wie in den Warftscheunen von damals, diese Nächte gibt es auch heute noch. Und die Dorfkirche auf dem kleinen Hügel, darum herum die Toten, dann die Lebenden.

Und im Sommer diese Himmel, die unbeschreiblich zarten Farben Ruysdaels, blau, rosa und grau, die Gott selbst allabendlich an den Himmel malt, und das eigentümliche Licht, auch das ist zeitlos in diesem Land.

«Es werden viele Menschen aus der Vergangenheit einsam sein, wenn ihre Seelen auch bei Gott sein mögen.» Gewiss, die Niederlande verändern sich. Aber sie verschwinden nicht.

ANHANG

ZEITTAFEL

ab 12 000 v. Chr.	Jäger und Sammler streifen durch die unwirtlichen Sümpfe und Flussdeltas des nordwestlichen Mitteleuropa. Ab 5300 v. Chr. lassen sich die ersten Ackerbauern im späteren Südlimburg nieder, später auch in Drenthe und andernorts.
12 v. Chr.	Bataver und Cananefaten werden Teil des Römischen Reichs.
9 n. Chr.	Aufstand in Germanien; die Römer werden im Teutoburgerwald zurückgeschlagen.
69	Die Bataver rebellieren gegen die Römer.
406	Die Germanen überqueren die Grenze entlang des Rheins; die letzten Römer verlassen die Niederlande; Beginn einer Zeit umfangreicher Völkerwanderungen, starker Bevölkerungsrückgang, vermutlich aufgrund von Sturmfluten und/oder Epidemien.
ca. 600	Gründung von Dorestad an der Gabelung von Rhein und Lek; bis etwa 900 eine der wichtigsten Handelsniederlassungen in Nordwesteuropa.
754	Der Bischof und Missionar Bonifazius wird bei Dokkum von heidnischen Friesen ermordet.
800	Karl der Große wird in Rom zum Kaiser gekrönt; Einführung des Feudalwesens.
ca. 1100	Beginn umfangreicher Deichbauten.
1275	In einem Dokument, in dem es um die Befreiung von Zöllen geht, wird zum erstenmal der Name Amsterdam erwähnt; im 13. und 14. Jahrhundert schreitet die Verstädterung rasch fort, vor allem entlang der IJssel und in den südlichen Niederlanden.
1421	Sankt Elisabethsflut; ein ganzer Landstrich bei Dordrecht verschwindet im Wasser, ebenso die seeländische Stadt Reimerswaal.
1464	Erste Zusammenkunft der Generalstände Burgunds, der Beginn der niederländischen Volksvertretung.

1477 Durch die Heirat Marias von Burgund, der Tochter Karls des Kühnen, mit Maximilian von Habsburg werden die Niederlande Teil des habsburgischen Reichs.

1548 Burgundischer Kreis; Karl V. von Habsburg gibt seinen niederländischen Gebieten eine eigenständige Position, wodurch zugleich die Ostgrenze der Niederlande zum ersten Mal mehr oder weniger festgelegt wird.

ca. 1550 Der Kalvinismus breitet sich in den Niederlanden allmählich aus.

1555 Der in Spanien erzogene Philipp II. übernimmt die Herrschaft von seinem Vater Karl V. Er ist festentschlossen, den sich ausbreitenden Protestantismus auszurotten.

1566 Das so genannte «Wunderjahr»; eine große Gruppe Adeliger bittet darum, die Glaubensverfolgung abzuschwächen; der Name «Geusen» entsteht; überall organisieren die Kalvinisten massenhaft besuchte Freiluftgottesdienste; Bildersturm in Kirchen und Klöstern.

1567 Eine Expeditionsarmee Philipps II. unterdrückt die revolutionäre Bewegung mit roher Gewalt; prominente Personen werden hingerichtet; ein über achtzig Jahre dauernder Unabhängigkeitskampf beginnt.

1570 Der Allerheiligenflut fallen mindestens 25 000 Menschen zum Opfer.

1572 Eroberung der Hafenstadt Den Briel, der erste Erfolg der aufständischen Geusen unter Führung Wilhelms von Oranien; Vertreter aus zwölf aufständischen Städten kommen in Dordrecht zur ersten freien, nicht von einem Fürsten einberufenen Versammlung der holländischen Stände zusammen.

1579 Union von Utrecht, Union von Arras. Sieben nördliche Provinzen vereinigen sich in Utrecht zum gemeinsamen Kampf gegen die spanischen Truppen; die südlichen Territorien versöhnen sich in Arras mit Philipp II.; hierdurch wird der Keim für den späteren Bruch zwischen Belgien und den Niederlanden gelegt; der Text der Gründungsurkunde der Utrechter Union wird als «Verfassung» der nordniederländischen Republik betrachtet.

1581 *Plakkaat van Verlatinghe*, worin die nördlichen Provinzen erklären, dass sie Philipp II. nicht länger als ihren Herrscher anerkennen; von dem Text lassen sich 1776 die Verfasser der amerikanischen Unabhängigkeitserklärung inspirieren.

1584 Wilhelm von Oranien wird ermordet.

1585 Antwerpen fällt.

1602 Gründung der Vereinigten Ostindischen Companie.

1609–1621 Zwölfjähriger Waffenstillstand zwischen der Republik und Spanien.

1613–1620 Die erste Hälfte des Amsterdamer Grachtengürtels wird angelegt.

1618/1619 Dordrechter Synode, auf welcher «die wahre Religion» für die Republik bestimmt wird; Beschluss einer autorisierten und getreuen Bibelübersetzung, die zum Standard für die niederländische Sprache wird; die religiösen und politischen Spannungen verschärfen sich; der «Macher» der Republik, Johan van Oldenbarnevelt, wird wegen angeblichen Hochverrats hingerichtet.

1619 Jan Pieterzoon Coen gründet – auf den Schutthaufen der von ihm zerstörten javanischen Festung Jacatra – Batavia.

1621 Gründung der Westindischen Companie, die auf den (Sklaven-)Handel mit Nord- und Südamerika spezialisiert ist.

1642 Rembrandt vollendet die *Nachtwache*.

1648 Westfälischer Friede, Ende des Achtzigjährigen Kriegs; Anerkennung der Republik der Sieben Vereinigten Niederlande als souveräner Staat.

1652–1654,
1665–1667 Seekriege mit England.

1672 Katastrophenjahr. Frankreich, England und der Bischof von Münster überfallen gleichzeitig die Republik. Statthalter Wilhelm III. gelingt mit knapper Not die Rettung der Republik.

1688 *Glorious Revolution*; Wilhelm III. verjagt – im Bündnis mit den Whigs und den Tories – seinen allzu katholischen Schwiegervater vom Thron und wird an seiner Stelle König; als «King William» führt er diverse Kriege gegen Frankreich.

1747 Österreichischer Erbfolgekrieg; Französische Truppen marschieren in die Republik ein; es kommt zu einer Reihe von Volksaufständen.

1781 Veröffentlichung des Pamphlets *An das Volk der Niederlande*, das der Adelige Jan Derk van der Capellen verfasst hat; während des Vierten Englischen Seekriegs wird deutlich, wie geschwächt die Republik ist; der Widerstand gegen die traditionellen Regenten und die Oranier wächst; unter Einfluss der Aufklärung entsteht eine starke «patriotische» und «batavische» Bewegung.

1795 Die Niederlande werden von einer Armee aus Patrioten und französischen Revolutionären «befreit»; Ausrufung der Batavischen Republik; der Statthalter und seine Familie fliehen nach England.

1798 Batavische «Staatsregelung», die erste, als solche erstellte niederländische Verfassung; Abschaffung der Gilden und anderer traditioneller Institutionen; Einführung einer strikten Trennung zwischen Staat und Kirche; Gleichstellung aller sozialen Gruppen und

Religionen bei Berufungen in politische Ämter; ab diesem Zeitpunkt sind die Niederlande nicht mehr die Summe von Provinzen und Territorien, sondern ein einheitlicher Staat mit einer zentralen Regierung in Den Haag und mit Amsterdam als Hauptstadt.

1800 Auflösung der Vereinigten Ostindischen Companie.

1806–1810 Einführung der Monarchie. Die Batavische Republik wird durch das Königreich Holland abgelöst, an dessen Spitze Napoleons Bruder Louis Napoleon steht.

1810 Das Königreich Holland wird von Frankreich annektiert.

1813 Die französische Zeit endet nach Napoleons Niederlage in der Völkerschlacht bei Leipzig; Wilhelm I., der Sohn des letzten Statthalters, kehrt als souveräner Fürst in die Niederlande zurück.

1815 Auf dem Wiener Kongress werden die Niederlande und Belgien zum Vereinigten Königreich der Niederlande zusammengefügt; Staatsoberhaupt ist Wilhelm I; Einführung einer monarchistischen und zentralen Regierung.

1825–1830 Auf Java kommt es zum Aufstand gegen die niederländische Unterdrückung, 200 000 Tote.

1830 Belgien spaltet sich wieder vom Vereinigten Königreich ab.

1848 Neue Verfassung, Ende der monarchistischen Herrschaft; der König ist «unverletzlich», die Minister sind verantwortlich; Beginn der parlamentarischen Demokratie.

1860 Multatulis Roman *Max Havelaar* erscheint und entfacht heftige Diskussionen über die niederländische Kolonialpolitik.

1873–1904 Atjeh-Krieg, eine Vielzahl von brutalen Feldzügen gegen Rebellen auf Sumatra.

1879 Gründung der Anti-Revolutionären Partei (ARP) durch Abraham Kuyper, der ersten politischen Partei der Niederlande.

1914 Der Erste Weltkrieg bricht aus; die Niederlande machen mobil, bleiben aber neutral.

1917 «Großer Burgfrieden» von Sozialisten, Konfessionellen und Liberalen; Einführung des allgemeinen Wahlrechts für Männer (1919 auch für Frauen), private (konfessionelle) Schulen werden nun auch vom Staat finanziert.

1918 Ende des Ersten Weltkriegs; gescheiterter Umsturzversuch des sozialdemokratischen Führers Pieter Jelles Troelstra.

1932 Der Abschlussdamm wird vollendet, der die Zuidersee zu einem Binnenmeer macht.

1936 Nachdem alle anderen Währungen bereits umgestellt wurden, wird auch für den Gulden der Goldstandard abgeschafft; Höhepunkt der Wirtschaftskrise.

1940 Einmarsch der Deutschen; Rotterdam wird bombardiert; Königin und Regierung fliehen und bilden in London eine Exilregierung.

1941 Februarstreiks gegen die anti-jüdischen Maßnahmen der Besatzer.

1942 Niederländisch-Indien wird von Japan besetzt; rund 100 000 Niederländer werden interniert; Beginn der Judenverfolgung in den Niederlanden.

1944 Die südlichen Niederlande werden befreit; ein alliiertes Luftlandeunternehmen bei Arnheim scheitert; heftige Kämpfe um die Scheldemündung; der alliierte Vormarsch kommt zum Stillstand; «Hungerwinter» im Westen der Niederlande.

1945 Deutschland und Japan kapitulieren.

1947 Notgesetz für die Altersversorgung, der erste Schritt auf dem Weg zu einem umfassenden Sozialsystem, das in den fünfziger und sechziger Jahren realisiert wird.

1947–1949 «Polizeiaktionen» gegen die einseitig ausgerufene Indonesische Republik.

1948 Gründung der Zollunion Benelux; innerhalb von Belgien, den Niederlanden und Luxemburg werden die Einfuhrzölle abgeschafft; die Zollunion ist ein Vorläufer der späteren EG und EU, zu deren ersten Mitgliedern die Niederlande bereits seit Gründung der Europäischen Gemeinschaft für Kohle und Stahl («Montan-Union») gehören.

1949 Indonesien wird in die Unabhängigkeit entlassen. Umfangreiche Repatriierung der so genannten «indischen Niederländer».

1953 Sturmflutkatastrophe; bei einer Sturmflut brechen zahllose Deiche in Seeland sowie in Teilen von Südholland und Brabant; 1957 beschließt die Regierung den so genannten «Deltaplan»: Ein riesiger Komplex aus Deichen und – zum Teil mechanisch verschließbaren – Dämmen soll eine ähnliche Katastrophe für alle Zukunft unmöglich machen.

1962 Als letztes Gebiet des Kolonialreichs in Ostindien wird die Westhälfte Neuguineas in die Unabhängigkeit entlassen.

1964–1969 Anwerbeabkommen mit u.a. der Türkei und Marokko, die «Gastarbeiter» ins Land bringen sollen, werden geschlossen; als in den siebziger Jahren die Familienzusammenführung genehmigt wird, führen diese Verträge zu einem umfangreichen Zuzug von

Immigranten – vor allem aus Anatolien und dem Rif-Gebirge –, die sich in den großen niederländischen Städten niederlassen.

1965 Die erste Ausgabe der Zeitschrift «Provo» erscheint.

1966 Die «Schmelzer-Nacht»: der erste politische Bruch innerhalb des «Säulensystems».

1973 Ölkrise; die wichtigsten Ölförderstaaten drehen den Niederlanden, die Israel unterstützen, den Ölhahn zu. Ministerpräsident Joop den Uyl: «So gesehen wird die Welt nie mehr die Gleiche sein wie vor der Ölkrise.»

1975 Surinam wird unabhängig.

1975–1977 Geiselnahmen molukkischer Terroristen in Zügen und einer Schule.

1991 Ministerpräsident Lubbers erklärt in einer Rede, die Niederlande seien «krank»; fast eine Millionen Menschen leben von einer Invalidenrente; Beginn der Sanierung des Sozialsystems.

1995 Srebrenica: Während niederländische Friedenstruppen machtlos zusehen müssen, werden in der bosnischen Enklave fast 8000 Männer ermordet, das größte Massaker in Europa seit Ende des Zweiten Weltkriegs.

2002 Abschaffung der nationalen Währung (Gulden) und Einführung des Euro; Pim Fortuyn, ein rasch aufsteigender, populistischer Politiker, wird kurz vor den Parlamentswahlen von einem Umweltaktivisten erschossen.

2004 Theo van Gogh, ein umstrittener Filmemacher, wird von einem Moslemextremisten ermordet; es folgt eine Phase großer Unruhe und politischer Instabilität; vor allem die Stellung der muslimischen Migranten wird heftig diskutiert; die drei großen protestantischen Kirchen (Niederländisch-reformierte Kirche, Reformierte Kirche und die Evangelisch-Lutherischen Kirchen), die einander jahrhundertelang bekämpft haben, schließen sich zu einer einzigen Kirchengemeinschaft zusammen, der Protestantischen Kirche in den Niederlanden (PKN).

2005 Zusammen mit Frankreich lehnen die Niederlande bei einer Volksbefragung den europäischen Verfassungsentwurf ab.

Union von Utrecht 1579

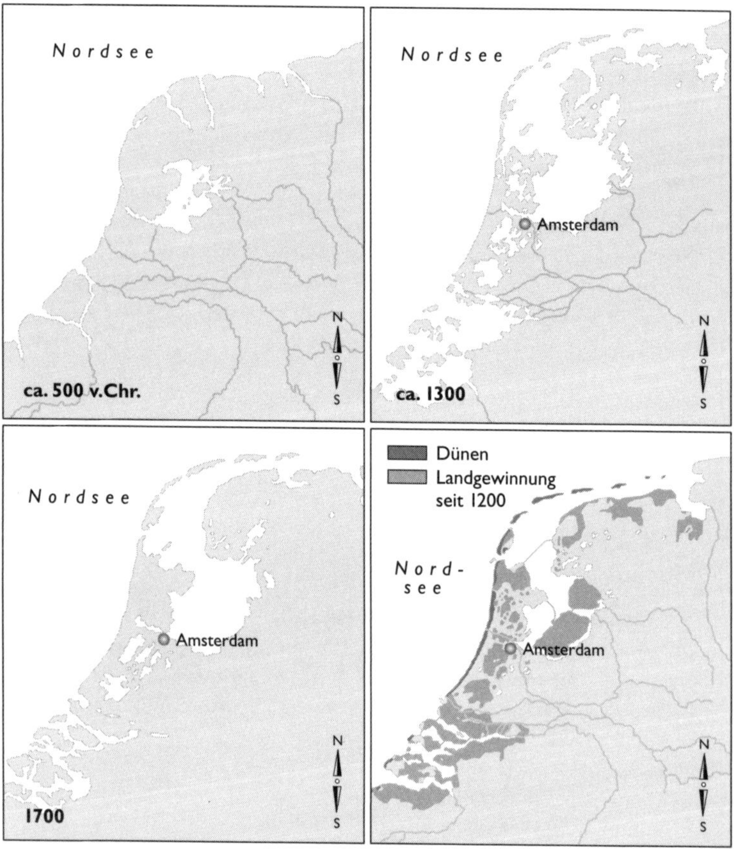

Landgewinnung

LITERATURHINWEISE

Bank, Jan / van Buuren, Maarten: 1900. Hoogtij van burgerlijke cultuur. Den Haag 2000.

Bijl, Rob, u.a.: Sociale Staat van Nederland 2007. Rapport Sociaal-Cultureel Planbureau. Den Haag 2007.

Bleich, Anet: Joop den Uyl, 1919–1987. Dromer en doordouwer. Amsterdam 2008.

Buruma, Ian: Die Grenzen der Toleranz. Der Mord an Theo van Gogh. München 2007.

Capellen tot den Pol, Joan Derk van der: Aan het Volk van Nederland. Ostende 1781.

Davies, George Christopher: On Dutch Waterways. The Cruise of the SS Atalanta on the Rivers and Canals of Holland & the North of Belgium. London 1886.

Deursen, Arie Theodorus van: De last van veel geluk. De geschiedenis van Nederland 1555–1702. Amsterdam 2004.

Fens, Kees: Het geluk van de brug. Amsterdam 2008.

Frijhoff, Willen / Spies, Marijke: 1650. Hard-won Unity. Assen 2004.

Gibbon, Edward: Verfall und Untergang des Römischen Imperiums. Bis zum Ende des Reiches im Westen; aus dem Englischen von Michael Walter. CD-ROM, Berlin 2007.

Goncourt, Edmond und Jules de: Tagebücher. Frankfurt am Main 1996.

Groen, Rosa: Met lans en ganzenveer. Bernardino de Mendoza (1540–1604), Spaans ruiterkapitein en diplomaat over militaire zaken in de vroege Nederlandse Opstand (1567–1577). Masterscriptie Universiteit van Amsterdam 2007.

Hartog, Jan de: Herinneringen aan mijn moeder. Amsterdam 2008.

Heere, Peter H.: De Eerebegraafplaats te Bloemendaal. Bloemendaal 2005.

Hellema, Duco: Buitenlandse politiek van Nederland. De Nederlandse rol in de wereldpolitiek. Utrecht 2006.

Holmes, George: Europe: Hierarchy and Revolt, 1320–1450. Oxford 2000.

Horst, Han van der: De lage hemel. Nederland en de Nederlanders verklaard. Schiedam 1996.

Horst, Han van der: Nederland. De Vaderlandse geschiedenis van de prehistorie tot nu. Amsterdam 2007.

Huizinga, Johan: Herbst des Mittelalters. Studien über Lebens- und Geistesformen des 14. und 15. Jahrhunderts in Frankreich und in den Niederlanden. Stuttgart 2006.

Huizinga, Johan: Holländische Kultur im siebzehnten Jahrhundert. München 2007.

Huxley, Aldous: Along the Road. Notes and Essays of a Tourist. London 1974.

Israel, Jonathan: The Dutch Republic. Its Rise, Greatness and Fall 1477–1806. Oxford 1995.

Israel, Jonathan: Radical Enlightenment. Philosophy and the Making of Modernity 1650–1750. Oxford 2001.

Jong, Louis de: Het Koninkrijk der Nederlanden in de Tweede Wereldoorlog. Den Haag 1969–1988.

Kennedy, James Carleton: Nieuw Babylon in aanbouw. Nederland in de jaren zestig. Amsterdam 1995.

Kloek, Joost / Mijnhardt, Wijnand: 1800. Blueprints for a National Community. Assen 2004.

Knapen, Ben: Nederland en omstreken. Opstellen over desoriëntatie en democratie. Amsterdam 1995.

Konrád, György: Amsterdam. Amsterdam 1999.

Kossmann, Ernst: De Lage Landen 1780–1980. Twee eeuwen Nederland en België. Amsterdam 1986.

Kuitenbrouwer, Maarten: De ontdekking van de Derde Wereld. Beeldvorming en beleid in Nederland 1950–1990. Den Haag 1994.

Lennep, Jacob van: Lopen met Van Lennep. Dagboek van zijn voetreis door Nederland, hg. v. Marita Mathijsen und Geert Mak. Amsterdam 2000.

Louwe Kooijmans, Leendert Pieter (Hg.): Nederland in de prehistorie. Amsterdam 2005.

Mak, Geert: Amsterdam. Biographie einer Stadt. Berlin 1997.

Mak, Geert: Das Jahrhundert meines Vaters. Berlin 2003.

Mak, Geert: In Europa. Eine Reise durch das 20. Jahrhundert. Berlin 2005.

Mendoza, Bernardino de: Comentarios de Don Bernardino de Mendoça, de lo sucedido en las Guerras de los Payses baxos, desde el Año de 1567 hasta el de 1577. Madrid 1592.

Mollenkopf, John: Assimilating immigrants in Amsterdam. A perspective from New York. In: Deben, Léon u.a. (Hg.): Understanding Amsterdam. Essays on Economic Vitality, City Life & Urban Form. Amsterdam 2000.

Oostrom, Frits van: Stemmen op schrift. Geschiedenis van de Nederlandse literatuur vanaf het begin tot 1300. Amsterdam 2006.

Parker, Geoffrey: Der Aufstand der Niederlande. Von der Herrschaft der Spanier zur Gründung der Niederländischen Republik, 1549–1609. München 1979.

Paulus, Diaconus: Geschichte der Langobarden (Historia Langobardorum); hg. von Alexander Heine, übersetzt von Otto Abel, Essen/Stuttgart 1986.

Pleij, Herman: De herontdekking van Nederland. Amsterdam 2003.

Pleij, Herman: Erasmus en het poldermodel. Amsterdam 2005.

Plinius Secundus, Cajus: Naturgeschichte; aus dem Lateinischen von Christian Friedrich Lebrecht Starck, überarbeitet und hg. v. Max Ernst Dietrich Lebrecht Starck, Darmstadt 1968 (Reprint der 1. Auf., Bremen 1853).

Prak, Maarten: The Dutch Republic in the seventeenth century. The Golden Age. Cambrigde 2005.

Price, John L.: Dutch Society 1588–1713. Harlow 2000.

Schama, Simon: Patriots and Liberators. The Revolution in the Netherlands 1780–1813. New York 1977.

Schama, Simon: Überfluß und schöner Schein. Zur Kultur der Niederlande im Goldenen Zeitalter. München 1988.

Schama, Simon: Der Traum von der Wildnis. Natur als Imagination. München 1996.

Scheffer, Paul: Die Eingewanderten. Toleranz in einer grenzenlosen Welt. München 2008.

Schuyt, Kees / Taverne, Ed: 1950: Welvaart in zwart-wit. De Nederlandse wederopbouw in 12 beelden. Den Haag 2000.

Sociaal en Cultureel Planbureau: Moslims in Nederland. Over diversiteit en verandering in de religieuze oriëntatie van moslims in Nederland. Den Haag 2004.

Sterre, Jan Pieter van der (Hg.): Voltaire en de Republiek. Teksten van Voltaire over Holland en Hollanders. Amsterdam 2006.

Stipriaan, René: Het Volle Leven. Nederlandse literatuur en cultuur ten tijde van de Republiek. Amsterdam 2002.

Tacitus: Germania in: Hermann Joachim (Hg.): Griechische und lateinische Quellen zur Frühgeschichte Mitteleuropas bis zu Mitte des 1. Jahrtausends u. Z., Bd. 2, aus dem Lateinischen von Gerhard Perl, Berlin 1990.

Taverne, Ed: In 't land van belofte: in de nieue stadt. Ideaal en werkelijkheid van de stadsuitleg in de Republiek 1580–1680. Maarssen 1978.

Velleius Paterculus: Historia Romana/Römische Geschichte; übersetzt und hg. v. Marion Giebel, Stuttgart 2004.

Wetenschappelijke Raad voor het Regeringsbeleid: Dynamiek in islamitisch activisme. Aanknopingspunten voor democratisering en mensenrechten. Amsterdam 2006.

Wetenschappelijke Raad voor het Regeringsbeleid: Vertrouwen in de Buurt. Amsterdam 2005.

Woud, Auke van der: Het lege land. De ruimtelijke orde van Nederland 1798–1848. Amsterdam 1998.

Woud, Auke van der: Een nieuwe wereld. Het ontstaan van het moderne Nederland. Amsterdam 2006.

Zahn, Ernest: Das unbekannte Holland. Regenten, Rebellen und Reformatoren. Berlin 1984.

BILDNACHWEIS

akg-images – Archiv für Kunst und Geschichte, Berlin: S. 18–19

Die übrigen Abbildungen wurden folgenden Büchern
beziehungsweise Zeitschriften entnommen:
De 25 dagen van Nederland, Heft 1: S. 23
De 25 dagen van Nederland, Heft 2: S. 39, 44
De 25 dagen van Nederland, Heft 4: S. 61
De 25 dagen van Nederland, Heft 5: S. 50
De 25 dagen van Nederland, Heft 24: S. 210
De 25 dagen van Nederland, Heft 25: S. 78, 93
Mak, Geert: De Eeuw van Mijn Vader, Amsterdam 1999: S. 172
Mak, Geert: Een kleine geschiedenis van Amsterdam, Amsterdam 1995: S. 102
Mak, Geert: Hoe God verdween uit Jorwed, Amsterdam 1996: S. 135, 153

Die Abbildung: S. 185 stammt aus dem Archiv des Autors.

Karten © Peter Palm, Berlin: S. 247, 248, Vorsatzpapiere

Leider war es nicht in allen Fällen möglich,
die Inhaber der Rechte zu ermitteln.
Wir bitten deshalb gegebenenfalls um Mitteilung.
Der Verlag ist bereit, berechtigte Ansprüche abzugelten.

Einzelne Passagen dieses Buches sind auf Niederländisch
in Het ontsnapte land (Amsterdam 1998),
De Goede Stad (Amsterdam 2007) und Verleden van Nederland
(Amsterdam 2008) erschienen.

Gestaltung und Satz: a.visus, Michael Hempel, München
Gesetzt aus Stone und Gill
Druck und Bindung: CPI – Ebner & Spiegel, Ulm
Gedruckt auf säurefreiem, alterungsbeständigem Papier
(hergestellt aus chlorfrei gebleichtem Zellstoff)
Printed in Germany
ISBN 978 3 406 57855 7

www.beck.de

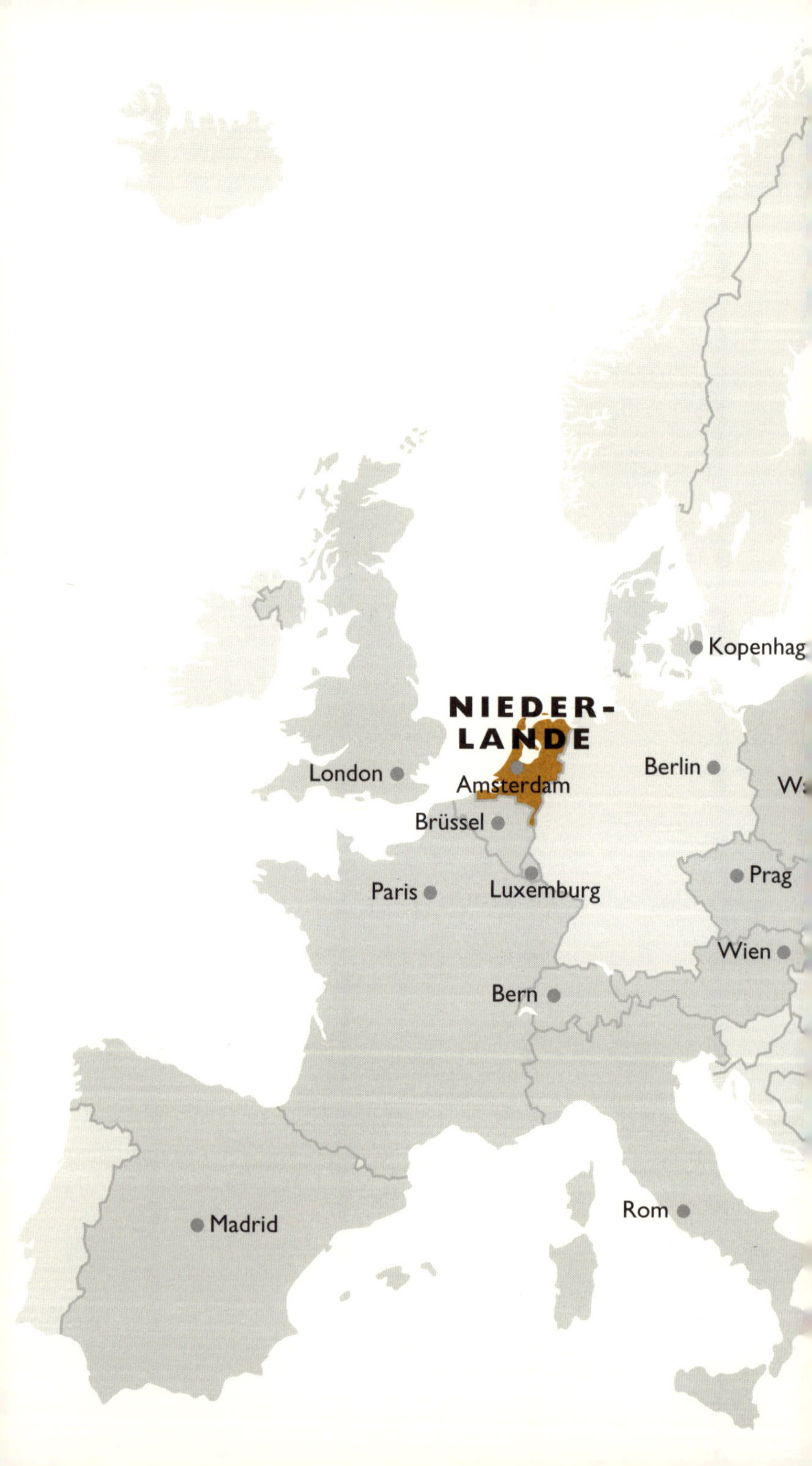
NIEDER-
LANDE
Amsterdam
London
Brüssel
Paris
Luxemburg
Berlin
Kopenhag
Prag
Wien
Bern
Rom
Madrid